중국가족법

우 병 창

유원북스

머 리 말

중국과 법 그리고 중국법. 중국에도 법이 있는가? 즉 중국법도 법인가? 라고 생각하는 이들도 있을 것이다. 설마? 그러나 필자는 그런 '생각'을 실제로 경험한 바가 있다. 그런 생각에 따르면 무엇이 법인가? 아마도 밑도 끝도 없는 논쟁이 계속될 수 있을 것이다.

사람을 살리는 수술용 칼도 칼이고, 사람을 해치는 칼도 칼은 칼이다. 사람이 무리지어 사는 사회가 있는 곳엔 그에 적합한 질서가 있을 것이고, 그 질서를 유지하는 것이 바로 법이 아니겠는가? 필자는 '중국법도 엄연히 법이다'라는 관점에서 중국법 연구를 시작하였고, 그런 시각에서 이 책을 쓰게 되었다.

중국법과의 인연은 1999년으로 거슬러 올라간다. 그해 가을 北京에서 '인민대학 설립 50주년 기념 세계 100대 저명법과대학 학장 초청 국제학술대회'가 개최된다. 정말로 세계에서 유명한 법대의 학장들이 그 대회에 초청을 받아 대거 참가하게 되었다. 한국에서는 이른바 SKY와 한양대 법과대학장 4명이 초청을 받은 것으로 기억된다. 그리고 당시 필자가 몸담고 있던 상지대학에서는 지방대학임에도 불구하고 유일하게 두 명이 초대를 받았는데, 당시 법학부 학부장이던 필자와 중국법의 소통창구 역할을 해오던 한기종 교수였다.

인민대학 법학원을 방문한 자리에서 중국 가족법학계의 원로

인 楊大文 교수와 그의 제자인 龍翼飛 교수를 만나게 된다. 그들에게서 처음으로 '중국혼인법'의 개정 작업에 대해 듣게 되었으며, 당시 한창 논의중이던 초안을 입수하게 되었고, 귀국 후 초안을 번역하여 한국에서는 처음으로 현행 중국혼인법을 소개하게 된다.

한국에서 보통 '가족법'이라 함은 친족법과 상속법을 아울러 일컫는 말이다. 그것은 두 분야가 민법이라는 하나의 법 안에 들어 있기 때문이기도 하다. 그런데 중국의 법은 하나의 법이 아니라 여러 개의 개별적인 법으로 나뉘어져 있다는 점에서 우리 민법과는 체계가 다르다. 이 책에서는 상속은 제외하고 혼인, 이혼, 입양, 부양을 중심으로 기술한다.

단순히 중국법만을 기계적으로 나열한다면 책의 내용이 자칫 무미건조할 수 있으므로 우리법과 비교할 수 있는 부분은 함께 다루고자 한다. 다만 그 방법에 있어서 중국법과 똑같이 서술하기보다는 비교 가능하거나 중국법의 이해를 도울 수 있는 곳에서 우리 민법규정이나 대법원판례를 소개한다.

이 책은 '중국 가족법'이라는 큰 목표를 정하고, 그를 향해 나아가는 과정의 일부이다. 이 책에서 미처 다루지 못한 부분은 향후 보완해 나가면서 명실상부하게 중국 가족법 전체를 망라하는 것이 종착점이 될 것이다.

시장성이 부족한 이 책의 출판을 결정하고 세상에 나오기까지 처음부터 끝까지 애써주신 이구만 사장님과 전충영 상무님께 심심한 감사의 뜻을 전합니다.

2018년 元旦 靑坡에서 執中 쓰다

차 례

제1장 서 설 ···································· 1

Ⅰ. 중국 가족법의 연혁 ···································· 3

1. 1950년 혼인법 시대 – 개혁개방 이전 – / 3
2. 1980년 혼인법 시대 – 개혁개방 이후 – / 5

Ⅱ. 중국 혼인법의 체계와 법원(法源) ···································· 7

1. 2001년 개정 혼인법의 구성 / 7
2. 중국 가족법의 주요 법원 / 8

Ⅲ. 혼인법 개정의 경과와 논의 과정 ···································· 9

1. 혼인법 개정의 필요성과 그 이유 / 9
2. 2001년 혼인법 개정의 주요 논점 / 11

제2장 혼인법의 기본원칙 ···································· 25

Ⅰ. 서 설 ···································· 27

Ⅱ. 혼인자유의 원칙 ···································· 30

1. 혼인자유의 유래와 개념 / 30
2. 혼인자유의 내용 / 32
3. 혼인자유를 침해하는 행위의 금지 / 34

Ⅲ. 일부일처의 원칙 ···································· 39

1. 일부일처의 개념 / 39
2. 일부일처의 구체적인 내용 / 40

Ⅳ. 남녀평등의 원칙 ···································· 42

1. 남녀평등의 개념 / 42
2. 혼인법상 남녀평등의 구현 / 45

Ⅴ. 부녀, 아동 및 노인의 합법적 권익보호의 원칙 ···································· 47

1. 원칙의 의의 / 47
2. 부녀의 합법적 권익보호 / 48
3. 아동의 합법적 권익보호 / 51
4. 노인의 합법적 권익보호 / 53

Ⅵ. 계획출산의 원칙 57
1. 계획출산의 의의와 실시 / 57
2. 계획출산의 실천－2015년 이전－ / 59
3. 계획출산정책의 변화 / 62

제3장 혼 인 75
Ⅰ. 혼인의 성립 77
1. 성립요건 개관 / 77
2. 혼인의 실질적 성립요건 / 78
3. 혼인의 형식적 성립요건 / 79
Ⅱ. 혼인의 신분상 효과 82
1. 신분관계의 형성 / 82
2. 부부 사이의 신분상 권리의무 / 82
3. 부부 사이의 부양의무 / 82
4. 부부 사이의 상속권 / 83
Ⅲ. 혼인법상 부부재산제도 83
1. 부부재산제도 개관 / 83
2. 부부재산제도의 중요성 / 84
3. 부부의 공동소유인 재산과 그 처리 / 85
4. 부부공동재산의 구체적인 내용 / 88
5. 혼인중 재산분할 / 90

제4장 이 혼 97
Ⅰ. 이혼법 개관 99
1. 혼인법상 이혼 규정의 체계 _ 99
2. 이혼 규정의 특색 _ 100
Ⅱ. 협의이혼 103
1. 협의이혼 개설 _ 103
2. 협의이혼의 요건 _ 103
3. 협의이혼의 절차 _ 109
Ⅲ. 재판이혼 113
1. 재판이혼 개설 _ 113
2. 이혼분쟁의 처리원칙 _ 114
3. 재판이혼의 절차 _ 115

4. 재판이혼의 법정원인 _ 119
5. 재판이혼의 특별규정 _ 125

Ⅳ. 이혼과 부부관계의 변화 126

1. 이혼 효과 개설 _ 126
2. 혼인자유권의 회복 _ 128
3. 부부 사이 부양의무의 종료 _ 128
4. 법정상속인의 자격상실 _ 129
5. 인척관계의 소멸 _ 130

Ⅴ. 이혼과 부부재산관계의 변화 130

1. 이혼시 재산분할의 기본원칙 _ 130
2. 재산분할의 방법 _ 132
3. 공동재산분할의 구체적인 문제 _ 134

Ⅵ. 채무의 변제 137

1. 부부공동채무의 변제 _ 137
2. 개인채무의 변제 _ 140
3. 이혼 후 배우자 부양 _ 140

Ⅶ. 이혼 후 자녀양육과 교육문제 141

1. 이혼 후 부모자녀관계 _ 141
2. 이혼 후 자녀양육자와 그 변경 _ 142
3. 이혼 후 자녀양육비의 부담과 변경 _ 144

제5장 입 양 159

Ⅰ. 개 설 161

1. 현대 입양제도의 흐름 / 161
2. 중국 입양법의 입법형식과 그 경과 / 162
3. 입양의 법률적 특징 / 163

Ⅱ. 입양법의 기본원칙 164

1. 피입양인 유리의 원칙 / 164
2. 평등자원의 원칙 / 165
3. 정당한 입양목적이 있을 것 / 166
4. 자녀의 출산·양육원칙에 유리할 것 / 167
5. 입양비밀의 존중과 보호의 원칙 / 168

Ⅲ. 입양의 성립 168

1. 입양의 성립요건 / 169
2. 입양의 성립절차 / 172

Ⅳ. 입양의 효과 ······ 175
1. 양부모와 양자녀 사이 생부모자녀 권리의무관계의 발생 / 176
2. 양자녀와 양부모의 근친 사이 법정친족관계의 형성 / 177
3. 양자녀와 생부모 사이 권리의무관계의 소멸 / 177
4. 양자녀와 그 생부모의 근친 사이 권리의무의 소멸 / 178

제6장 부 양 ······ 183
Ⅰ. 개 설 ······ 185
1. 부양의 의의 / 185
2. 부양의 성질 / 189
3. 부양의 일반적 유형 / 190
Ⅱ. 중국 가족법상 부양관계 ······ 192
1. 부모와 자녀 사이의 부양 / 192
2. 부부 사이의 부양 / 194
3. 조손(외조손 포함) 사이의 부양 / 195
4. 형제자매 사이의 부양 / 196
5. 시부모와 며느리, 장인장모와 사위 사이의 부양 / 197
Ⅲ. 부양의 순서 ······ 198
1. 부양의무자의 순서 / 198
2. 부양권리자의 순서 / 199
3. 부양의 순위 / 200
Ⅳ. 부양의 정도, 방식과 변경 ······ 203
1. 부양의 정도 / 203
2. 부양의 방식 / 204
3. 부양의 변경 / 205

참고문헌 ······ 215

[부록 – 주요 법령] ······ 219
中華人民共和國 婚姻法 ······ 219
〈婚姻法 司法解釋1〉 ······ 227
〈婚姻法 司法解釋2〉 ······ 232
〈婚姻法 司法解釋3〉 ······ 237

中華人民共和國 婚姻登記條例 ······ 240
中華人民共和國 收養法 ······ 245
中華人民共和國 婦女權益保障法(修正) ······ 250
中華人民共和國 繼承法 ······ 259

제 1 장

서 설

Ⅰ. 중국 가족법의 연혁
Ⅱ. 중국 혼인법의 체계와 법원
Ⅲ. 혼인법 개정의 경과와 논의 과정

제 1 장

서 설

Ⅰ. 중국 가족법의 연혁

중국은 일반적인 판덱텐 체계의 민법과는 다르게 혼인에 관한 법만을 독립된 법령으로 제정하여 지금까지 시행해 오고 있다.[1)]

중국 혼인법(가족법)은 1950년 반포된 이래로 오늘에 이르렀고, 1980년과 2001년 두 차례에 걸쳐 개정되었다. 현행 혼인법은 1980년 혼인법을 기초로 하여 개정된 것이며, 이어서 2003년 국무원에서 〈혼인등기조례〉를 공포하였으며, 최고인민법원에서는 혼인법의 적용에 관한 〈사법해석〉을 세 차례[2)]에 걸쳐 공포한 바 있다. 중국 가족법이 현행 혼인법에 이르기까지 역사는 다음과 같다.

1. 1950년 혼인법 시대 – 개혁개방 이전 –

공산당의 주도 아래 이루어진 중국에서의 법제도의 형성은 1927년부터 1949년 사이 및 1949년 이후 개혁개방 이전과 개혁개방 이후의 상황이 각각 다른 특징적 전개를 하였다고 할 수 있다.

먼저 1927년에서 1949년까지의 전개과정을 살펴보면 가족법

분야에 있어서는 이른바 "부녀해방"을 지상과제로 하는 입법이 이루어졌다. 그 결과 1931년 〈혼인조례(中華蘇維埃共和國婚姻條例)〉, 1934년 〈혼인법(中華蘇維埃共和國婚姻法)〉이 제정 공포되었다. 이들 법률은 혼인자유의 확립, 일부일처제의 확립, 부녀 및 아동권익의 보호, 혼인등기제도의 확립 및 완전한 이혼자유의 실현 등을 주된 내용으로 하는 것이었다.[3] 그 후 불안정한 국가 상황으로 인하여 정부 소재지의 명칭을 사용한 많은 혼인관련 입법이 행해졌다.[4]

그리고 1949년 '중화인민공화국' 정부의 정식 건립과 함께 혼인법의 전개도 새로운 양상을 보이게 되어 1950년 4월 13일에 "중화인민공화국혼인법"이 제정되고 동년 5월 1일부터 시행되었다.[5] 이 법은 원칙, 혼인, 부부 사이의 권리의무, 부모자녀 사이의 관계, 이혼, 이혼 후 자녀의 부양 및 교육, 이혼 후 재산과 생활, 부칙 등 모두 8개 장 27개 조로 구성된 것이었다.[6] 1950년 혼인법의 입법 취지는 '남녀는 결혼관계의 존속으로 부부가 되고, 부부는 가정의 기본 세포이자 생식의 단위'이며, '부모와 자녀관계는 부부관계의 직접적인 산물이고, 혼인제도의 유기적인 구성부분이다'[7]라고 밝히고 있다. 이를 반영하여 동법 제1조에서는 '독단과 강압 및 남존여비, 자녀의 권익을 무시하는 봉건주의 혼인제도를 폐지한다. 남녀의 혼인자유, 일부일처, 남녀의 권리평등 및 부녀와 자녀의 합법적인 권익을 보호하는 신민주주의적 혼인제도를 실행한다'[8]고 선언하였다. 이를 통하여 '사회주의 이념의 구현'이라는 요구에 부응하는 혼인제도의 보급을 의도했던 것으로 보인다.[9]

2. 1980년 혼인법 시대 – 개혁개방 이후 –

개혁개방 후 중국의 혼인법은 크게 두 단계의 변화 과정을 거친다. 그 하나는 1980년 혼인법의 시행이고, 다른 하나는 대폭적인 개정을 거친 2001년 혼인법의 시행이다.

1966년부터 1976년까지 진행되었던 문화대혁명은 중국의 모든 사회구성 체계에 커다란 변화를 일으킨 일대사건이었다. 혼인 및 가족관계의 영역에 있어서도 중혼이나 축첩 등과 같은 과거의 혼인 풍습의 재발 및 도덕수준과 법의식의 저하로 인한 법률허무주의의 만연 등의 병폐가 발생하였다. 그러한 영향은 1950년 혼인법의 제정을 통해 실현하고자 했던 사회주의 이념을 바탕으로 하는 혼인 및 가족제도 등의 구현에 커다란 장애요인으로 작용하게 되었다. 1978년 말에 이루어진 개혁개방은 혼인 및 가족문제의 영역에 있어서도 국가적 변화에 부응하는 법체계를 갖출 것을 요구하였다.

1980년 9월 10일 제5기 전국인민대표대회 제3차회의에서 개혁개방의 요구를 반영하여 1950년 혼인법을 대폭 개정한 〈혼인법〉이 통과되어 1981년 1월 1일부터 시행되었다. 이 1980년 혼인법은 총칙, 결혼, 가정관계, 이혼, 법률책임, 부칙 등 6개 장 52개 조로 구성되었다. 이 법 개정의 기본정신은 '한 행복한 가정을 건립하는 것은 매우 중요한 일이다. 그것은 한 가족의 생활, 사무, 학습에만 유익한 것이 아니라, 국가와 사회 모두에 유익한 것이다. 부부는 공동생활의 반려로서 가정에 있어서의 지위는 평등한 것이다. 혼인법이 규정한 부부 평등의 권리와 의무는 행복한 가정을 이루기 위한 법적 근거로 쌍방이 모두 이행하여야 한다'[10]는 것이었다. 이 법 개정의 주요내용으로는 첫째, 각종 기본원칙을 유지하면서, 계획생육(계획출산)의 실행원칙과 노인의 합법적인 권익의 보호를 내용으로 하는 규정을 증설하였다. 둘째, 인구억제정책의 실질적인 구현을 위하여 1950년 혼인법 제4조에서 남 20세, 여 18세로 규정하였던 혼인적령(法定婚齡)을 동법 제6조에서 남 22세, 여 20세로 높였으며, 1950년 혼인법 제5조에서 '5대 이내의 방계혈족' 사이의 혼인문제에 관하여는 관습에 따른다고 규정했던 것을 동법 제7조에서 '3대 이내의 방계혈족'으로 명시하여 혈족 사이의 혼인문제를 현대적인 흐름에 맞게 수정하였다. 셋째, 부부재산에 관하여 1950년 혼인법 제10조에서는 부부 쌍방이 평등한 소유권과 처분권을 갖는 것으로만 규정했던 것을 동법 제17조~제19조에서 부부의 재산을 공유재산, 특유재산, 부부재산계약 등으로 세분하였다. 넷째, 혼인외 출생자와 혼인중 출생자를 동등하게 취급하도록 하고 자녀의 성(姓) 선택의 자유 등을 규정하는 등 부모와 자녀 사이의 권리의무에 관해서도 구체화하였고, 이를 위해 이러한 상호관계에 있는 친족의 범위를 조부모(외조부모 포함)와 손자녀(외손자녀 포함) 및 형제자매로 확대하였다. 다섯째, 재판이혼의 요건을 예시하는 등 협의이혼과 재판이혼의 절차를 명확하게 하였다. 이러한 개정을 통하여 중국의 혼인법은 '혼인 및 가족제도의 개혁으로부터 혼인 및 가족관계의 안정과 혼인 및 가족의 보호와 발전'으로 그 중심이 이동하게 된 것이다.[11]

그러나 당시의 지배적인 입법이념은 '개괄적이어야 하며 세밀해서는 안된다(宜粗不宜細)'는 것이었다. 따라서 1980년 혼인법에는 여전히 입법적 공백과 개선이 요구되는 사항이 남아 있었다.[12] 그리하여 1980년 혼인법에 대한 개정작업에 착수하였고, 그 결과가 곧 2001년 개정 혼인법인 것이다.

Ⅱ. 중국 혼인법의 체계와 법원(法源)

1. 2001년 개정 혼인법의 구성

머리말에서도 밝혔지만 필자는 1999년 말에 북경에 있는 인민대학교를 방문하였다가 1980년 혼인법[13]을 개정하는 작업이 진행중이라는 소식[14]을 들은 바 있다. 그러나 그 소식을 접하고 한국에 돌아온 지 두 해를 넘기도록 새로운 입법소식을 듣지 못하였다. 그러다가 2001년 5월이 되어서야 마침내 혼인법 개정안이 통과되었다는 소식을 접하였다.[15]

현행 혼인법은 2001년 4월 28일 제9차 전국인민대표대회 상무위원회 제21차 회의에서 1980년 혼인법을 개정한 것이다.[16] 이 법은 제1장 총칙(제1조~제4조), 제2장 결혼(제5조~제12조), 제3장 가정관계(제13조~제30조), 제4장 이혼(제31조~제42조), 제5장 구조조치 및 법률책임(제43조~제49조), 제6장 부칙(제50조~제51조) 등으로 구성되어 있다

2. 중국 가족법의 주요 법원

중국에서 가족관계에 관한 주요 법원(法源)으로는 다음과 같은 것들이 있다.[17)]

◎ 〈婚姻法〉(6개 장 51개 조, 2001.4.28. 개정)

◎ 〈婚姻法〉(5개 장 37개 조, 1981.1.1. 시행)

◎ 〈婚姻法〉(1950.5.1. 공포)*1980년 혼인법의 시행으로 실효됨

◎ 〈婚姻登記條例〉(6개 장 22개 조, 2003.8.8. 공포, 2003.10.1. 시행)

◎ 〈收養法〉(6개 장 34개 조, 1992.4.1. 시행, 1998.11.4. 개정)

◎ 〈繼承法〉(5개 장 37개 조, 1985.4.10. 공포, 1985.10.1. 시행)

◎ 〈民法總則〉(10개 장 206개 조, 2017.3.15. 공포, 2017.10.1. 시행)

◎ 〈民法通則〉(9개 장 156개 조, 1987.1.1. 시행, 2009.8.27. 개정)

◎ 物權法(2007.3.16. 공포, 2007.10.1. 시행)

◎ 涉外民事關係法律適用法 (2010.10.28. 공포, 2011.4.1. 시행)

◎ 〈母嬰保健法〉(1994.10.27. 전인대 상무위 통과, 2009.8.27. 개정)

◎ 〈人口與計劃生育法〉(7개 장 47개 조, 2002.9.1. 시행, 2015.12.27. 개정)

◎ 〈婦女權益保障法〉(최소 8개 장 59개 조, 1992.4.3. 전인대 상무위 통과, 2005.8.28. 개정)

◎ 〈反家庭暴力法〉(6개 장 38개 조, 2015.12.27. 공포, 2016.3.1. 시행)

◎ 〈民事訴訟法〉(27개 장 284개 조, 1991.4.9. 전인대 통과, 2007.10.28. 제1차 개정, 2012.8.31. 제2차 개정)

○ 〈民法通則 제99조 제1항과 婚姻法 제22조의 해석〉

(2014.11.1. 전인대 상무위 통과)

○ 民政部關於貫徹執行〈婚姻登記條例〉若幹問題的意見(2004.3.29.)

○ 最高人民法院關於適用〈中華人民共和國婚姻法〉若幹問題的解釋(一)(2001.12.25. 공포, 2001.12.27. 시행)

○ 最高人民法院關於適用〈中華人民共和國婚姻法〉若幹問題的解釋(二)(2003.12.4. 통과, 2017.2.20. 개정)

○ 最高人民法院關於適用〈中華人民共和國婚姻法〉若幹問題的解釋(三)(2011.7.4. 통과, 2011.8.9. 시행)

○ 最高人民法院關於適用〈中華人民共和國婚姻法〉若幹問題的解釋(二)的補充規定(2017.2.20. 최고인민법원 심판위원회 제1710차회의 통과, 2017.3.1. 시행)

Ⅲ. 혼인법 개정의 경과와 논의 과정

1. 혼인법 개정의 필요성과 그 이유

중국에 있어서 1980년 혼인법의 개정이 왜 필요한가에 대해서는 다음과 같은 이유가 있었다.[18]

중국에서도 혼인법은 민법의 중요한 구성부분이다. 1980년 혼인법은 1950년 혼인법을 바탕으로 하여 수정된 것이다. 20여 년간의 시행 결과, 1980년 혼인법이 혼인의 자유, 일부일처제, 남녀평등을 실행하기 위한 혼인제도, 부녀와 아동 그리고 노인의 합법적인 권익을 보호하고, 중혼을 금지하고, 가족구성원 사이의 학대와 유기금지 등 여러 기초원칙은 정확한 것이었음이 증명되었다. 또한 부부, 가족성원 사이의 권리의무에 관련된 규정은 기본적으로 시행할 만한 것이었고, 평등, 화목, 문명을 건립하고 유지보호하는 혼인가정관계, 사회안정을 유지하고, 정신문명건설과 사회진보를 촉진하는 것에 대하여 적극적인 기능을 발휘하였다고 평가받고 있었다.

그런데 이와 동시에 경제, 사회의 발전에 따라서 중국인의 사상관념에도 변화가 발생하여 혼인가정관계 부분에서 일단의 새로운 문제가 발생하게 되었다. 이에 따라 혼인가정제도를 진일보 완비하기 위하여 총괄적인 혼인법의 실시경험이 필요하게 되었고, 정면으로 대립하는 문제에 맞추어 혼인법을 수정 보충할 필요가 생긴 것이다.[19]

전국인민대회 상무위원회 法制工作委員會는 제9차 전국인민대회 상무위원회의 입법계획에 의거하여, 전국인민대회 대표가 제출한 〈修正婚姻法議案〉과 全國婦聯 등 유관부문 및 전문법률가가 연구제출한 혼인법수정 건의를 기초로 하여 婦聯, 인민법원, 민정, 위생 등 부문과 일단의 법률전문가가 수정 혼인법에 대한 일반국민의 의견을 청취하였다. 북경, 상해, 광동, 신강 등지에서 상황을 이해하고, 아울러 혼인가정과 관련된 국내외규정을 연구하여 2000년 8월에 〈婚姻法修正案〉(의견수집원고)을 제출하고, 중앙유관부문과 일부의 지방, 법률전문가의 의견 수집을 거쳐, 진일보 연구수정 후에 2001년 1월 혼인법 수정안을 제출하게 되었다. 당시 초안은 제1장 총칙, 제2장 결혼, 제3장 가정관계, 제4장 이혼, 제5장 법률책임, 제6장 부칙 등 모두 6개 장 52개 조로 구성되어 있었으며, 1980년 혼인법과 비교할 때 '제5장 법률책임'에 관한 규정을 추가한 것이 체계상의 큰 특징이다.

이 초안은 1980년 혼인법을 기초로 하고 중국의 현실에서 출발하여, 사회주의 혼인가정의 기본제도와 기본원칙을 견지하며, 통제성을 중시하여 장래 시행할 유효한 관련 행정법규와 사법해석(司法解釋)의 규정을 가능한 한 받아들여 정면으로 대립하고 있는 문제를 최대한 보충규정을 두어 해결하고자 하였다. 즉 평등, 화목, 문명의 혼인가정관계를 유지보호하며, 부녀자, 아동, 그리고 노인들의 합법적 권익을 보호하여 사회주의 정신문명과 물질문명의 건설을 촉진하고자 한 것이었다.[20]

2. 2001년 혼인법 개정의 주요 논점

(1) 重婚에 관한 문제[21]

혼인법에서 중혼을 범죄로 해석하여야 할 것인가의 문제이다.

2001년 혼인법 개정 논의 당시 중국에서는 중혼문제에 대하여 일반적으로 당사자 일방은 고소도 하지 않고 관심도 갖지 않고, 더구나 증거수집이 곤란하며, 실제로 처벌되는 것은 많지 않았다. 매춘행위에 대하여 공안기관은 어떤 때는 치안관리조례의 규정에 의거하여 처벌하기도 하였다. 그리고 몇몇 기관은 혼인법의 수정 과정 중에 어떠한 사유[22]가 있을 때에는 당연히 부부 명의로 동거하는 것으로 간주하여 중혼죄로 인정할 수 있도록 규정할 것을 건의하였다. 그와 같이 하면 효과적으로 중혼을 제재하고 처벌할 수 있다고 보았기 때문이다.

이에 관하여 楊大文교수는 '만일 고정된 주소에서 6개월 이상한 공동생활을 중혼으로 인정할 수 있다면, 사람들은 법의 허점을 틈타 고정된 주소에서 5개월 반만 공동생활을 하고 또다시 다른 상대를 찾아 밀월을 즐길 수 있다'고 지적하면서 '중혼죄의 수정해석은 형법상 문제이고, 이 문제를 해결해야만 각 지방에서 혼인법의 기본원칙 및 현지의 실제정황에 근거하여 지방법규를 제정할 수 있다. 예를 들면, 광동성은 〈혼인관계 중 위법한 범죄행위 및 재산문제에 관한 규정〉을 내놓고 있다'고 지적하였다.

이처럼 당시 중국에서는 몇 년 사이에 몇몇 지방에서는 중혼현상이 증가하는 추세를 나타내고 있었고, 그로 인해 일부일처의 혼인제도를 심하게 파괴하고, 도덕풍속을 위반하여 가정파괴를 일으키며, 사회안정과 가족계획에 영향을 받을 수밖에 없는 현실이었다. 이 문제에 대하여 한편으로는 마땅히 혼인법을 진일보 선전하고 관철해야 할 것이며, 공민의 자발적 법률준수를 교육하고, 중화민족의 전통미덕을 드높여, 부패한 사상의 침식(侵蝕)을 억제하고, 중혼현상의 발생을 예방해야 한다는 것이 개정을 촉구하는 입장의 주장이었다. 다른 한편 초안에서는 법제를 진일보 완비하기 위하여, 중혼 억제의 힘을 더욱 크게 하기 위하여 다음과 같은 내용을 제안하고 있었다.

가. 제1장 총칙 중에 제4조를 신설하여 '부부는 마땅히 상호

충실하고, 상호 부조(扶助)하여야 한다.'[23]고 규정할 것.

나. 제10조를 신설하여 '중혼금지와 기타 일부일처제에 위반하는 행위를 금지한다.'[24]고 규정할 것.

다. 제5장 법률책임 중에 제45조를 신설하여 '중혼에 대하여 마땅히 법에 의하여 형사책임을 지도록 한다.'[25]고 규정할 것.

라. 제32조(1980년 혼인법 제25조)에서 '부부 일방의 중혼 등으로 인하여 이혼하는 경우 화해·조정이 무효인 때에는 감정이 이미 파탄된 것으로 본다.'[26]고 규정할 것.

마. 제46조를 신설하여 '일방의 중혼 등으로 인하여 이혼에 이른 경우 과실 없는 다른 일방에게 손해배상청구권이 있다.'[27]고 규정할 것.

(2) 가정폭력 문제[28]

가정폭력은 당연히 제재되어야 하는가의 문제이다.

중국에서 가정폭력이 '은닉으로부터 공개'로 그 방향의 추세가 변화된 후, 가정폭력 사건은 점차 증가하고 있어서 이 또한 심각한 문제가 되고 있었다.[29] 당시 중국의 가정폭력 문제는 일부 지방에서 비교적 돌출하고 있어 가정폭력으로 인하여 이혼에 이르고, 신체를 상해하는 사건이 폭증하고 있었다고 한다. 이러한 가정폭력의 직접 피해자는 주로 부녀자, 아동 그리고 노인들이어서 가정폭력에 의한 위법한 범죄행위를 엄중히 타파하여 부녀자, 아동, 노인들의 권익을 효과적으로 보호할 필요가 있다는 것이 당시 중국의 현실이었다.

이러한 현실에 대비하고자 초안은 가정폭력을 명확히 금지하고, 피해자의 보호와 구조를 강화하며, 아울러 〈혼인법과 기타 법률의 가정폭력 위법 범죄행위 처벌관련 규정〉과 연결하여 다음과 같이 제안하였다.

가. 총칙 중 제3조에서 '가정폭력 또는 기타 행위로써 가족성원을 학대하는 것을 금지한다.'[30]고 규정할 것.

나. 제43조에서 '가정폭력을 하거나 또는 기타 행위로써 가족성원을 학대하는 것은 공안기관이 〈治安管理處罰條例〉에 근거하여 행정처벌을 한다; 범죄를 구성하는 것은 법에 의하여 형사책임을 추구한다.', '현재 일어나고 있는 가정폭력에 대하여 피해자는 공안기관에 구조를 요청할 수 있고, 또한 주민위원회, 촌민위원회에 도움을 요청할 수 있다.', '가정폭력을 하거나 또는 기타 행위로써 가족성원을 학대하는 경우 피해자는 촌민위원회, 주민위원회에 도움을 요청할 수 있고, 소재 단위는 화해, 조정을 할 수 있다' 등을 규정할 것.

다. 제32조에서 '일방이 폭력 또는 기타 행위로써 가족성원을 학대하는 경우, 다른 일방이 이혼을 요구하는 것에 대하여 화해, 조정하는 것은 무효이고, 당연히 이혼을 허락하여야 한다.'[31]고 규정할 것.

라. 제46조에서 '폭력이나 기타 행위로 가족성원을 학대하여 이혼에 이르게 한 경우 과실 없는 일방에게 손해배상청구권이 있다.'[32]라고 규정할 것.

⑶ 결혼조건 및 무효혼인에 관한 문제

1980년 혼인법 제6조는 한센씨(痲瘋病) 병을 앓고 완치되지 않거나 기타 의학상 결혼하지 말아야 할 질병이라고 인정되는 경우의 결혼을 금지하고 있었다. 관련기관과 의학전문가는 '한센씨 병은 일종의 만성 전염병이고, 현재는 한센씨 병에 대하여 이미 비교적 훌륭한 치료방법이 있어 방지할 수 있고, 치료할 수 있어 두렵지 않다. 중국은 근년래 이미 한센씨 병이 기본적으로 소멸하였다'고 주장하였다. 그리하여 초안에서는 결혼금지의 조건 중에서 의학상 결혼하지 말아야 한다고 인정되는 질병의 분류에서 보류하였고, 한센씨 병 관련 규정이 삭제되었다.

1980년 혼인법은 혼인의 자유, 일부일처의 혼인제도 및 법정 혼인연령과 결혼금지의 조건을 규정하였고, 이들 규정을 위반한 결혼에 대하여 초안은 무효혼인과 취소할 수 있는 혼인제도를 증설하였다. 초안은 제10조를 신설하여 제1항에서, '아래 사유 중 하나에 해당하는 혼인은 무효이다. (1) 중혼인 경우, (2) 결혼금지가 있는 친족관계인 경우, (3) 결혼 전에 의학상 결혼해서는 아니되는 질병을 앓고 있다가 결혼 후에도 아직 치유되지 않은 경우, (4) 결혼적령에 미달한 것' 등을 규정하였고, 제2항에서는 '무효혼인에 대하여 혼인등기기관 또는 인민법원은 주동적으로 그 혼인이 무효임을 선고할 권리가 있다'고 규정하고, '이 경우 당사자 및 이해관계인은 혼인등기기관 또는 인민법원에 대하여 그 혼인의 무효를 제기할 수 있다'고 규정하였다.

또한 제11조를 신설하여 제1항에서 '협박으로 혼인한 것은 협박을 당한 일방이 그 혼인을 취소할 권리가 있다'[33]고 규정하고, 제12조를 신설하여 '무효 또는 취소된 혼인은 처음부터 무효이며, 당사자는 부부 사이의 권리의무관계를 갖지 않는다. 당사자 사이에 출생한 자녀는 본법에서의 부모자녀관계에 관한 규정을 적용한다'[34]고 규정하였다.

(4) 부부재산제에 관한 문제

부부재산을 당연히 공유로 해석하여야 하는가의 문제이다.

1980년 혼인법 제13조는 부부가 혼인관계 존속 중에 취득한 재산은 부부에게 공동으로 귀속하고, 쌍방 사이에 다른 약정이 있을 때에는 예외로 한다고 규정하고 있었다. 당시 중국도 경제가 발전함에 따라 부부재산은 날로 다양해지고 풍부해져서 재산관계가 날로 복잡해지고 있었다.[35] 그러한 현실에 부응하고 부부재산관계를 더욱더 규범화하기 위하여, 초안은 부부공동재산, 개인특유재산, 그리고 약정재산제에 관하여 구체적인 규정을 두었다.

공동재산에 관하여 초안은 제17조에서 '부부는 혼인관계 존속기간 중에 얻은 아래의 재산[36]은 부부의 공동소유로 하며, 쌍방이 별도의 약정을 둔 때에는 제외한다'(제1항)고 규정하고, 제2항을 신설하여 '부부는 혼인관계존속기간 소득한 재산에 대하여 약정이 불명확한 경우에는 부부 공동소유로 귀속한다'고 규정하였다. 그리고 제3항에서 '부부는 공동소유인 재산에 대하여 평등한 처리권을 가진다'는 규정을 두었다. 또한 개인특유재산에 관하여 초안은 제

18조를 신설하여 '아래 사정[37]의 하나가 있는 것은 부부 일방의 재산으로 하고, 쌍방이 다른 약정을 한 경우에는 예외로 한다'고 규정하였다.

그리고 약정재산에 관하여 초안은 제19조를 신설하여 제1항에서 '부부는 혼인 전 재산 및 혼인관계존속기간의 재산을 공동소유로 할 것인가 또는 각자의 소유로 할 것인가 또는 부분공동소유로 할 것인가 부분각자소유로 할 것인가를 서면으로 약정할 수 있다'고 규정하고, 제2항에서 '부부의 혼인 전 재산 및 혼인관계존속기간 재산에 대한 약정은 쌍방에 대하여 구속력을 갖는다', 그리고 제3항에서 '부부가 혼인관계존속기간 재산에 대하여 각자의 소유로 약정한 경우에 부 또는 처 일방이 대외에 진 채무는 제3자가 그 약정을 아는 때에는 부 또는 처 일방의 재산으로써 이를 변제한다'는 규정을 두었다.[38]

(5) 이혼조건 완화의 문제[39]

1980년 혼인법에서 과거에 비해 이혼조건이 완화되기는 하였지만 여전히 엄격하였다. 동법 제24조는 '남녀 쌍방이 스스로 이혼을 원하는 경우에는 이혼을 허가한다'고 규정하고, 제25조에서 '남녀 일방이 이혼을 요구하는 경우에는 관련기관이 화해, 조정을 하거나 직접 인민법원에 이혼소송을 제기할 수 있다'고 규정하고 있었다.

그리고 동법 제25조 제2항은 '인민법원은 이혼사건을 심리하고, 마땅히 화해, 조정을 진행하여야 한다; 만일 감정이 이미 확실하게 결렬된 때에는 화해, 조정은 무효이며, 마땅히 이혼을 허가하여야 한다'고 규정하고 있었다.

이에 대하여 胡康生은 '몇몇 기관과 법률전문가들이 건의하기를 법원이 심리하는 이혼사건의 이혼허가의 조건을 현행 혼인법규정의 "感情確已破裂(감정의 확실한 파탄)"을 수정하여 "婚姻關係破裂" 또는 "夫婦關係破裂"로 개정할 것을 건의한다'고 주장하였다. 그 주요 이유로는 '결혼은 국가가 남녀 쌍방이 특정신분관계를 형성하는 것 곧 혼인관계 또는 부부관계의 확인이고 감정관계에 대한 확인이 아니다. 감정은 개인 내심의 느낌이고, 법원은 식별과 판단이 어렵다. 사람들은 최고인민법원이 사법해석에 열거한 부부감정이 이미 파열된 것이라고 확인한 14개의 정형 중 어떤 것은 혼인관계 또는 부부관계 파열의 정황이어서 감정파열의 정형이 아니다'라고 생각한다는 것이다.

또한 그는 1980년 혼인법 관련 규정을 수정하지 않을 수도 있다고 하였다. 그 이유는 1980년에 1950년 혼인법을 개정할 때에도 이혼조건을 '일방의 강력한 이혼요구로부터 화해, 조정을 거쳐 무효일 때에 비로소 이혼을 허가한다'는 것을 수정한 "感情確已破裂"은 반복적인 연구를 거쳐 확정한 것이기 때문이며, 현행 사법해석규정의 14개 정형은 결코 혼인관계 또는 부부관계의 파열이 필연적 형성이 아니고, 주로 이들 정형의 발생으로 감정이 이미 확실히 파열하여 이혼을 제출하는 것으로 보기 때문이다. 만일 경솔하게 수정한다든가 또는 이혼할 수 있는 사정을 구체적으로 열거한다면 아마도 이혼조건을 완화하는 것으로 이해될 가능성도 있다는 것이었다.

한편 楊大文 교수는 '"感情確已破裂"을 수정하여 "婚姻關係破裂" 및 이혼할 수 있는 情形을 구체적으로 열거하는 것은 아직 이혼조건을 완화하지 않고, 이혼의 난이도도 증가하지 않았으며, 다만 이혼의 법정사유를 구체화한 것이다'고 말한다. 그는 건의하기를 '혼인법규정은 동거생활조건이 있고, 3년 이상에 달한 별거는 화해, 조정의 무효로 이혼을 허가한다. 다만 이것은 결코 당사자의 혼인이 이와 같은 정황이 출현해야 곧 이혼을 허가한다는 말이 아니고, 화해, 조정의 무효 후에 비로소 이혼을 허가한다'라고 주장하였다.[40)]

(6) 이혼시 자녀양육 및 교육의 문제

1980년 혼인법 제30조에서 규정하고 있던 '이혼시에 있어서 여자 측과 그 자녀들의 권익을 돌보는 원칙'을 보다 잘 달성하기 위하여 2001년 개정 초안에서는 제38조 내지 제40조를 신설하고 제42조의 내용을 일부 수정할 것을 제안하였다. 2001년 개정 혼인법은 이혼 후 자녀문제에 대하여 제36조(이혼 후 부모자녀관계의 처리), 제37조(이혼 후 자녀생활비와 교육비의 부담) 및 제38조(이혼 후 부모의 면접교섭권)를 두고 있다.

1) 그런데 근래에 들어와 중국은 이러한 별개의 민사관련법령들을 일반적인 판덱텐 체계에 맞게 하려는 입법적인 노력을 기울이고 있다. 2003년 7월 현재 그동안 마련된 〈민법초안〉에 대한 검토가 한창이라는 소식이다.

2) 1차 사법해석(2001.12.27.부터 시행)은 모두 33개 조문이고, 2차 사법해석(2004.4.1.부터 시행. 그 후 2017.2.20. 2개의 보충규정 시행)은 모두 29개 조문이며, 3차 사법해석(2011.8.9.부터 시행)은 모두 19개 조문으로서 2001년 개정 혼인법 조문수가 모두 51개인 것에 비하면 적지 않은 것이다.

3) 陶毅, 婚姻家庭法(高等教育出版社, 2007), 44~45면.

4) 예를 들면, 1939년 "陝甘寧邊區婚姻條例", 1943년 "晉察冀邊區婚姻條例", 1946년 "陝甘寧邊區婚姻條例", 1949년 "修正山東省婚姻暫行條例" 등(한기종, "현행 중국 혼인법의 성립과정에 관한 법사적 고찰", 중국법연구 제16집(한중법학회, 2011), 6면).

5) 이 글에서는 '1950년 혼인법'이라고 한다.

6) 이 법의 원문은 [http://pkulaw.cn/fulltext_form.aspx?Db=chl&Gid=1d3157c46da80f68bdfb&keyword=%e5%a9%9a%e5%a7%bb%e6%b3%95&EncodingName=&Search_Mode=accurate&Search_IsTitle=0]에 있으나 제14조까지만 나오고, 제15조 이후는 제공되지 않는다.

7) 中央人民政府法制委員會, "중화인민공화국혼인법 기초 경과 및 기초 이유에 관한 보고(關於中華人民共和國婚姻法起草經過和起草理由的報告)", 陶毅, 앞의 책, 45면.

8) 1950년 혼인법 제1조:"廢除包辦強迫、男尊女卑、漠視子女利益的封建主義婚姻制度。實行男女婚姻自由、一夫一妻、男女權利平等、保護婦女和子女合法權益的新民主主義婚姻制度。"

9) 한기종, 앞의 논문, 6면.

10) 1980년 9월 16일 "人民日報" 사설, 陳葦, 앞의 책, 17~18면(한기종, 앞의 논문에서 재인용).

11) 楊大文, "關於完善婚姻家庭立法的建議和設想", 武昌楨 · 楊大文, 走向21世紀的中國婚姻家庭, 吉林人民出版社(1995), 10면. 陳葦, 中國婚姻家庭繼承法研究之回顧與展望, 中國政法大學出版社(2010), 4면에서 재인용.

12) 武昌楨 · 夏吟蘭, "改革開放三十年中國婚姻立法之嬗變", 陳葦, 앞의 책, 3~15면(한기종, 앞의 논문에서 재인용).

13) 중국의 혼인법의 정확한 명칭은 〈中華人民共和國婚姻法〉이다. 이 글에서는 그냥 '혼인법'으로 칭한다. 혼인법은 사회주의의 입법의 일반례에 따라 종합적인 〈민법〉과는 별개의 독립된 법분야를 차지하고 있다. 그러나 소련

법이 혼인법과 가족법의 복합으로 구성되어 있는 데 비하여, 중국의 그것은 비록 법전 속에 가족법적인 규정을 포함하고 있다고는 하나 혼인법이라는 단일의 명칭을 사용하고 있다. 또한 법전의 규정형식에 있어서 소련법이 등기와 같은 절차규정을 한데 묶어 종합법전의 형식을 취하고 있는 데 비하여, 중국법은 혼인 및 이혼의 절차에 관한 규정을 이분하여 따로 규정하고 있다. 〈中國婚姻登記管理條例〉(이하에서는 '혼인등기조례'라고 칭한다)가 그것이다. 이 법은 1994년 1월 12일에 국무원의 비준을 받아 같은 해 2월 1일에 민정부령 제1호로 발포되었다. 중국의 이러한 규정양식은, 혼인관계법을 〈남녀평등권에 대한 법령〉과 〈남녀평등권에 대한 법령 시행세칙〉으로 이분하여 규정하고 있는 북한법의 태도와 비슷하다. 그렇지만 혼인등기법만을 별도로 규정했다는 점에서는 북한법과도 다르다. 1980년에 개정된 법은 1950년법과 마찬가지로 결혼 및 이혼에 관한 규정으로 구성되어 있다. 그러나 두 법은 다같이 상속법의 일부를 규정하고 있다. 또한 중국의 혼인법은 사회주의법에서 흔히 취하고 있는 전문규정제도를 따르지 아니하고 있다. 이러한 점에서 북한의 혼인법이나 러시아의 혼인·가족법의 태도와 다르다. 1980년법은 규정배열의 점에서도 구법과는 다른 점이 있다. 조문의 총수에 있어서 1950년법은 27개조였으나 1980년법은 거기에 10개 조를 더 하고 있다. 1950년법의 장별 구성이 총칙, 혼인, 부부 사이의 권리의무, 부모와 자녀의 관계, 이혼, 이혼 후 자녀의 양육과 교육, 이혼 후 재산과 생활, 그리고 부칙이라는 8개 장으로 이루어졌으나, 1980년법은 제3장과 제4장을 하나의 장으로 묶어 '제3장 가정관계'로 명명하고, 제5장 이하의 3개 장을 하나로 묶어 '제4장 이혼'이라 불렀다. 이에 비하여 2001년 개정 혼인법은 부칙을 포함하여 모두 6개 장, 51개 조문으로 구성되어 있는데, 1999년 당시 필자가 입수한 〈개정안〉은 모두 6개 장 52개 조문이었으나, 최종 입법단계에서 〈개정안〉의 '채무회피를 위한 부부재산약정'에 관한 제47조가 삭제되었다.

14) 당시 중국 인민대학의 소식통에 의하면 1999년 말 현재 〈개정안〉이 거의 확정단계에 있으며, 2000년 봄에 개최될 예정인 전국인민대표대회에서 개정안이 통과될 가능성이 있다는 소식이 있을 뿐이었다.

15) 그동안 필자는 중국 혼인법의 개정논의과정을 현행법을 중심으로 한중법학회에서 발표하고, 그 결과를 한중법학 제2호에 실은 바 있다. 이 책에서는 2001년 개정 혼인법을 중심으로 앞의 글을 수정·보완하였다.

16) 필자는 2000년 1월에 한국가족법학회 판례연구회에서 초안을 소개한 적이 있다. 그렇지만 당시에는 중국측으로부터 필요한 자료가 제때 전달되지 못해 구체적인 개정내용을 다루지는 못하였다.

17) 이하의 법령은 〈中華人民共和國婚姻法－注解與配套－(제4판)〉(中國法制出版社, 2017.6.)을 참고한 것이며, 모든 법령의 이름 앞에 '中華人民共和國'이 붙어 있지만 일괄적으로 생략한다. 또한 이 글에서 인용되는 중국의

법령 이름과 그 원문 그리고 참고문헌과 그 저자 등의 원문 표기는 '간체'가 원문이지만 이 글은 간체에 익숙하지 않은 한국인이 주요독자일 것이므로 한자는 한국식(번체)으로 표기한다.

18) 당시까지 중국혼인법에 관한 국내 연구 성과로는, "1980年의 改正中共婚姻法"(崔達坤, 法律行政論輯 (高麗大學校 法律行政硏究所, 1982. 12)와 "中國의 婚姻法"(金淑子, 家族法硏究 第10號 (韓國家族法學會, 1996. 12.) 등이 있을 뿐이다.

19) 이러한 상황에서 1996년에 혼인법 개정을 위한 작업이 시작되었으며, 법학자들로 구성된 '新〈婚姻法〉專家試擬稿起草小組'가 구성되고, 인민대학의 楊大文 교수가 위원장(召集人)으로 위촉되었다.

20) 당시 필자가 접한 소식통에 의하면 2000년 3월까지도 혼인법의 개정 전망은 불투명하였다. 그 이유는 혼인법을 비롯한 가족법 체계에 관한 견해가 서로 대립되었기 때문이다. 그렇지만 2001년 3월 현재의 예상은 혼인법 개정안이 그해 4월 28일에 열릴 전국인민대회에서 통과될 가능성이 매우 높다는 것이 위원장인 양대문 교수의 전망이었다. 그리고 그 전망은 현실로 되었다.

21) 이 문제에 관한 全國婦聯의 조사자료에 의하면 중혼, 축첩, 包二奶(상해어로 養金絲鳥)현상 등이 이미 나타나고 있었다. 경제가 발달한 지역, 낙후한 지역을 막론하고, 위의 문제는 모두 부녀자들이 호소하는 초점이 되었고, 아울러 갈수록 증가추세에 있었던 것이다. 廣東省 婦聯의 1996년에서 1998년까지 '包二奶'의 호소가 각각 219건, 235건 그리고 348건으로 1997년은 1996년보다, 1998년은 1997년보다 각 7.3%와 48%가 증가하였다는 통계가 있었다. 이와 관련하여 전국인대 상위회 法工委 부주임인 胡康生의 보고에 의하면, 당시 법집행 중의 중요문제는 '包二奶'의 극소수만이 혼인등기기관에 등기하고, 매우 적은 수만이 부부명의로 공개하고, 동거하며, 어떤 경우는 심지어 이미 한두 명의 아이를 낳고도 부부명의로 동거하지 않는 것이 현실이었다.

22) 예컨대, 첫째, 배우자 있는 사람과 타인이 결혼의식을 거행한 경우, 둘째, 배우자 있는 사람이 비록 타인과 결혼의식을 거행하지 않았으나, 다만 서로 부부라고 칭하고, 일정한 주소에서 생활을 하는 경우, 셋째, 배우자 있는 사람이 비록 타인과 결혼의식을 거행한 것은 없으나 다만 비교적 안정된 동거관계에 있고(반년 또는 일년 이상), 또한 아들 딸을 낳고 기르거나 혹은 어떤 사람이 타인과 비록 서로 부부라고 칭하지는 않으나 다만 인정된 동거관계에 있고, 고정된 주소에서 공동생활을 6개월 이상 한 경우 등이다.

23) 2001년 개정 혼인법 제4조(가정관계)에 '부부는 서로에게 충실하고 서로 존중해야 한다. 가정구성원 사이에 노인을 공경하고 아이를 사랑하며 서로 돕고, 평등, 화목, 문명의 혼인가정관계를 유지하여야 한다.'라고 규정하고 있다.

24) 2001년 개정 혼인법 제10조에서 중혼을 혼인무효의 첫 번째 사유로 규정하

고 있다.

25) 2001년 개정 혼인법 제45조에서 '중혼, 가정폭력을 휘두르거나 가정구성원을 학대하고 유기하여 범죄를 구성하는 것에 대하여는 법에 따라 형사책임을 추궁한다. 피해자는 형사소송법의 관련규정에 의거하여 인민법원에 자소(自訴)할 수 있고, 공안기관은 법에 따라 수사하여야 하며, 인민검찰원은 법에 따라 공소(公訴)를 제기하여야 한다.'고 규정하고 있다.

26) 2001년 개정 혼인법 제32조 제2항에서 '인민법원의 이혼안건 심리에는 응당히 화해를 주선하여야 한다. 감정이 이미 확실히 나빠져 화해의 효력이 없는 경우는 이혼을 허용하여야 한다. 아래 사항 중 하나에 해당하며 화해의 효력이 없는 경우, 이혼을 허용하여야 한다.'고 규정하고 있다.

27) 이 역시 그 취지가 그대로 개정법에 반영되었다.

28) 1999년 전국29개 성, 자치구, 직할시의 婦聯에 상반기에 접수된 서신과 방문상담자의 총수는 112,976건이었고, 그 중 혼인가정관계가 55,892건으로 총 건수의 49.47%를 차지한다. 가정폭력은 8,862건으로 혼인가정관계의 15.86%를 차지한다. 그리고 후반기에 접수된 서신과 방문 상담자 총수는 280,338건이고, 그 중 혼인가정관계는 110,070건이었다. 이는 상담 총건수의 39.26%를 차지하는 것으로서 가정폭력관련 건수는 20,148건으로 혼인가정관계 부분의 18.3%를 차지한다. 서신이나 방문 상담자들의 상황 표현은 가정폭력 수단이 가면 갈수록 잔인하고, 한심할 정도라고 한다.

29) 1998년 11월에 寧夏에서 발생한 3건의 부인 살해사건은 모두 남편이 칼을 사용하여 찌르고 몽둥이로 때리고, 기름으로 태우는 방식으로 처자에 대하여 폭력을 휘둘러 죽음에 이르게 한 사건이라고 한다.

30) 2001년 개정 혼인법 제3조에서 '① 당사자의 의사와 무관한 혼인과 매매혼 및 기타 혼인의 자유를 간섭하는 행위를 금지한다. 혼인을 빙자한 재물요구를 금지한다. ② 중혼을 금지한다. 배우자가 있는 자가 타인과 동거함을 금지한다. 가정폭력을 금지한다. 가정구성원 사이의 학대나 유기를 금지한다.'고 규정하고 있다.

31) 이 역시 개정법 제32조에 그대로 반영되었다.

32) 이 역시 개정법 제46조에 그대로 반영되었다.

33) 2001년 개정 혼인법은 이러한 내용을 제11조에서 '협박에 의하여 결혼한 경우, 협박을 당한 일방은 혼인등기기관이나 인민법원에 당해 혼인의 취소를 청구할 수 있다. 협박을 당한 일방의 혼인취소 청구는 결혼등기를 한 날부터 1년 이내에 제기하여야 한다. 불법적으로 신체의 자유를 구속받은 당사자의 혼인취소 청구는 신체의 자유를 회복한 날부터 1년 이내에 제기하여야 한다.'고 규정하고 있다.

34) 2001년 개정 혼인법은 이러한 내용을 제12조에서 '무효 또는 취소된 혼인은 처음부터 무효이다. 당사자는 부부의 권리와 의무를 갖지 아니 한다. 동

거기간에 취득한 재산은 당사자의 협의로 처리하며, 협의에 이르지 못할 때에는 인민법원이 무과실 측을 보호하는 원칙에 근거하여 판결한다. 중혼에 의한 혼인무효에 대한 재산처리는 합법적인 혼인당사자의 재산권익을 침해해서는 아니된다. 당사자가 낳은 자녀는 본법의 부모와 자녀에 관한 규정을 적용한다.'고 규정하고 있다.

35) 楊大文 교수는 그러한 1980년법 규정이 당시 부부재산관계의 실제상황과 부합한다고 생각하고, 다만 법정재산제라는 하나의 법률원칙 하에서 적당한 약정재산제를 두어 보충함으로써 가정경제 다원화라는 중국의 현실에 부합하게 된다고 하였다. 그는 말하기를 중국에서의 법정부부재산제는 곧 혼인 후 소득공제 중 부부공유재산의 범위를 적당히 축소하여 부부개인 특유재산 관련의 규정을 첨가할 수 있다고 말하고, 다음과 같은 세 가지 제도를 신설할 것을 건의하였다. 첫째, 一般共同制, 즉 혼인 전 재산, 결혼 후 재산의 공동소유, 둘째, 공동관리제, 곧 쌍방의 재산을 부 또는 처가 통일적으로 관리하나 재산소유권은 각자에게 귀속, 셋째, 分別財産制, 즉 부부재산을 각자가 소유하고, 이미 공유하지 않은 것은 공동관리하지 않는다.

36) 그 구체적인 재산의 내용을 보면, ㉮ 임금, 상금, ㉯ 경영활동에 종사한 이익, ㉰ 지적재산권의 수익, ㉱ 상속 또는 증여로 인한 소득재산(다만 본법 제18조 제3항에서 규정하는 것은 예외로 한다), ㉲ 기타 공동소유의 재산 등이다.

37) 그 구체적인 재산의 내용을 보면, ㉮ 일방이 소유한 혼인 전 재산, ㉯ 일방이 신체를 손상당하여 획득한 의료비, 장애인 생활보조비 등의 비용, ㉰ 유언 또는 증여계약 중 일방에 귀속하는 재산으로 지명한 것, ㉱ 일방 전용의 생활용품, ㉲ 기타 마땅히 일방에 귀속하여야 할 재산 등이다.

38) 이러한 내용들은 모두 2001년 개정 혼인법 제17조~제19조에서 규정하고 있다.

39) 전국 婦聯의 조사결과에서는 의하면 47.6%의 국민들이 새로운 〈혼인법〉은 마땅히 진일보하여, 이혼을 제한하여야 한다고 생각하나, 27%의 사람들은 현재의 이혼법은 이혼이 비교적 곤란하므로 새로운 혼인법에서는 응당 이혼조건을 완화하여야 한다고 생각하는 것으로 나타났다.

40) 또한 楊大文은 '내가 접촉한 많은 외국의 법학계 인사들은 나에게 묻기를, 중국은 개혁, 개방 이래로 이혼율이 상당히 증가하였다. 이혼율의 상승은 이혼의 조건을 완화한 것이 아닌가 하고 질문한다. 이에 대하여 나는 그들에게 대답하기를 중국의 혼인법은 1980년부터 수정이나 개정이 없었다. 이혼조건을 완화할 것을 논의한 적이 없다. 나의 관점으로는 신혼인법은 기왕의 이혼자유를 보장하고, 또한 경솔한 이혼을 방지하려는 것이다. 이혼의 표준을 완화하는 것을 추구하지 않고, 이혼을 어렵게 하는 것도 추구하지 않는다. 이혼 여부는 혼인생활의 본래 상황에서 결정하는 것이다'라고 하였다.

제 2 장

혼인법의 기본원칙

Ⅰ. 서 설
Ⅱ. 혼인자유의 원칙
Ⅲ. 일부일처의 원칙
Ⅳ. 남녀평등의 원칙
Ⅴ. 부녀, 아동 및 노인의 합법적 권익보호의 원칙
Ⅵ. 계획출산의 원칙

제 2 장

혼인법의 기본원칙

Ⅰ. 서 설

나라마다 혼인법(가족법)의 기본원칙은 시대와 정책에 따라 다를 수 있다. 이 기본원칙은 혼인법을 제정, 해석, 집행 및 연구하는 근거이자 출발점이다.[1] 한 국가의 혼인에 관한 입법의 지도적 이념은 그 국가의 정치·경제제도와 법률관에 의하여 결정되는 것이고, 그 사회의 가정의 본질과 통치계급의 혼인가정관을 반영하는 것이므로 나라에 따라 공통점도 있고 서로 다른 점도 많다. 그러나 혼인자유, 일부일처, 남녀평등 등의 이념은 나라가 달라도 공통성을 띠는 것들이다.[2] 중국 혼인법(가족법) 역시 혼인법의 기본원칙에 관한 규정을 법체계상 가장 중요한 위치(혼인법 제2조)에 규정하고 있다.[3]

중국 혼인법(상속법(繼承法)은 별도로 두고 있음)은 그 조문의 수가 51개(그 중 2개 조는 부칙임)에 불과하다. 그럼에도 불구하고 혼인법이 규정하고 있는 내용은 친족법 전반을 아우를 정도로 상당히 광범위하다. 우리 민법은 200여 개가 넘는 친족 분야에 관한 조문을 두고 있지만, 중국법과 비교할 때 중국 혼인법이 규정하고 있는 내용이 분명하게 나타나지 않는 부분이 있다. 더욱이 중국은 헌법에서부터 혼인에 관하여 여러 규정을 두고 있으며, 이러한 헌법의 규정을 근거로 하여 혼인관련 법률을 체계적으로 연계함으로써 중국 사회가 요구하는 '이상적인 혼인과 가정관계'를 구현하고자 한다.

물론 우리 헌법에도 혼인과 가족생활에서 양성이 평등하다는 규정(헌법 제36조 제1항)을 두고 있으며, 부녀(제32조 제4항, 제34조 제3항, 제36조 제2항 등) · 아동(청소년이나 연소자 보호를 위한 제31조 제2항, 제32조 제5항, 제34조 제4항 등) · 노인(제34조 제4항, 제5항) 등의 보호에 관한 규정도 두고 있다. 그러나 혼인관계를 직접적으로 규율하는 민법에서는 헌법의 이념을 구체화하여 강조하고 있지는 않는 것으로 보인다. 예를 들면 일부일처제와 관련하여 일본, 대만 그리고 중국은 중혼을 무효혼으로 규정하고 형사처벌까지 하고 있는 데 비하여 우리 민법은 취소사유로 규정하고 있을 뿐이다. 개인적으로는 중혼을 무효혼과 취소혼으로 구별하는 민법 개정이 필요하다고 본다. 계획출산과 관련하여, 중국의 경우는 다산(多産)이 국가적인 걱정거리가 되어 2인 이상 자녀출산에 대하여 제재[4)]를 가하기까지 하고 있지만, 우리의 경우는 오히려 소산(少産)이 더욱 문제가 되고 있는 실정이다. 이대로 가다가는 정말 출산능력이 있는 부부에게 1자녀 이상의 출산을 강제해야 할 날이 올지도 모른다는 우려를 떨칠 수가 없다.[5)]

중국 헌법 제49조는 '혼인, 가정, 모친과 아동은 국가의 보호를 받는다. 부부 쌍방은 계획출산을 실행할 의무가 있다. 부모는 미성년 자녀를 양육, 교육할 의무가 있고, 성년자녀는 부모를 봉양하고 부조할 의무가 있다. 혼인자유의 훼손을 금지하고, 노인·부녀·아동에 대한 학대를 금지한다'고 규정하고 있다.[6] 그리고 중국 혼인법 제2조는 '① 혼인의 자유, 일부일처제, 남녀평등한 혼인제도를 실행한다. ② 부녀·아동·노인의 합법적 권익을 보호한다. ③ 계획출산을 실행한다'고 규정하고 있다. 또한 제4조는 '부부는 서로 충실하고 존중하여야 하고, 가정성원 사이에서 노인을 공경하고 어린이를 사랑하고 서로 돕고 평등하고 화목한 문명적인 혼인가정관계를 수호하여야 한다'고 규정하고 있다. 혼인법 제2조에서 규정하고 있는 다섯 가지 기본원칙은 중국에서 혼인가정제도의 개혁과정에서 차츰차츰 확립되면서 완성되어 왔으며 혼인법의 처음과 끝을 관통하는 것으로서 가족법을 개정하고 적용하는 데 있어서 중요한 근거로 된다.[7]

이처럼 중국의 가족법(혼인법)과 비교해 볼 때, 우리 가족법(민법)에는 기본원칙에 대한 규정을 별도로 두고 있지는 않다. 이런 점에서 중국 혼인법이 그 체계나 내용에서 방대하지는 않지만 '가족법의 기본원칙'에 대한 것만 놓고 본다면 연구할 가치가 있다고 본다.[8]

Ⅱ. 혼인자유의 원칙

1. 혼인자유의 유래와 개념

혼인의 자유는 종래부터 있었던 것은 아니며 사회가 발전하면서 생겨난 산물이다. 우리나라와 중국에서 근대 이전의 사회에서는 부모나 가장이 자녀의 혼사에 대하여 주혼권(主婚權)을 가지고 있었다. 이른바 '부모의 명이 중매의 말'이란 표현에서 알 수 있듯이 혼인의 당사자 쌍방은 자원(自願)(=자유로운 의사)이 아니었고 애정의 유무도 고려되지 아니하였던 것이다.[9] 중국에서는 '혼인의 자유'를 '자본가 계급에서 민주, 자유, 평등을 외치면서 혼인의 자유도 천부인권으로서 선포되었고, 혼인의 자유가 법률의 형식으로 고정된 것'으로 본다.[10]

혼인의 자유는 중국 혼인법의 중요한 기본원칙이며,[11] 혼인가정제도의 중요한 내용의 하나이다.[12] 혼인관계는 친족관계의 원천이며, 혼인자유는 친족제도의 중요한 기초이다. 앞에서 언급하였듯이 헌법 제49조에서는 '혼인자유를 훼손하는 것을 금지한다'고 규정하고 있고, 민법통칙 제103조에서는 '공민은 혼인자유권을 향유한다'고 규정하고 있다.[13] 그리고 혼인법은 제2조에서 '혼인의 자유를 실행한다'고 규정하고, 제3조에서는 '포판(包辦),[14] 매매혼인과 기타 혼인의 자유에 간섭하는 행위를 금지한다'고 규정하고, 제4조에서는 '혼인은 반드시 남녀 쌍방의 완전한 자원(自願)에 의하여야 한다'고 규정함으로써 혼인의 자유가 법률의 규정에서 유래

하고 법률의 보호를 받는 권리임을 보여주고 있다.[15)]

혼인의 자유란 남녀 쌍방이 법률규정에 따라 자신의 혼인문제를 자주적으로 결정하며, 어느 누구[16)]의 강제, 포판이나 간섭도 받지 않을 권리가 있음을 가리키는 것이다. 즉 미혼자, 배우자가 사망한 자 및 이혼자는 자기의 의사에 의하여 자기의 혼인대상을 선택하고, 자기의 혼인대상을 결정할 수 있다는 의미이다. 다만 혼인자유는 법률이 인간에게 부여한 권리이므로 그 행사는 법에 따라 엄격하게 행해지고 사회도덕에 어긋나지 않는 것이어야 한다.

혼인자유권은 양도나 상속할 수 없고(이른바 일신전속권), 혼인당사자가 자기와 타인의 결합 또는 불결합을 결정할 수 있는 권리(지배권)이며, 모든 타인에 대하여 대항력을 가지고 어느 누구도 당사자의 혼인자유권을 침해할 수 없는 권리(대세권)이다.[17)]

혼인자유는 당사자의 의사자치로 구현되지만 부모, 친지, 친구의 부조나 지도를 배제할 수는 없다. 혼인자유는 애정을 바탕으로 하는 혼인관계의 필요요건이다. 혼인은 남녀 양성이 결합하는 사회관계로서 양성결합은 남녀 쌍방 사이에 진지하고 성실하며, 서로 좋아하여 상대방을 평생 동안 자기의 반려자로 갈망하는 감정의 토대가 필요하다. 그러므로 남녀 양성의 결합은 자연적인 성적 결합인 동시에 감정, 이상, 권리와 의무 등 다양한 사회적 요인에 의하여 이루어지는 결합이다.

혼인자유는 중요한 권리이지만 그것은 목적이 아니라 수단이며,[18)] 절대적 · 무제한적인 것이 아니라 상대적 · 조건적 · 제한적 자유이다.[19)] 따라서 혼인자유를 초월하는 조건과 제한은 혼인자유권의 남용이 된다.[20] 그러므로 법률이 허가하는 범위 내에서 이 권리를 행사해야만 자유가 있다고 말할 수 있고 법률의 보호를 받을 수 있는 것이다. 공민이 혼인자유권을 행사할 때에는 반드시 법률과 사회도덕을 준수하여야 하며, 타인의 권리나 공공의 이익을 침해하여서는 아니된다.[21]

2. 혼인자유의 내용

혼인자유권은 혼인의 자유와 이혼의 자유를 포괄하는 것이다.[22] 전자는 혼인관계를 맺는 자유로서 보편적 행위이며 혼인자유의 선결조건을 실현하는 자유이고, 후자는 혼인관계를 해소하는 자유로서 특수한 행위이며 혼인자유의 필요보충적인 것이다. 혼인은 보편적 행위이고, 이혼은 특수한 행위이다. 그러므로 이혼의 자유가 없으면 완전한 혼인의 자유는 아예 불가능한 것이다.[23]

(1) 혼인의 자유

혼인의 자유란 남녀 쌍방이 법에 따라 혼인관계를 체결하는 자유이다.[24] 여기에는 두 가지 의미가 있다(초혼이든 재혼이든 마찬가지임). 혼인은 반드시 남녀 쌍방의 자유로운 의사와 진실된 의사표시에 의한 것이어야 하므로 어느 일방이 타방을 협박하거나 타방의 궁박한 상태를 이용하는 것, 제3자가 포판(包辦)하거나 간섭하는 것은 허용되지 않는다. 또한 혼인은 반드시 법률에 규정된 요건과 절차에 부합하여야 한다. 혼인의 자유는 남녀 쌍방으로 하여금 혼인법의 규정에 비추어 볼 때 자기 의사에 의하여 공동생활을 영

위하고 행복한 가정을 꾸려나갈 수 있도록 해줄 때 비로소 보장될 수 있는 것이다.[25)]

[동성혼(同性婚)]

○ 우리 민법이나 중국 혼인법에는 동성혼을 명시적으로 금지하는 규정은 두고 있지 않다.

○ 서울서부지방법원 2016. 5. 25.자 2014호파1842 결정: 남성으로 동성인 갑과 을의 혼인신고에 대하여 관할 구청장이 신고불수리 통지를 하자, 갑과 을이 불복신청을 한 사안에서, 혼인제도가 다양하게 변천되어 왔지만 혼인이 기본적으로 남녀의 결합관계라는 본질에는 변화가 없었고, 아직까지는 일반 국민들의 인식도 이와 다르지 않은 점 등의 여러 사정을 종합하면, 헌법, 민법 및 가족관계의 등록 등에 관한 법률에 규정되어 있는 '혼인'은 '남녀의 애정을 바탕으로 일생의 공동생활을 목적으로 하는 도덕적, 풍속적으로 정당시되는 결합'을 가리키는 것으로 해석되고, 이를 넘어 '당사자의 성별을 불문하고 두 사람의 애정을 바탕으로 일생의 공동생활을 목적으로 하는 결합'으로 확장하여 해석할 수 없으므로, 현행법의 통상적인 해석으로는 동성(同性)인 신청인들의 합의를 혼인의 합의라고 할 수 없고 합의에 따른 신고를 적법한 혼인신고라고 할 수 없다.

⑵ 이혼의 자유

이혼의 자유란 이미 혼인한 부부 쌍방이 법에 따라 자기 배우자와의 혼인관계를 해소할 수 있는 자유를 가리키는 것으로서, 부부 쌍방은 협의이혼과 재판이혼을 할 권리가 있되 이혼은 법률에 규정된 요건과 절차에 부합하여야 한다. 이혼 역시 혼인법에서 이혼절차와 처리원칙을 규정하고 있다. 이러한 규정은 혼인자유의 범위를 분명하게 하고 혼인문제에 있어서 합법과 위법의 한계를 명확히 긋는다. 혼인자유의 권리는 정당하게 행사되고 남용하여서는 아니되며, 타인의 권리나 공공의 이익을 침해하여서도 아니된다. 혼인자유의 권리를 행사할 때에는 사회주의적 혼인도덕률에 맞게 하여야 하며, 이 도덕에 위반되는 행위는 대중의 저항과 사회여론의 비난을 받아야 한다.[26] 부부는 어느 쪽이든 혼인관계가 존속하는 동안 감정의 변화나 기타 원인으로 인하여 법에 따라서 자기의 배우자와 헤어질 권리가 있고, 이에 대하여 어떠한 조직, 기관과 개인도 비법적인 간섭이나 강제를 해서는 아니된다.[27]

3. 혼인자유를 침해하는 행위의 금지

혼인법은 혼인자유의 보장을 위하여 제3조에서 관련 규정을 두고 있는데, 혼인자유의 원칙에 위반되어 금지되는 것들은 대체로 첫째, 포판혼인과 매매혼인, 둘째, 부모의 재혼에 대한 간섭, 과부개가에 대한 간섭, 남자가 여가에 거처하는 것에 대한 간섭, 기타 혼인자유에 간섭하는 행위, 셋째, 혼인을 빙자하여 재물을 받는 행위 등 세 가지로 분류되고 있다.[28]

(1) 포판혼인과 매매혼인

포판혼인은 혼인관계 이외의 제3자(부모 포함)가 혼인 당사자의 의사를 무시하고 강제로 혼인관계를 성립시키거나 해소시키는 월권행위를 하여 당사자의 혼인자주권을 침해하는 것이다. 이것은 봉건시대의 산물로서 현대사회에서도 소수의 가장이 딸의 반대를 고려하지 않고 딸의 혼사를 독단으로 하고 있는 경우, '혼인관계에 있어서 남녀 두 집안의 형편이 엇비슷해야 한다'는 진부한 관념에 젖어 자녀가 배우자를 선택할 때에 상대방의 가정상황을 주요조건으로 삼고, 딸을 값이 오르기를 기다렸다가 파는 상품으로 보아 직업이나 지위의 부동, 주소의 원근 등을 이유로 딸의 혼사를 깨뜨리는 경우, 민며느리를 들이는 것, 환친(換親),[29] 전친(轉親),[30] 정소친(訂小親) 등의 여러 형태가 있다.[31] 매매혼인은 제3자(부모 포함)가 대량의 재물을 취할 목적으로 강제로 타인과 혼인시키는 것이다.[32]

결국 혼인에 대한 이러한 위법한 행위는 혼인의 자유권을 침해하는 것이고 수 많은 청년(특히 부녀)의 절실한 이익을 위해하며, 각종 분규를 조성하고 사회의 안정과 단결에 불리한 것이다. 그러므로 위법행위에 대한 처리에 있어서 피해자의 합법적 권익의 보호가 필요할 뿐만 아니라 위법자에게 엄숙한 비평교육이 필요하며, 위법행위에 상응하는 책임을 부과하고 법률적 제재를 가하고 있다.[33]

(2) 혼인을 빙자한 재물취득 금지

이것은 매매혼[34] 이외에 기타 혼인을 빙자하여 재물을 취득하는 위법행위를 금지하는 것이다. 이런 혼인은 기본적으로 자주·자유·자원적이다. 다만 일방(대부분이 여자쪽임)이 타방에게 일정한 재물을 요구하며 재물지급을 혼인의 조건으로 삼는 것이다.[35] 이런 행위는 비록 매매혼처럼 심각하지는 않지만 매매혼에 비하여 보편적이고 널리 퍼져 있어서 그 위해성을 가볍게 볼 수 없다. 일부 가정분규의 발생과 범죄행위는 대부분 이러한 혼인에 관련된 것으로서 그 위해성을 과소평가해서는 아니되기 때문에 혼인법에서 분명하게 규정하여 금지하는 것이다.

(3) 혼인관계 중 합법행위와 위법행위의 한계의 명확성

첫째, 포판혼인과 부모주관혼인은 타인 소개와 본인 동의라는 점에서 그 한계를 명확히 한다. 전자는 혼인자유의 원칙에 위반되고 당사자의 혼인은 협박을 받은 것으로서 위법행위이나, 후자는 비록 부모가 주관하지만 당사자 쌍방이 자원한 혼인이므로 혼인자유의 원칙에 부합하는 것으로서 합법행위이다.

둘째, 매매혼과 혼인빙자재물취득행위의 한계가 명확하다. 양자는 모두 재물취득을 혼인조건으로 한다는 공통점이 있지만, 전자는 포판강박한 혼인이고, 후자는 기본적으로 자주혼이라는 점에서 다르다. 양자 모두 위법하지만 그 위법의 성질, 정도 및 위해결과가 각각 다르고 그 처리 또한 같지 않다.

셋째, 혼인을 빙자하여 재물을 취득하는 것과 남녀가 혼전에 자원하여 선물하는 것의 한계가 명확하다. 전자는 일방의 타방에 대한 적극적인 재물요구가 혼인의 선결조건으로서 주는 쪽의 본의가 아닌 강요에 의한 것이므로 혼인자유에 위반하는 위법행위인 반면 후자는 일방 또는 쌍방의 적극적인 자원증여는 무조건적이고 혼인과 직접적인 관련이 없으므로 합법행위이다.

넷째, 중매편재[36]와 정당한 소개의 한계가 명확하다. 전자는 중매를 수단으로 하여 재물을 사취하는 위법행위이고, 후자는 인간적인 선의의 소개에서 일종의 사회사업(예를 들면 결혼소개소 등)에 이르는 것으로 합법행위이다.

다섯째, 혼인자유에 대한 일반적인 간섭과 폭력에 의한 간섭의 한계가 명확하다. 양자는 모두 타인의 혼인자유에 간섭하는 것으로서 전자는 위법행위이지만 후자는 범죄행위이다(형법 제257조 참조).

이처럼 혼인자유에 관련된 개념의 한계를 명확히 하는 것은 각각의 상황에 따라 법률의 적용을 달리 하기 위함이며, 합법행위는 국가의 법률적 보호를 받게 되지만, 위법행위는 구체적 사정에 따라 민사적 또는 형사적 책임을 지게 된다.[37]

[혼인의 자유]

○ 우리 민법은 제815조에서 '당사자 사이에 혼인의 합의가 없는 혼인은 무효'라고 규정하고 있다.

○ 대법원 1996. 6. 28. 선고 94므1089 판결: 혼인이 유효하기 위하여는 당사자 사이에 혼인의 합의가 있어야 하고, 이러한 혼인의 합의는 혼인신고를 할 당시에도 존재하여야 한다. 혼례식을 거행하고 사실혼관계에 있었으나 일방이 뇌졸중으로 혼수상태에 빠져 있는 사이에 혼인신고가 이루어졌다면 특별한 사정이 없는 한 이 신고에 의한 혼인은 무효이다.

○ 대법원 2010. 6. 10. 선고 2010므574 판결: 민법 제815조 제1호가 혼인무효의 사유로 규정하는 '당사자 간에 혼인의 합의가 없는 때'란 당사자 사이에 사회관념상 부부라고 인정되는 정신적·육체

적 결합을 생기게 할 의사의 합치가 없는 경우를 의미하므로, 당사자 일방에게만 그와 같은 참다운 부부관계의 설정을 바라는 효과의사가 있고 상대방에게는 그러한 의사가 결여되었다면 비록 당사자 사이에 혼인신고 자체에 관하여 의사의 합치가 있어 일응 법률상의 부부라는 신분관계를 설정할 의사는 있었다고 하더라도 그 혼인은 당사자 간에 혼인의 합의가 없는 것이어서 무효라고 보아야 한다. 외국인 乙이 甲과의 사이에 참다운 부부관계를 설정하려는 의사 없이 단지 한국에 입국하여 취업하기 위한 방편으로 혼인신고에 이르렀다고 봄이 상당한 사안에서, 설령 乙이 한국에 입국한 후 한 달 동안 甲과 계속 혼인생활을 해왔다고 하더라도 이는 乙이 진정한 혼인의사 없이 위와 같은 다른 목적의 달성을 위해 일시적으로 혼인생활의 외관을 만들어 낸 것이라고 보일 뿐이므로, 甲과 乙 사이에는 혼인의사의 합치가 없어 그 혼인은 민법 제815조 제1호에 따라 무효라고 볼 것이다.

[국제결혼의 성립요건]

○ 대법원 1996. 11. 22. 선고 96도2049 판결: 우리 나라 섭외사법(2001년 '국제사법'으로 법률 명칭 변경됨) 제15조 제1항 단서에 의하면 혼인의 방식은 혼인거행지의 법에 의하도록 되어 있기는 하나, 같은 법 제15조 제1항 본문은 혼인의 성립요건은 각 당사자에 관하여 그 본국법에 의하여 정한다고 규정하고 있고, 같은 법 제16조 제1항은 "혼인의 효력은 부(夫)의 본국법에 의한다."고 규정하고 있으므로, 대한민국 남자와 중국 여자 사이의 혼인이 중국에서 중국의 방식에 의하여 성립되었다 하더라도 혼인의 실질적 성립요건을 구비한 것으로서 유효한지 여부는 부(夫)의 본국법인 우리나라 법에 의하여 정하여져야 한다.

Ⅲ. 일부일처의 원칙

1. 일부일처의 개념

일부일처제는 현대 가족법에 있어서 보편적인 것이며,[38] 중국 혼인법에서도 중요내용이며 기본원칙 중 하나로서 일부다처제를 근본적으로 부정하고 있다.[39]

혼인법상 일부일처제는 일남일녀가 결합하여 서로 배우자가 되는 유일한 합법적 혼인형식이다.[40] 이것은 세 가지 의미를 가진다. 첫째, 지위의 고하나 재산의 다소를 불문하고 어느 누구도 동시에 2명 또는 그 이상의 배우자를 둘 수 없다는 것, 둘째, 이미 혼인한 자는 이혼 또는 배우자의 사망 전에는 다시 혼인할 수 없다는 것, 셋째, 일체의 공개 또는 은폐된 혼외의 성행위를 반대한다는 뜻을 담고 있다.[41] 그러므로 배우자 있는 자가 배우자의 사망이나 이혼 이전에 다시 혼인을 해서는 아니되며, 그렇지 않을 경우 중혼이 된다.[42] 또한 배우자 있는 자의 타인과의 동거, 매매혼 등의 금지는 일부일처원칙을 지키기 위한 필연적인 요구이다.[43]

일부일처제는 인류혼인사상 거대한 변혁으로서 과거 일부다처제나 일처다부제는 애정의 전일성과 배타성과 같이 용납될 수 없는 것이다. 중국에서도 일부일처제가 실행되는 동시에 현실생활에서는 일부일처제를 위반하는 소극적인 현상이 일부 있었지만 법률상, 도덕상 증강에 따른 수요는 일부일처원칙을 수호하는 활력이다.[44]

[중혼의 금지]

○ 우리 민법은 제810조에서 중혼을 금지하고 있으며, 제816조에서 혼인의 취소사유로 규정하고 있다.

○ 대법원 1994. 10. 11. 선고 94므932 판결: 갑남이 법률상 부부였던 을녀를 상대로 이혼심판을 청구하여 승소심판을 선고받고 그 심판이 확정되자 곧 병녀와 혼인하여 혼인신고를 마쳤으나 그 후 을녀의 재심청구에 의하여 그 이혼심판의 취소 및 이혼청구기각의 심판이 확정되었다면 갑남과 병여 사이의 혼인은 중혼에 해당하므로 취소되어야 한다.

○ 대법원 1987. 1. 20. 선고 86므74 판결: 갑남이 을녀에 대한 재판상 이혼심판청구에서 승소확정심판을 받아 이혼 신고를 마치고 혼인신고를 필하였으나 을녀가 재심청구를 하여 동 확정심판을 취소하고 갑남의 위 이혼심판청구를 기각한다는 재심 심판이 선고되어 확정되었다면, 을녀가 한때 갑남에게 협의이혼을 하겠다는 뜻을 표시한 사실이 있다고 하더라도 갑남과의 사이에 아직도 법률상 부부관계가 존속되고 있는 을녀로서는 중혼에 해당하는 갑남, 병녀 사이의 혼인의 취소를 구할 이익이 있다.

○ 대법원 1984. 3. 27. 선고 84므9 판결: 청구인과 피청구인(갑)이 협의이혼한 것이 피청구인(갑)의 기망에 인한 것이었음을 이유로 청구인이 제기한 협의이혼취소심판이 청구인 승소로 확정되었다면 청구인과 피청구인(갑)은 당초부터 이혼하지 않은 상태로 되돌아갔다 할 것이니 위 취소심판 계속중 피청구인 갑과 을 사이에 이루어진 혼인은 중혼의 금지규정에 위반한 것으로 혼인의 취소사유에 해당한다.

2. 일부일처의 구체적인 내용

첫째, 혼인은 일남일녀의 결합이어야 한다. 혼인관계에 있어서 일부일처제의 특징은 일남일녀 사이에서 발생한다는 것이다. 또한 하나의 가정은 1명의 남자와 1명의 여자로만 이루어질 수 있고 어느 누구도 동시에 2명 또는 2명 이상의 배우자를 둘 수 없으며, 일부일처제를 견지하는 것은 동성 사이에서는 혼인관계를 형성할 수 없다는 의미로 귀착된다.[45)]

둘째, 이미 혼인한 자는 다시 혼인할 수 없다. 한 남자가 한 여자와만 혼인할 수 있다는 것은 한 여자 또한 한 남자하고만 혼인할 수 있다는 것과 같다. 다만 한 사람이 일생 동안 같은 사람하고만 혼인해야 한다거나 한 사람이 일생 동안 단 1회의 혼인만 할 수 있다는 것을 말하는 것은 아니다. 기혼자가 그 배우자가 사망하거나 이혼한 이후에는 다시 혼인할 수 있다. 혼인법은 제3조에서 중혼을 금지하고 있는데, 이미 배우자가 있다는 것이 혼인의 장애가 되고 있는데 다시 혼인하고자 하는 경우에는 등기관리기관은 혼인등기절차를 거절하여야 한다.

셋째, 중혼을 금지하고 배우자 있는 자의 타인과의 동거를 금지한다. 일부일처제는 남녀 양성이 결합하는 사회형식이며 양성관계의 합법적 귀속이라고 주장한다. 남녀 양성관계는 비록 자연요소를 가지고 있긴 하지만 인류사회에서 혼인이라는 하나의 사회형식이 발생하게 된 이래 양성관계에 대하여 제한이 생겨났다. 합법적인 형식을 갖춘 양성관계를 비로소 혼인이라고 일컫게 되고, 혼인관계에 있는 남녀 사이에서 생긴 양성관계를 비로소 합법적으로 보게 된 것이다. 그러므로 혼인관계 이외의 어떠한 양성관계도 혼인과 서로 충돌하는 것이고, 이 때문에 위법한 것이 된다. 혼인관

계 이외의 양성관계는 주로 중혼, 간통, 내연관계, 매매춘 등으로 나타난다.[46)]

[사실혼과 중혼]

○ 우리 민법이나 중국 혼인법은 사실혼에 관한 명문의 규정을 두고 있지는 않다.

○ 대법원 1996. 9. 20. 선고 96므530 판결: 법률상의 혼인을 한 부부의 어느 한 쪽이 집을 나가 장기간 돌아오지 아니하고 있는 상태에서 부부의 다른 한 쪽이 제3자와 혼인의 의사로 실질적인 혼인생활을 하고 있다고 하더라도, 특별한 사정이 없는 한 이를 사실혼으로 인정하여 법률혼에 준하는 보호를 허여할 수는 없다. 따라서 사실혼관계 해소에 따른 손해배상 청구나 재산분할 청구는 허용될 수 없다.

○ 대법원 2009. 12. 24. 선고 2009다64161 판결: 중혼적 사실혼관계일지라도 법률혼인 전 혼인이 사실상 이혼상태에 있다는 등의 특별한 사정이 있는 경우, 법률혼에 준하는 보호를 할 필요가 있다. 그렇다면 중혼적 사실혼관계에 있는 자도 부부운전자한정운전 특별약관상의 '사실혼관계에 있는 배우자'에 해당되는 경우가 있다.

Ⅳ. 남녀평등의 원칙

1. 남녀평등의 개념

(1) 헌법상 규정

남녀평등의 원칙은 광범위한 내용을 담고 있는데, 이것은 중국 헌법의 원칙이면서 관련 법률의 공동원칙이기도 하다.

중국 헌법은 제33조에서 '… 국민은 법률 앞에서 일률적으로 평등하다. 모든 국민도 헌법과 법률에 규정된 권리를 향유하는 동시에 헌법과 법률에 규정된 의무를 이행하여야 한다'고 규정하여 남녀 구별 없이 법률 앞에서 모든 국민이 평등하다는 것을 선언하고 있다. 이것은 혼인법상 남녀평등 원칙의 가장 중요한 근거와 출발점이다. 그리고 제48조 제1항에서 '부녀는 정치적, 경제적, 문화적, 사회적 및 가정적 생활 등 각 방면에서 남자와 동일하게 평등한 권리를 향수한다'고 규정하여 남녀가 평등하다는 것을 명확히 하고 있다.

> 대한민국 헌법 제36조 제1항: 혼인과 가족생활은 개인의 존엄과 양성의 평등을 기초로 성립되고 유지되어야 하며, 국가는 이를 보장한다.

(2) 혼인법상 남녀평등

혼인법상 남녀평등의 원칙은 바로 헌법상 원칙을 구체화한 것으로서 부부와 성별이 같지 않은 가정성원 및 기타 근친이 혼인가정생활과 친족관계에 있어서 평등한 법적 지위에 있고, 평등한 권리를 향유하고, 평등한 의무를 부담하는 것을 말한다.[47] 그 구체적인 함의의 하나는 혼인중에 있는 남녀 쌍방이 어떠한 성별적 차이도 허용되지 않는다는 뜻이고, 다른 하나는 남녀평등의 주요표지는 권리의무의 평등을 가리키고, 권리의 평등을 포괄할 뿐만 아니라 의무의 평등도 포괄하는 것으로서 양자는 어느 하나도 없을 수 없다는 의미이다.[48] 남녀평등의 주된 의미는 인간의 존엄을 존중하며 성별의 차이를 반대함으로써 혼인과 가정생활에 있어서 부부가 평등하게 서로 사랑하고 화목하게 지내는 것이다. 다만 남녀평등이 절대적 평균주의를 의미하는 것은 아니다. 법률규정에서 말하는 남녀평등은 권리의무의 평등이지, 현실생활에서 쌍방의 동의를 거친 권리의무의 위탁이행까지 배제한다는 것은 아니다.[49] 현실적으로 남녀의 생리상, 성별상 차이는 그들이 맡고 있는 사회적 역할에 따라 결정된다. 부부 사이에서는 생리적 차이를 제외하고도 지식과 직업, 문화의 정도, 개인의 경력, 집안의 배경, 나이 및 기호 등에 따라서 서로 같지 않을 수 있다. 이런 이유로 그들이 혼인과 가정을 위하여 제공하는 노동의 방식과 성과가 다를 수 있다. 혼인과 가정생활은 '분담하여 협조하고, 서로 협력한다'는 문제가 있다는 점에서 동일하다. 여자가 들에 나가 일하고, 석탄을 캐서 양식을 사는 경우에는 남자가 아이를 돌보고 밥을 하는 것이다. 그러므로 어느 누구도 자기가 하기 싫은 일을 상대방에게 강요하는 것은 남녀평등에 맞지 않는 것이다. 다만 부부 사이에 어떠한 것이 같지 않은지는 묻지 않으며, 또한 각자가 종사하는 일이 간단한 가사노동이든 복잡한 정신적 또는 육체적 노동인가를 물을 것도 없이 그들의 법률상 지위는 완전평등한 것으로 본다. 그러나 이것은 어디까지나 형식상 평등이고, 실질적 평등으로 이어지기 위해서는 남녀의 경제적 평등이 보장되고 부녀 본래의 소질을 계발할 수 있도록 노력을 기울여야 한다.[50]

2. 혼인법상 남녀평등의 구현

남녀평등의 원칙을 구현하기 위하여 혼인법에는 여러 규정을 두고 있다. 예를 들면 혼인법은 부부재산에 관한 규정을 두고 있는데, 혼인관계에 있는 부부의 일방 또는 쌍방이 취득한 재산은 쌍방이 별도의 약정을 맺지 않는 한 부부의 공동소유에 속한다(혼인법 제37조). 이 규정의 의미는, 부부가 특별한 약정을 하지 않는다면 혼인등기일부터 혼인관계가 해제(배우자의 사망 또는 이혼)되는 날까지의 기간 동안 쌍방 또는 일방이 취득한 재산(노동보수, 증여받은 재산, 상속재산 등을 포괄함)은 전부 부부의 공동재산에 속한다는 것이며, 법률혼 부부는 공동재산에 대하여 평등한 사용권과 지배권을 갖는다.[51]

(1) 혼인 및 이혼제도상 남녀평등

혼인 및 이혼제도상 남녀 당사자의 권리의무는 완전평등한 것이다.[52] 혼인은 쌍방의 완전한 자의에 의한 것이어야 하고, 혼인등기 후 쌍방의 약정에 따라 여자는 남자가정의 성원으로 되고, 남자는 여자가정의 성원으로 되며, 무효혼과 취소혼의 당사자인 남녀쌍방은 모두 법에 따라서 혼인무효를 주장하거나 혼인취소를 청구할 권리가 있다. 쌍방이 이혼을 자원하는 경우에는 이혼을 허가해주고, 남녀 일방이 이혼을 원하는 경우에는 법에 따라 이혼을 청구할 권리가 있다. 그리고 이혼시의 재산청산, 이혼 후 자녀의 양육과 교육 등의 문제에 있어서 쌍방은 동일한 법률적 보호를 받는

다.[53)]

(2) 신분관계와 재산관계에서의 남녀평등

부부는 혼인관계가 존속하는 동안에 신분관계나 재산관계에 있어서 권리와 의무가 평등하다. 즉 부부 사이의 남녀평등의 문제는 구체적으로, 부부는 모두 각자 자기의 성명을 사용할 권리가 있으며[54)] 생산 · 직업 · 학습 및 사회활동에 참여할 자유, 평등한 출산권, 계획출산을 하여야 할 권리와 의무가 있다. 부부는 평등한 친권을 가지며, 쌍방은 미성년자녀의 감호 · 부양 및 교육할 권리와 의무가 있다. 부부는 평등한 주소결정권을 가지며, 쌍방은 그 주소의 확정을 협상하여야 한다. 부부는 서로에게 충실하고 서로 존중하여야 하며, 서로 부양하고 공동으로 생활비용과 가사노동을 부담하여야 한다. 부부는 법에 따라서 부부재산약정을 맺을 수 있고 부부공동소유재산에 대하여 평등한 권리와 처분권을 갖는다. 끝으로 부부는 자녀의 유산을 상속할 권리가 있다.

(3) 부모와 자녀관계에서의 남녀평등

부와 모, 아들과 딸, 기타 성별이 같지 않은 가정 내 친족의 권리와 의무가 평등하다. 즉 부부관계, 친자관계에 있어서 성별이 같지 않은 주체의 권리의무는 평등하고, 가정 내에서의 부부의 지위도 평등하다. 아들과 딸 모두 부모로부터 양육과 교육을 받을 권리가 있으며, 부모를 봉양하고 부조할 의무가 있으며, 부모의 유산을 동등한 순위로 상속할 권리가 있다. 아들과 딸은 법정부양권리자 · 부양의무자, 법정상속인의 순서에 있어서 서로 동등하다. 조부와 조모, 외조부와 외조모, 손자와 손녀, 외손자와 외손녀, 형제와 자매 등도 모두 평등한 권리와 의무가 있다.[55)]

결국 친족관계의 주체는 법에 의하여 권리를 향유하고 의무를 부담하며, 성별의 차이로 다른 것이 아니라, 남계친과 여계친, 부계친과 모계친이냐에 따라 다를 뿐이다. 그러므로 법에 관련된 친족 사이의 일체의 사항은 남녀평등의 원칙에 비추어 처리하여야 하며, 남녀평등은 남녀의 체력이나 노동의 강도에 있어서 절대적인 대등함을 요구하는 것이 아니라 법률에 규정된 권리의무에 관하여 부녀에 대한 모든 차별적 대우를 없앨 것을 요구하는 것이다.[56)]

Ⅴ. 부녀, 아동 및 노인의 합법적 권익보호의 원칙

1. 원칙의 의의

이 원칙은 남녀평등원칙의 필요보충적인 원칙으로서 우리 가족법은 이러한 내용을 규정하고 있지 않다. 이 원칙이 필요한 이유는 첫째, 중국에서 역사적으로 수천년간 이어져 온 남존여비사상을 단시간에 완전히 없애는 것은 불가능하였고, 둘째, 부녀의 생리적인 특수성의 객관적 존재가 부정되었고, 셋째, 남녀 사이에는 사회와 가정생활에서 실제적인 차이가 존재하기 때문이다.[57)]

이 원칙은 혼인법의 기본원칙일 뿐만 아니라 헌법에 규정된 기본원칙이다. 중국 헌법 제49조는 '혼인, 가정, 모친과 아동은 국가의 보호를 받는다'고 규정하고 있다. 그리고 혼인법 제2조 제2항은 '부녀, 아동과 노인의 합법적 권익을 보호한다'고 규정하고 있는데, 이것은 국가가 부녀, 아동과 노인에 대하여 혼인가정분야의 권리와 이익에 있어서 특별히 중시하고 보호한다는 의미이다. 과거 중국의 사회관념은 줄곧 남존여비사상이었고, 이로 인하여 수천년 동안 남녀의 실제 지위는 불평등한 것이었다. 그러던 것이 현재의 중국이 수립된 이후 헌법과 여러 법률에서 남녀가 정치, 경제, 사회, 문화 등 모든 영역에서 평등하다는 것을 명확하게 규정하게 되었던 것이다.[58)]

이 원칙이 갖는 구체적인 의미는 첫째, 특정주체에 대한 보호이고, 둘째, 보호의 내용은 특정주체의 합법적 권익(법률이 이미 명문으로 규정한 권리와 이익)을 가리키고, 셋째, 특수보호가 특정주체에게 법률 외의 특수권리를 향유하도록 하는 것이 아니라 법정범위 내의 권익에 대하여 특별히 중시하고 보호하고 그 진정한 실현을 보장한다는 것이다.[59)]

2. 부녀의 합법적 권익보호

(1) 원칙의 의의

부녀의 합법적 권익을 보호한다는 것은 남녀평등의 원칙을 보충하는 데 매우 중요한 것으로서, 부녀의 생리상 특수성을 인정하지 않을 수 없으므로 부녀의 합법적 권익을 보호한다는 원칙은 매우 필요한 것이다. 따라서 법률에 부녀의 권익보호에 관한 특별한

규정을 두지 않는다면 진정한 남녀평등은 불가능하다.[60)]

부녀권익보장법 제2조는 '여성은 정치적, 경제적, 문화적, 사회적 및 가정적 생활 등 모든 분야에서 남자와 평등한 권리를 향유한다. 국가는 법에 따라서 부녀가 특수권익을 향유할 수 있도록 보호하고, 나아가 부녀에 대한 사회보장제도를 완벽하게 하여야 한다. 부녀에 대한 일체의 형식적 차별대우를 제거한다.'고 규정하고 있다. 또한 이 법은 국가에 대해 부녀가 남자와 평등하게 혼인가정권리를 향유할 수 있도록 보장하고(동법 제43조), 부녀의 혼인자주권을 보호하고, 부녀의 혼인이나 이혼에 간섭하지 못하도록 규정하고 있다(동법 제44조).

(2) 혼인법상 부녀의 권익보호

혼인법은 혼인관계 등의 장이나 절에서 부녀의 합법적 권익을 특별히 보호하려는 정신을 관철시키고 있을 뿐만 아니라 이혼의 장에서도 구체적인 규정을 추가하고 있다.[61)] 첫째, 이혼절차에 있어서 혼인법은 여자가 임신 중이거나 분만 후 1년 이내 또는 임신중지 후 6개월 이내인 경우에는 남자 쪽에서 이혼을 청구할 수 없다고 명확하게 규정하고 있다.[62)] 이처럼 일정기간 내 남자의 이혼청구권을 제한하는 것은 부녀와 아동의 심신과 건강에 대한 특별한 보호이다. 둘째, 이혼시 부부의 공동재산의 분할은 쌍방의 협의에 의하고, 협의가 성립하지 않은 때에는 법원의 판결에 의한다. 셋째는, 이혼시 일방의 생활이 확실하게 곤란하다면 다른 일방은 경제적으로 적당히 도와주어야 한다. 법원의 판결에 의하는 경우 그 근거가 되는 것은 '여자와 자녀의 권익을 고려하는 원칙'과 '이혼시 일방의 생활이 곤란한 때에는 다른 일방은 적당한 경제적 도움을 주어야 한다'는 것이다.[63)]

(3) 부녀권익보장법상 부녀의 권익보호

부녀가 부녀권익보장법에 의하여 누릴 수 있는 기본적인 권익과 특수한 권익으로는 다음의 것들이 있다.

첫째, 정치적 권리이다(동법 제19조).[64)] 부녀는 각종 절차와 형식을 통과해서 국가사무, 경제와 문화사업, 사회사업을 관리할 권리가 있다. 둘째, 문화교육의 권익이다(동법 제15조). 학교와 관련기관은 부녀가 입학, 진학, 졸업, 학위취득, 유학 등에 있어서 남자와 평등한 권리를 향유할 수 있도록 보장하는 국가의 관련규정을 집행하여야 한다. 셋째, 노동의 권익이다(제22조, 제23조). 각 기관은 직원을 고용할 때에 부녀에게 부적합한 직업이나 직책을 제외하고는 성별을 이유로 부녀의 고용을 거절하거나 부녀의 고용기준을 높일 수 없도록 하여 남녀가 같은 직업에서 같은 보수를 받을 수 있도록 하는 것이다. 넷째, 재산에 관한 권익이다(제29조). 혼인가정의 공유재산에 있어서 부녀가 합법적으로 향유하는 권익을 침해할 수 없다. 다섯째, 신분에 관한 권익이다(제37조). 이것은 부녀의 신체의 자유, 생명과 건강, 명예권, 사생활보호권, 인격존엄 등에서 법률의 보호를 고르게 받는 것이다. 이에 따라서 매춘, 창기놀음, 부녀의 매춘을 조직·강제·유인·수용하는 것을 금지하고, 부녀가 다른 사람과 외설적인 행동을 하도록 고용하거나 수용하는 것을 금지한다. 여섯째, 혼인가정에 관한 권익이다(제42조, 제45조). 여자 쪽에서 계획출산의 요구에 따라 임신을 중지한 경우 수술 후 6개월 내에는 남자 쪽에서 이혼을 신청할 수 없다.[65] 부모 쌍방은 미성년자녀에 대하여 평등한 감호권을 갖는다.

3. 아동의 합법적 권익보호

(1) 원칙의 의의

이것은 아동의 심신과 건강을 보호하고 아동의 합법적 권익을 보장하며, 아동의 품성·지적능력·체질 등의 전면적 발전을 촉진하는 것은 모든 사회의 책임이자 각 가정의 책임이라는 것을 의미한다.[66] 이 원칙의 실현을 위하여 헌법 제46조 제2항은 '국가는 청년, 소년과 아동의 품성, 지적능력, 체질 등 모든 면에서의 발전을 배양한다'고, 제49조 제1항은 '혼인, 가정, 모친 및 아동은 국가의 보호를 받는다'고 규정하고 있다. 또한 혼인법은 제2조 제2항에서 '아동의 합법적 권익을 보호한다'고 규정하고 있다. 이 외에 아동보호에 관한 특별법으로 미성년자보호법[67]이 있다.[68]

(2) 미성년자보호법상 아동의 권익보호

이 법은 아동의 보호에 대하여 구체적, 전면적으로 규정하고 있으며, 18세 이하인 미성년자의 보호는 다음과 같은 원칙에 따라야 한다는 것을 확인한 것이다. 즉 미성년자의 합법적 권익을 보호하고, 미성년자의 인격적 존엄을 존중하여야 한다. 미성년자의 심신 발달의 특징에 적응하여야 하고, 교육과 보호가 서로 결합하여야 한다. 이것은 미성년자에 대하여 가정보호, 학교보호, 사회보호, 사법보호 등에 관한 사항을 구체적으로 규정한 것이다. 이 법이 공포·시행됨에 따라 자연계에서 생겨나는 것을 포함한 미성년자에 대한 각종 침해와 사회적 침해에 대한 것만이 아니라 법률상 보상조치도 두었고, 또한 미성년자의 덕(德), 지(智), 체(體) 모든 면에서의 발전에 대하여 반드시 적극적으로 유도하는 역할을 할 수 있을 것이다.[69)]

(3) 혼인법상 아동의 권익보호

혼인법은 가정관계, 이혼 등에서 아동보호에 관한 구체적인 규정을 두고 있다.

첫째, 익영(溺嬰)[70)]과 기타 영아를 살상하는 행위를 금지하고, 부모의 자녀에 대한 양육·교육의무를 분명하게 규정하였다.[71)] 부모가 이혼하더라도 양육·교육의무는 면제되지 않으며, 부모가 의무를 이행하지 않을 경우 자녀는 부모에게 양육비를 청구할 권리가 있다.

둘째, 자녀는 부모 및 기타 근친의 유산을 상속할 권리가 있다. 부모는 자녀의 유산을 상속할 권리를 가지고, 자녀 역시 부모의 유산을 상속할 권리가 있다. 이와는 별도로 중국 상속법에서는 형제자매의 부모가 조부모나 외조부모보다 먼저 사망한 때에는 그 부모를 대습하여 조부모나 외조부모 등 직계·연장친족의 유산을 상속할 수 있다고 규정하고 있다.[72)]

셋째, 혼인외 자녀, 양자녀 및 부양관계에 있는 계자녀는 혼인

중의 자녀와 동등한 권리가 있다. 혼인법에 근거하여 상속법 등에도 관련규정을 두어 혼인외 자녀, 양자녀 및 부양관계에 있는 자녀와 혼인중의 자녀의 법률상 지위는 평등하게 되었고, 그들은 혼인중의 자녀와 동등하게 양육, 교육 및 감독보호를 받을 권리가 있고, 또한 동등한 상속권이 있다. 현실에 비추어 볼 때 혼인외 자녀, 양자녀 및 계자녀의 합법적 권익이 불법적인 침해를 받는 일이 흔히 있을 수 있기 때문에 이 법에서 위 세 종류의 자녀에 대하여 어느 누구도 위해, 학대나 차별대우를 가할 수 없다는 것을 거듭 강조한 것이다.

넷째, 미성년자는 특별한 경우 부모 이외에 근친으로부터 부양을 받을 권리가 있다. 혼인법에 의하면 부담능력 있는 조부모나 외조부모는 부모가 이미 사망하였거나 의무이행을 하지 않는 경우에 그 부모를 대신하여 미성년인 손자녀나 외손자녀를 부양할 의무가 있다. 또한 부담능력 있는 형이나 누나는 부모가 이미 사망하거나 부모가 양육하지 않거나 양육능력이 없는 때에는 미성년인 동생을 부양할 의무를 진다. 그러나 독립생활능력이 있는 손자녀, 외손자녀 또는 남녀동생에게는 조부모, 외조부모 또는 형이나 누나를 부양할 의무가 없다.[73)]

4. 노인의 합법적 권익보호

(1) 원칙의 의의

중국에서 노인을 존중하고 봉양하고 애호하는 것은 경로·양로의 전통적인 미덕이고, 모든 사회의 공동책임이며, 또한 사회주의 가정의 중요한 임무이자 책임으로 보고 있다.[74] 따라서 노인을 차별대우, 모욕, 학대, 유기하는 것을 금지하고 있다(노인권익보장법 제4조 제2항).

중국 헌법 제45조는 '중국 국민이 연로, 질병 또는 노동능력을 상실한 경우에는 국가와 사회로부터 물질적 보호를 받을 권리가 있다. 국가발전은 국민이 필요로 하는 사회보험, 사회구제와 의료위생에 관한 권리를 누릴 수 있도록 하는 것이다'고 규정하고 있다. 이에 따라서 혼인법은 '자녀는 부모에 대하여 봉양하고 부조할 의무를 진다', '부모는 자녀의 유산에 대하여 상속권이 있다', '양부모, 계부모의 합법적 권익도 마찬가지로 법률의 보호를 받는다', '손자녀, 외손자녀 역시 일정한 조건 아래에서 조부모, 외조부모를 봉양할 의무가 있다' 등 구체적으로 규정하고 있다. 또한 헌법 제49조는 '노인, 부녀 및 아동을 학대하는 것을 금지한다'고 규정하고, 혼인법 제3조에서는 '가정성원 사이의 학대와 유기를 금지한다'고 규정함으로써 가정폭력으로부터 노인을 보호하고자 한다.

최근 중국에서는 부녀, 아동 및 노인의 합법적 권익보호 문제가 전사회적으로 중요시되고 있다. 그에 따라서 전국적으로 새로 발생하는 상황과 문제에 대처하기 위하여 법제 마련을 강화하고 있으며, 일부 성과 시(광동성, 요녕성, 길림성, 복건성, 북경시, 상해시 등)에는 제각각 결의, 규정, 조례 등의 형식으로 관련 법규를 제정하고 있다.[75]

(2) 노인권익보장법상 노인의 권익보호

중국에서는 노인의 권익을 보장하기 위하여 혼인법과 별도로 노인권익보장법을 두고 있다.[76] 이 법이 규정하고 있는 노인의 기본권익과 특수권익은 다음과 같다. 첫째, 신체(생명, 건강, 행동, 명예 등을 포괄함)에 관한 자유권이다, 둘째, 가정의 봉양과 부조를 받을 권리이다. 노인의 부양은 가정과 가정성원의 노인에 대한 관심과 뒷바라지에 주로 의지한다. 가정에서는 노인의 봉양과 부조에 대하여 경제적 공양, 생활상 뒷바라지, 정신적 위자 등을 포괄하여야 하고, 질병이 있는 노인에 대해서는 의료비용과 간호를 제공하여야 한다. 셋째, 주택거주권이다. 봉양인(부양의무자)은 노인에게 주택을 안배하여야 하며, 조건이 열악한 주택으로 강제로 옮겨 살게 해서는 아니된다. 만일 노인이 자신소유 또는 임차한 주택이 있는 때에는 자녀나 기타 친족이 불법점유해서도 아니되며, 독단으로 재산권이나 임차권을 변경해서도 아니된다. 넷째, 이혼자유권이다. 자녀나 기타의 친족은 노인의 이혼이나 재혼 이후의 혼인생활에 간섭해서는 아니된다. 봉양인의 봉양의무는 노인의 혼인관계의 변화로 인하지 않는 한 소멸하지 않는다. 다섯째, 사회보장권이다. 노인은 양로보험, 의료보험, 사회복지, 사회구조 및 노인에 대한 법률원조에 이르기까지 각종 사회보장권을 향유하며, 노인이 그의 합법적인 권익의 침해에 대하여 소송을 제기하였으나 소송비의 납부가 곤란한 때에는 납부연기, 감액 또는 납입 면제를 할 수 있다. 만일 변호사의 도움을 원하면 변호사비용을 지불할 능력이 없더라도 법률원조를 받을 수 있다.

(3) 혼인법상 노인의 권익보호

노인의 합법적 권익보호의 원칙은 1980년 혼인법에서 신설된 것으로서 이 규정이 신설됨에 따라 노인의 권익보호가 강화된 것이다. 보호받아야 할 노인의 권익은 신분관계와 재산관계로 나눌 수 있는데, 혼인법이 노인의 합법적 권익을 보호하기 위하여 규정하고 있는 구체적인 내용은 다음과 같다.

첫째, 자녀는 부모를 봉양(부양)할 의무가 있다. 만일 자녀가 의무를 이행하지 않을 경우 부모는 자녀에게 봉양료의 지급을 청구할 수 있다. 특별한 경우에는 손자녀나 외손자녀에게도 조부모나 외조부모를 봉양할 의무가 있다.

둘째, 가정폭력을 금지한다. 이것은 노인에 대해서만이 아니라 가정성원 사이의 학대[77]와 유기[78]를 일체 금지한다는 뜻이다. 학대나 유기를 당하는 사람은 대개 독립생활능력이 없는 가정성원(실제로는 부녀, 아동 및 노인이 많음)이기 때문에 이들의 합법적 권익을 보호하기 위해서는 반드시 가정성원 사이의 학대와 유기행위를 금지하여야 한다.[79]

셋째, 노인(부모)은 자녀의 유산을 상속할 권리가 있다.[80] 상속인의 범위와 순위에 관하여는 상속법 제10조에서 규정하고 있는데 배우자, 자녀 및 부모가 공동으로 1순위가 된다.[81]

Ⅵ. 계획출산의 원칙

1. 계획출산의 의의와 실시

(1) 계획출산의 의의

인류사회의 존재와 발전은 두 종류의 생산과 떨어질 수 없다. 하나는 물질적인 생산이고, 다른 하나는 인구의 재생산이다. 두 종류의 생산은 서로 조건이 되기도 하고, 상호 제한이 되기도 한다. 그 중 물질적 생산방식은 인류사회의 존재와 발전을 결정하는 역량이고, 인구의 생산은 사회의 존재와 발전을 위한 전제조건이다. 인구의 수와 질은 일정한 조건에서 사회발전의 진행을 촉진시킬 수도 있고 늦출 수도 있다. 그러므로 출산은 단순히 개인의 일이나 일개 사회문제에 그치지 않는다.

계획출산은 중국의 중요한 기본국책이며 혼인법규정의 다섯번째 기본원칙이다.[82] 중국에서 계획출산을 실행하는 것은 현실적으로도 중요한 의의가 있으며 깊은 역사적 의의를 지니고 있다. 이에 따라서 중국 헌법은 제25조에서 '국가는 인구의 증가와 경제 및 사회발전계획이 서로 부응하도록 계획출산을 추진한다'고,[83] 제12조에서는 '부부 쌍방은 계획출산을 실행할 의무가 있다'고 규정하고 있다.[84] 혼인법은 이러한 헌법 규정에 근거하여 계획출산을 기본원칙의 하나로 삼은 것이다.

(2) 계획출산의 실시 의의

계획출산의 실시는 중국 경제사회의 쾌속발전에 중요한 작용을 한다.[85)]

중국은 인구발전의 속도를 늦추기 위하여 계획출산을 실시하고 있는데 그 현실적인 의의는 다음 세 가지이다. 첫째, 계획출산의 실시는 인구재생산의 객관적 요구이고, 인구증가를 제어하는 데 유효하다. 둘째, 계획출산의 실시는 중국 국민생활의 수평적 제고와 사화건설[86)]의 성공과 실패에 관계되는 것이다. 사람은 생산자이면서 소비자이고, 물질생산과 인구생산의 내재적 관계는 생산과 수요, 저축과 소비 등 일련의 중요한 비례관계로 직접 나타난다. 셋째, 계획출산의 실시는 모든 사회의 공동이익이고 또한 개인이익에도 부합하는 것이다. 가정에 자녀가 너무 많거나 교육원가가 높은 것은 가정의 경제적 부담을 가중시키게 되고, 그것은 자녀의 건강한 성장과 소질을 전면적으로 제고하는 데 영향을 주게 되며, 또한 부모의 사업발전을 속박하게 되는 동시에 부모에게 특히 모의 정신적, 신체적 건강에 매우 불리하게 된다. 그렇기 때문에 계획출산의 실행은 자녀의 건강한 성장에 유리하고, 국민의 소질 제고에 유리하고, 부모의 자아발전과 가정의 행복에도 유리하다.

결국 계획출산은 사회발전과 국가건설에 있어서 국민의 자질을 높이고, 물질·문화생활의 수준을 향상시키는 데 중요한 의의가 있는 것이다.[87)]

2. 계획출산의 실천[88)]- 2015년 이전 -

계획출산의 실천은 국무원과 각급 지방정부의 조례, 통지 및 의견 등을 통해서 매우 다양하게 이루어지고 있지만, 그 구체적인 조치는 다음과 같다.

(1) 국민에게 '만혼만육'을 교육, 설득, 권유

혼인법상 혼인적령은 남자는 만 22세 이상이고, 여자는 만 20세 이상이다. 그렇지만 현실에서는 국민들에게 만혼만육을 장려하고 있다.[89)] 남자가 만 25세이고, 여자가 만 23세이면 만혼에 해당된다. 여자쪽의 만혼 여부는 묻지 않고, 단지 혼인 후 만 24세 이상이거나 하면 바로 '만육'이다. 당사자 일방이 만 30세 이상의 미혼청년이고 다른 일방은 이미 혼인적령에 달한 경우에는 혼인등기를 신청할 때에 그들에게 만혼을 다시 권유하지 않는다. 남녀 청년이 이미 혼인적령에 달한 경우에는 혼인법이 규정하고 있는 기타 혼인조건에 부합하고 만혼권유를 받은 후에 여전히 혼인등기를 원하는 경우에는 국민의 권리를 존중하여 혼인등기를 해주어야 한다.[90)]

(2) 1인 자녀의 강력한 추진과 장려

국가의 간부, 기업체의 직원, 성·진 및 농촌거주민은 특수한 상황으로 허가를 받은 경우 외에는 1쌍의 부부는 단 1명의 아이만 출산할 수 있고, 소수민족도 한족과 마찬가지로 계획출산을 실행하여야 한다. 다만 인구가 천만 명 이하인 소수민족에 대해서는 적당히 방관하는 정책을 펴서 1쌍의 부부에게 2명의 출산을 허가하여 개별적으로 3명까지 출산할 수 있지만 4명의 출산은 허용하지 않는다. 국가정책에 호응하여 1쌍의 부부가 1명의 자녀를 출산한 후에 다시 출산하지 않고서 그 자녀가 만 14세 이내(지방에 따라 18세까지 올라가기도 함)이면 '獨生子女父母光榮證'[91]를 받을 수 있고, 그에 따른 일정한 장려와 우대를 받는다.[92]

(3) 둘째출산에 대한 엄격한 제한

인구 1천만 명 이하인 소수민족지구를 제외하고 1쌍의 부부는 1명의 자녀만 출산할 수 있고, 다만 특수한 경우에는 부부 쌍방의 신청에 의하여 구·현 이상의 계획출산위원회의 비준을 거쳐 1명의 자녀를 더 출산할 수 있다.[93] 관련규정에 의하여 '특수한 경우'로 인정되는 것은 다음과 같은 경우이다. 첫째, 1명의 자녀가 있고, 구·현 이상의 의원진단증명으로써 유전성 질병이 아니며, 정상적인 노동을 할 수 있을 만큼 성장이 불가능한 경우, 둘째, 부부 쌍방이 모두 독자녀이면서 1명의 자녀만 둔 경우, 셋째, 혼인 후 5년 이상 출산하지 않고 있다가 지정의료기관(구·현 이상 의원)으로 불임증진단증명을 받은 경우 법에 따라 1명의 자녀를 입양한 후에 임신한 경우, 넷째, 재혼한 부부 쌍방이 1명의 자녀만 둔 경우, 다섯째, 국경에서 내륙으로 이주한 소수민족인 근로자가 이주 전에 살던 현급 이상의 계획출산 주관기관의 비준을 받아 2명의 자녀출산을 허가받은 경우, 여섯째, 2명 또는 2명 이상의 형제가 모두 농민이고, 1쌍의 부부만이 출산능력이 있으며 1명의 자녀만 출산하고, 다른 형제가 자녀를 입양하지 않은 경우, 일곱째, 먼지역의 농민, 부부 일방이 이등을급[94] 이상의 상이군인이거나 일방이 노동능력을 상실한 정도의 신체장애가 있는 경우, 여덟째, 깊은 산골지역 농민이 1명의 여자 아이만 있고, 실제 생활이 곤란한 경우 등이다.[95]

위와 같은 특수한 경우에 해당되어 둘째 아이의 출산허가를 받은 경우에도 두 아이의 출산간격이 최소한 4년 이상이어야 하며, 둘째를 출산할 당시 여성의 나이가 28세 이상이어야 한다.[96]

(4) 초과출산에 대한 처벌

법규정을 위반하여 2명 또는 2명 이상의 자녀를 출산한 경우에는 계획출산을 초과한 것이다. 이러한 초과출산에 대한 처벌방법은 합법적인 출산으로서 받아야 하는 일체의 장려와 우대를 취소하고, 초과하여 태어난 자녀의 사회부양료를 징수한다. 북경시의 경우 계획출산조례를 위반한 경우를 처벌하기 위한 규정을 제정하였다. 이 규정에 의한 사회부양료의 구체적인 징수액은 초과하여 태어난 아이의 수와 출산의 성격에 따라 다르다. 즉 초과출산한 둘째 자녀에 대하여 5천 위안 이상 5만 위안 이하의 사회부양료를 징수하고, 초과출산한 셋째 자녀의 경우에는 2만 위안 이상 10만 위안 이하의 사회부양료를 징수한다. 초과출생자로 인한 분만입원비, 의료비, 탁아관리비, 의료비 등은 스스로 부담하여야 하고, 출산휴가기간 동안에는 임금과 복지급여가 정지된다. 농민이 계획출산을 초과한 경우 사회부양료를 징수하는 외에 자류지[97]·책임지[98]를 증가시켜 주지 않으며, 농촌집체복리를 받을 수 없으며, 농업인구에서 비농업인구로 변경해 주지 않는다.[99]

미혼자가 자녀를 출생한 경우[100] 역시 계획출산 초과에 해당되고, 그에 대하여 관련규정에 따라 처벌받아야 한다.[101]

3. 계획출산정책의 변화

(1) '단독 2자녀 정책'으로의 전환

중국은 2013년 11월에 《전면심화개혁을 위한 몇 가지 중대문제에 관한 중공중앙의 결정》(《中共中央關於全面深化改革若幹重大問題的決定》)을 발표하면서 지난 40여 년간 실시해 오던 '1자녀 정책'을 버리고 '2자녀 정책'으로 전환하고, 인구의 장기적인 균형발전을 촉진하겠다는 새로운 정책을 제시하였다.[102] 이것은 그동안 견지해 오던 1인 자녀 정책과 가족계획정책에 근본적인 변화를 가져왔으며 또한 중국출산정책의 전환점이 되었다.[103]

새로운 출산정책 시행은 전국을 대상으로 단계별로 실행하는 방식을 택하였다. 첫 단계는 도시지역과 1자녀 정책을 엄격히 실행하고 있는 농촌지역은 즉각 2자녀 정책을 시행하며, 두 번째 단계는 "1.5"출산정책(즉 일부분 지역에서 첫 자녀가 딸일 경우 두 번째 자녀를 가지는 것)을 실행하고 있는 지역은 2015년에 두자녀 정책을 시행함으로써 전국적인 2자녀 정책 실행목표를 달성하는 것이다.

(2) 새로운 출산정책의 평가

단독 2자녀 정책은 일정하게 합리적인 노동인구 규모를 유지하고 인구 고령화 속도를 완화하고 지속적이고 안정된 경제발전을 촉진하여 이른바 "차이나드림"을 위한 양호한 인구환경을 마련하는데 매우 유리하다. 이는 또한 국가정책과 국민의 염원을 통일하고, 가정에서 리스크를 막아내는 능력을 향상시키고, 가정의 노후관리 능력을 제고하고, 가정의 행복과 사회의 화합을 촉진하는 것은 물론 취업기회를 확대하고 소비수준을 향상시키는 데에도 유리하게 작용한다. 수많은 신생아의 출생은 제조업, 서비스업을 최대한으로 활성화시키는 반면 병원, 어린이집, 학교 등의 압력을 가중시켜 현재의 인원배치로는 질 좋은 서비스를 제공할 수 없게 되어 "베이비붐"의 압력에 직면하게 된다는 평가를 받고 있다.[104)]

새로운 출산정책을 시행하기 위한 현재의 법률법규는 미비한 상태이다. 새 정책은 기존의 가족계획정책을 견지하는 전제하에 제기된 것으로 계획출산정책하의 미비한 법률법규는 단독 2자녀 정책의 효과적인 실행에 직접적인 영향을 미친다. 〈인구와 가족계획법(中華人民共和國人口與計劃生育法)〉 중 많은 조항들은 여전히 1자녀를 둔 부부를 대상으로 규정하고 있으며 1자녀를 둔 상황하에 사회보험 및 사회복지를 제공하고 부부 모두가 국가에서 규정한 출산휴가를 향유할 수 있다고 제시하고 있다.[105)]

(3) 새로운 출산정책에 대한 우려

소비 측면에서 볼 때 가족계획정책은 경기침체 현상을 불러올 수도 있다고 한다. 즉 전국의 소비능력은 대부분 청·장년층의 노동력에서 제공되는데 청·장년층 인구비율이 하락될 경우 소비가 위축될 수밖에 없게 된다는 전망이다.[106)]

새로운 출산정책이 비록 사회에 일정한 "보너스"를 가져다 주겠지만 정책의 출범부터 시행되는 과정에는 아래와 같은 몇 가지 구체적인 문제가 존재한다.[107)]

첫째, 새 정책의 출범에 많은 권위있는 인사들이 강력한 반발에 나서고 있다. 그 근거는 새 정책의 시행이 마침 네 번째 인구출생 고조기와 맞닥뜨려 여성의 출산율은 필히 상승하여 또 한번의 여성출산율 붐을 초래할 것이라는 것이다.

둘째, 전국 각 지방마다 새로운 정책이 서로 달라 각 지방 사이의 모순을 불러올 수 있다. 그 근거는 각 지방의 정책 중 단독 2자녀에 내포된 정의가 서로 다르며, 새 정책으로 인해 각 지방에서는 〈인구와 가족계획법(人口與計劃生育法)〉에 관해 적극적인 수정 및 보완절차를 거쳤으며 본 법률 중에서 여성의 출산시간, 출산연령에 관해서도 서로 다른 정의를 내리고 있다는 것이다.

셋째, 새 정책은 각 지방의 출산정책 변화에 영향을 끼쳐 지방 사이의 인구이동을 초래함으로써 인구가 한 지방에 급격히 쏠리는 현상을 초래하게 되며, 오로지 출산만을 위해 정책의 허점을 이용하는 불법현상도 발생하게 된다.

1) 馬原, 新婚姻法條文釋義(人民法院出版社, 2002), 16면.

2) 夏吟蘭, 婚姻家庭與繼承法學原理(中國政法大學出版社, 1999), 88면.

3) 혼인법 제2조: 제2조 ①혼인의 자유, 일부일처, 남녀평등의 혼인제도를 시행한다. ②부녀와 아동 및 노인의 합법적 권익을 보호한다. ③가족계획(계획생육)을 시행한다.

4) 이 정책의 본질은 도시와 농촌 인구 모두 기본적으로 1쌍의 부부가 한 자녀만을 출산하고, 농촌가정 같은 경우에 딸 1명만 출산했을 경우 자녀 1명을 더 출산할 수 있으며 소수민족도 제한정도를 어느 정도 완화하는 것으로 되어 있다. 그 결과 문명의식정도가 높은 인구 수는 점차 줄어들고 문명의식정도가 낮은 인구가 점점 많아지게 된 것이다. 중국은 가족계획과정에 인구수량 억제에만 치우쳐 인구문명의식 수준을 높이는 것을 소홀히 하였으며 도시와 농촌을 차별시한 가족계획정책은 도시에서는 아이를 적게 낳고 농촌에서는 많이 낳고, 개발지역에서는 아이를 적게 낳고 저개발지역에서는 아이를 많이 낳는 현상을 초래하였다. 이상은 崔金海, "중국 단독 두 자녀 정책의 출범 배경과 그에 따른 법률문제에 관한 연구", 中國法硏究 第25輯(韓中法學會, 2016.2.), 52면.

5) 중국 혼인법의 기본원칙과 같은 내용이 우리의 법체계에서는 헌법과 민법에 체계적으로 집중되어 있지 못하고, 여러 법에 산재해 있다. 이것은 중국과 우리의 법체계의 차이에서 나오는 것일 수도 있지만, 민법을 제정한 지 60년이 다 되어 가지만 민법 규정의 기본적인 체계는 큰 변함없이 제정 당시 그대로이다. 혼인과 가족생활을 규율하고 있는 관련 법규범의 체계를 신속히 정비할 필요가 점점 더 커지고 있는 것이다.

6) 중국 헌법 제49조: 婚姻, 家庭, 母親和兒童受國家的保護. 夫婦雙方有實行計劃生育的義務. 父母有撫養敎育未成年子女的義務, 成年子女有贍養扶助父母的義務. 禁止破壞婚姻自由, 禁止虐待老人, 婦女和兒童.

7) 馬原, 新婚姻法條文釋義, 17면.

8) 중국법의 명칭은 혼인법이지만 실제로 가족법 전반의 내용을 규정하고 있으므로 가족법이라고 해도 틀리지 않다. 보통 가족법을 친족법과 상속법으로 구분하는데, 이러한 기본원칙들은 엄밀히 말하면 상속법을 제외한 친족법의 기본원칙이다.

9) 이에 관하여 자세한 것은 楊大文, 親屬法, 32~33면; 張海尙, 婚姻法(國法制出版社, 1999), 23~25면 참조. 우리의 경우 조선시대에는 문중의 어른인 주혼자가 혼인을 주관하게 함으로써 종통을 중하게 여기고 중대한 혼사를 신중하게 행하려는 의도에서 혼인당사자의 의사보다는 주혼자의 합의를 중요시하였다. 그것은 남녀유별이라는 유교적 윤리에 의한 중매혼의 원칙

과 남녀상열위혼(男女相悅馬即原爲婚)을 방지하기 위한 것이었다고 한다. 조선시대 주혼자에 관하여 자세한 것은 김성숙, "조선시대 혼인법의 주혼자제도에 관한 연구", 家族法研究 제25권 2호(한국가족법학회, 2011. 7), 33면 이하 참조.

10) 프랑스에서 헌법(1791년)과 민법(1804년)에서 '혼인은 민사계약이다', '합의를 거치지 아니하면 혼인은 성립할 수 없다'라고 규정한 것이 시초이며, 이후 수백 년에 걸쳐 혼인의 자유는 세계 대부분의 나라에서 보편적 원칙으로 인정되어 오고 있다(夏吟蘭, 앞의 책, 91면).

11) 法律出版社法規中心, 中華人民共和國 婚姻法(法律出版社,2009), 5면.

12) 張海尙, 앞의 책, 22면.

13) 民法通則 제103조: 公民享有婚姻自主權, 禁止賣婚, 包辦婚姻和.其他幹涉婚姻自由的 行爲. 우리 민법은 '혼인의 자유'에 대하여 총칙편에서는 명시적으로 규정하지 않고, 친족편 혼인의 장(제807조)에서 "만 18세가 된 사람은 혼인할 수 있다"고 규정하고 있을 뿐이다.

14) 본인의 의사는 전혀 무시해 버리고 부모를 포함한 제3자가 독단적으로 상대방을 정해주는 혼인을 '包辦婚姻'이라고 한다.

15) 중국에서 혼인자유의 실현정도는 사회주의사회의 발전상과 궤를 같이한다. 건국 후 특히 중국에서 혼인가정제도의 구습을 타파하고 새로운 제도를 세우는 임무를 완성한 것은 1950년 혼인법의 반포와 시행이다(敎育部高等敎育司組, 婚姻家庭繼承法(法律出版社, 2000), 47면).

16) 부모, 자녀, 형제자매 등 근친을 포함한다(卓冬青, 現代婚姻 · 家庭法律自助讀本(廣東旅遊出版社, 1999), 7면; 張海尙, 앞의 책, 23면).

17) 馬原, 新婚姻法條文釋義, 17면.

18) 敎育部高等敎育司組, 앞의 책, 46면.

19) 楊大文, 婚姻法學(北京大學出版社, 1999), 59면.

20) 卓冬青, 앞의 책, 7면. 과거 중국 역사에서 보편적으로 행해졌던 매매혼, 혼인을 빙자한 재물취득, 童養媳(민며느리), 指腹爲婚(태내 아이의 혼사를 미리 정하는 것) 등이 이에 해당된다. 현대 중국에서 혼인자유권의 남용으로 되는 사례에 관하여 자세한 것은 馬原, 新婚姻法條文釋義, 18~19면; 張海尙, 앞의 책, 25면 참조.

21) 楊大文, 親屬法, 34면; 張海尙, 앞의 책, 25면. 세계에서 절대적 민주와 자유란 없으며, 민주는 집중에 상대적인 말이고, 자유는 규율에 상대적인 말이다. 혼인은 남녀 두 사람의 운명에 관계될 뿐만 아니라 나아가 사회적 이익에도 관계되는 것이다. 그래서 국가가 관여하는 것이고, 아무런 구속을 받지 않는 것이 아니라 법률적 규범과 도덕적 약속 내에서의 자유인 것이다(敎育部高等敎育司組, 앞의 책, 47면).

22) 卓冬青, 앞의 책, 7면.

23) 혼인자유의 보장은 당사자가 완전히 자기의 자원(自願)에 따라 공동생활의 반려자를 정할 수 있도록 해 주는 것이고, 이혼자유의 보장은 부부 사이의 감정이 확실하게 완전히 파열되어 공동생활을 할 수 없게 된 부부가 법에 정해진 절차에 따라 혼인관계를 해제할 수 있도록 해주는 것이다(夏吟蘭, 앞의 책, 93면). 馬原, 新婚姻法條文釋義, 19면; 法律出版社法規中心, 앞의 책, 5면; 朱丹穎, 中華人民共和國婚姻法(中國法制出版社, 2010), 3면.

24) 혼인자유는 혼인행위능력(법정혼인적령에 달할 것, 혼인을 금지하는 질병이 없을 것 등)이 있으면서 배우자 없는 자가 법에 따라서 이성과 혼인관계를 체결할 자주권을 향유하는 것을 가리킨다.

25) 馬原, 新婚姻法條文釋義, 19면.

26) 楊大文, 親屬法, 34면.

27) 朱丹穎, 앞의 책, 3면. 여기에는 혼인 당사자의 부모, 형제 등이 포함되며 그 누구도 합법적인 혼인자유권을 박탈하거나 침해해서는 아니된다(張海尙, 앞의 책, 26면).

28) 금지혼에 관하여는 馬原, 新婚姻法條文釋義, 32면 이하; 張海尙, 앞의 책, 26면 이하; 夏吟蘭, 앞의 책, 94면 이하; 楊大文, 婚姻法學, 67면 이하; 卓冬青, 앞의 책, 7면 이하 및 18면 이하; 教育部高等教育司組, 앞의 책, 47면 이하 및 50면 이하 등에서 자세히 기술하고 있다.

29) 고대 한족의 혼인풍습. 양가의 딸을 서로 며느리로 교환하거나 자매를 상대방 형제와 혼인시키는 방식. 가문과 가문의 결합을 강화하거나 경제적 부담을 줄이기 위한 목적에서 행해짐(中國風俗事典編輯委員會, 中國風俗事典, 172면).

30) 轉房制를 말하는 듯하다. 전방제는 兄亡嫁弟나 弟亡嫁兄 또는 父叔伯亡嫁其侄或子나 侄亡嫁叔伯(中國風俗事典, 146면).

31) 馬原, 新婚姻法條文釋義, 33면; 教育部高等教育司組, 앞의 책, 47면; 卓冬青, 앞의 책, 7면; 夏吟蘭, 앞의 책, 94면.

32) 이 둘은 모두 혼인 당사자의 자원에 반한다는 점과 제3자가 자기 마음대로 혼인을 강제한다는 점에서는 같다. 반면에 매매혼이 대량의 재물을 목적으로 한다는 점에서는 차이가 있다(夏吟蘭, 앞의 책, 94면).

33) 혼인자유에 대한 폭력은 범죄행위로서 형법 제257조에 의하여 형사책임을 진다(教育部高等教育司組, 앞의 책, 48면; 夏吟蘭, 앞의 책, 95면). 형법 제257조: 以暴力幹涉他人婚姻自由的, 處二年以下有期徒刑或者拘役. 犯前款罪, 引起被害人死亡的, 處二年以上七年以下有期徒刑.

34) 이러한 혼인과 매매혼과의 차이는, 첫째, 매매혼은 제3자가 재물을 요구하지만, 이것은 혼인 당사자 본인이 재물을 요구한다는 점, 둘째, 매매혼은

요구하는 재물의 양이 반드시 많지만, 이것은 일정하지 않다는 점, 셋째, 매매혼은 반드시 포판·강박에 의하지만, 이것은 기본적으로 자주, 자원적이라는 점, 넷째, 매매혼은 대량의 재물을 취하는 것이 목적이지만, 이것은 혼인 자체가 목적이라는 점 등이다(教育部高等教育司組, 앞의 책, 48면).

35) 때로는 여자 쪽 부모가 중간에서 재물의 일부분을 취하기도 하고, 만족스럽지 못하면 혼인을 하지 않을 때도 있다(夏吟蘭, 앞의 책, 95면).

36) 원문의 용어는 '說媒騙財'인데, 중매해 주고 재물을 사취하는 것을 말한다.

37) 夏吟蘭, 앞의 책, 95~96면; 教育部高等教育司組, 앞의 책, 48면 참조.

38) 일부일처제의 형성과 발전에 관하여 자세한 것은 張海尙, 앞의 책, 37면 이하 참조.

39) 馬原, 新婚姻法條文釋義, 20면; 朱丹穎, 앞의 책, 3면. 일부일처제는 중국 혼인가정제도 개혁의 중요한 성과이다. 중국의 경우 1950년 혼인법 반포 이후 일부일처다첩제가 철저히 폐지되었다(夏吟蘭, 앞의 책, 97면).

40) 중국에서는 單偶制 또는 雙單式婚姻이라고도 칭한다(楊大文, 親屬法, 34면). 일부일처제에 대하여 우리 민법은 명시적인 규정을 두고 있지 않다. 다만 제810조(중혼의 금지)를 두고 있을 뿐이다. 중국 혼인법(제10조 제1호)과 달리 우리 민법상으로는 중혼은 무효가 아니라 단지 취소원인(제816조 제1호)일 뿐이다.

41) 형법에서도 일부일처제를 관철하기 위하여 일부일처제를 파괴하는 행위를 범죄로 규정하고 있다. 일부일처제와 관련된 범죄로 강간죄, 조직·강제매춘죄, 타인에게 매춘을 유혹·장소제공·소개죄, 자기에게 중한 성병이 있는 것을 알면서 하는 매매춘죄, 중혼죄(제285조), 군인의 혼인을 훼손하는 죄 등이 있다. 이외에도 치안관리조례에서 일부일처제를 훼손하는 일반위법행위에 대하여 행정제재를 가하는 규정을 두고 있다. 만일 매매춘을 하거나 매매춘을 소개하거나 장소를 제공한 자에 대하여 15일 이하의 구류나 5,000위안 이하의 벌금에 처할 수 있으며, 범죄를 구성하는 경우에는 형사책임을 지는 것은 당연하다(張海尙, 앞의 책, 37면).

42) 1950년 혼인법은 중혼과 축첩을 명문으로 금지하였으나 1980년 혼인법은 축첩금지 규정을 삭제하였다.

43) 인류역사상 존재하였던 다양한 형태의 혼인제도 중 일부일처제가 합리적인 것이라는 근거로는 다음과 같은 것들이 있다. 첫째, 일부일처제는 혼인의 본질에 부합한다. 둘째, 일부일처제는 남녀성별비례의 자연적 요구를 반영한 것이다. 셋째, 일부일처제는 남녀평등을 요구하고, 남녀평등의 보장을 실현하고, 부녀의 합법적인 권익을 보호한다는 데 중요한 현실적 의의가 있다. 넷째, 일부일처제는 혼인의 안정과 혼인질량(품질)의 제고에 유리하고, 가정의 화목, 단결, 안정과 가정직능의 실현에 유리하고, 자녀의 건강한 성장에 유리하다는 것 등이다(馬原, 新婚姻法條文釋義, 20면).

44) 楊大文, 親屬法, 35면.

45) 法律出版社法規中心, 앞의 책, 5면; 朱丹穎, 앞의 책, 3면.

46) 중국에서 중혼은 배우자 있는 자가 타인과 혼인하거나 부부명의로 공동생활을 하는 것 또는 타인에게 배우자가 있는 것을 알면서 그와 혼인하거나 부부명의로 공동생활을 하는 것을 말한다. '배우자 있는 자와 타인의 동거'는 배우자 있는 자와 혼외 이성이 부부명의를 사용하지 않고 지속하여 안정된 곳에서 공동생활을 하는 것을 말한다. 간통은 쌍방 또는 일방의 배우자 있는 남녀가 자의에 의하여 부정한 양성관계를 발생시키는 행위를 말한다. 간통의 특징은 혼외 성행위에 속하는 간통은 행위자 쌍방 또는 일방이 이미 혼인관계에 있는 경우이고, 간통행위가 은폐되어 있고, 간통 쌍방의 자원행위이고, 법률과 도덕에 위반되는 정당하지 못한 양성행위라는 점이다. 이러한 간통은 일부일처제에서는 용납될 수 없는 것이며, 혼인가정의 안정과 화목, 사회안정과 단결 및 사회도덕풍속에 영향을 주지 않도록 하기 위하여 법률로써 금지한 것이다. 내연관계는 쌍방 또는 일방이 배우자가 있는 남녀가 장기적인 공동생활을 할 목적 없이 임시로 공개적으로 동거하는 것을 가리킨다. 내연관계의 특징은 일방 또는 쌍방이 이미 배우자가 있는 혼외동거이고, 동거생활은 임시적이고 쌍방은 장기간 공동생활을 할 목적이 없고, 쌍방이 공개적으로 동거하면서 공동생활관계를 형성하고, 쌍방이 알면서 자원하는 것이고, 일부일처제를 훼손하는 위법행위라는 점이다(이상은 馬原, 新婚姻法條文釋義, 21면).

47) 楊大文, 親屬法, 36면; 朱丹穎, 앞의 책, 3면.

48) 法律出版社法規中心, 앞의 책, 5면.

49) 예를 들면 평등한 성명권, 신체자유권, 재산권, 상속권, 노동과 사회활동의 자유권, 상대방에 대한 부조·부양권, 자녀에 대한 평등한 감호권, 생활비용의 공동부담 등이다(張海尙, 앞의 책, 43면).

50) 法律出版社法規中心, 앞의 책, 53면.

51) 일방이 원하여 장래의 노동보수 등의 재산을 상대방에게 넘겨서 지배하거나 관리하게 한다는 부부 쌍방의 협상은 당연히 인정될 수 없는 것으로서 남녀평등의 원칙을 위반하는 것이다(張海尙, 앞의 책, 44면).

52) 楊大文, 親屬法, 36면.

53) 馬原, 新婚姻法條文釋義, 23면.

54) 자녀는 부의 성을 따를 수도 있고, 모의 성을 따를 수도 있다(楊大文, 親屬法, 37면).

55) 楊大文, 親屬法, 37면; 張海尙, 앞의 책, 46면; 夏吟蘭, 앞의 책, 104면.

56) 馬原, 新婚姻法條文釋義, 24면; 法律出版社法規中心, 앞의 책, 54면.

57) 法律出版社法規中心, 앞의 책, 55면.

58) 法律出版社法規中心, 앞의 책, 6면.

59) 馬原, 新婚姻法條文釋義, 24면.

60) 이런 점에서 남녀평등의 원칙은 일반원칙이고, 부녀의 합법적 권익보호는 특수원칙이며 부녀만이 향유할 수 있는 원칙이다(夏吟蘭, 앞의 책, 97면). 중국은 부녀의 권익을 특별히 보장하기 위하여 부녀권익보장법을 1992년 4월 3일 공포, 10월 1일 시행하였고, 2005년 8월 28일 개정하였다.

61) 夏吟蘭, 앞의 책, 106면. 이미 1950년 혼인법과 1980년 혼인법에서도 부녀의 합법적 권익보호에 관한 규정을 두고 있었다. 이종길, "中國 離婚法制의 特徵-未成年子女 및 女性權益保護를 중심으로-", 家族法硏究 제24권 3호(韓國家族法學會, 2008.7.), 18면 이하 참조.

62) 다만 여자쪽에서 이혼을 제기하거나 남자의 이혼청구를 수리할 필요가 확실히 있다고 인정하는 경우에는 예외이다(夏吟蘭, 앞의 책, 106면).

63) 실제의 경우 경제적 도움을 받는 쪽은 여자가 많다(馬原, 新婚姻法條文釋義, 25면). 결국 이것은 여성의 경제조건이 남성만 못하기 때문에 여성의 이혼 후 생활을 보장하는 데 유리한 원칙이다(夏吟蘭, 앞의 책, 106면).

64) 부녀권익보장법 제9조: ① 부녀는 각종 방식과 형식을 통하여 국가업무를 관리하고, 경제와 문화업무를 관리하며, 사회분야의 업무를 관리할 권리를 갖는다. ② 법률, 법규, 규칙과 공공정책을 정할 때 부녀의 권익에 관한 중대한 문제에 대해서는 부녀연합회의 의견을 청취한다. ③ 부녀와 부녀조직은 각급 국가기관에 대하여 부녀의 권익보장 방면에 대한 의견제시와 건의를 할 수 있는 권리를 갖는다.

65) 다만 여자 쪽에서 이혼을 제출하거나 법원이 남자 쪽의 이혼청구를 수리할 필요가 있다고 확신하는 경우에는 그렇지 않다(馬原, 新婚姻法條文釋義, 25면).

66) 馬原, 新婚姻法條文釋義, 26면. 미성년자보호법 제3조: 未成年人享有生存權, 發展權, 受保護權, 參與權等權利, 國家根據未成年人身心發展特點給與特殊, 優先保護, 保障未成年人的合法權益不受侵犯. 未成年人享有受敎育權, 國家, 社會, 學校和家庭尊重和保障未成年人的受敎育權. 未成年人不分性別, 民族, 種族, 家庭財産狀況, 宗敎信仰等, 依法平等地享有權利.

67) 이 법은 1991년 9월 4일 제7차 전국인민대회 상임위원회 제21차 회의에서 통과되었다(馬原, 新婚姻法條文釋義, 26면). 우리의 청소년기본법 및 청소년보호법에 해당하는 것이다.

68) 중국 혼인법상 미성년자와 부녀의 보호에 관한 국내문헌으로는 이종길, 앞의 논문(2008), 159면 이하 참조.

69) 馬原, 新婚姻法條文釋義, 26면; 法律出版社法規中心, 앞의 책, 57면.

70) 옛날 중국에서 가난 때문에 영아를 대야의 물에 얼굴을 박아 죽이던 관습이다.

71) 아동을 버리거나 살상하는 행위, 자녀를 학대 · 구타하는 행위 등은 혼인법상 문제에 그치는 것이 아니라 관련 규정에 따라 형사처벌까지 받을 수 있다(夏吟蘭, 앞의 책, 107면).

72) 중국 상속법 제11조: "피상속인의 자녀가 피상속인보다 먼저 사망한 경우에는 피상속인의 자녀의 직계비속이 대습하여 상속한다. 대습상속인은 일반적으로 상속만 하고 그의 부친 혹은 모친이 유산 분할을 할 권리가 있다."

73) 夏吟蘭, 앞의 책, 107면.

74) 馬原, 新婚姻法條文釋義, 27면.

75) 夏吟蘭, 앞의 책, 110면.

76) 이 법은 1996년 8월 29일 제8차 전국인민대회 제21차 상무위원회에서 통과되었고, 2009년 8월 27일 개정되었다(馬原, 新婚姻法條文釋義, 27면; 朱丹穎, 앞의 책, 3면).

77) 학대는 작위 또는 부작위로 가정성원에 대하여 가하는 차별대우, 정신적 · 육체적 구박과 학대 그리고 정신적 또는 육체적 손해를 입히는 위법행위(구타, 공갈, 추위, 굶주림, 병을 치료해 주지 않는 것, 신체의 자유를 제한하는 것 등) 등을 가리킨다.

78) 유기는 노인봉양, 자녀양육, 기타 부양의무의 이행을 거부하는 자에 대하여 법에 따라서 강제로 그 의무를 이행하도록 할 수 있다. 가정성원에 대한 학대나 유기가 범죄를 구성하는 경우에는 법에 의하여 형사책임을 추궁하여야 한다.

79) 학대와 유기행위는 형법상 범죄행위로서 2년 이하 또는 5년 이하의 형사처벌을 받을 수 있다(형법 제260조, 제261조 등).

80) 馬原, 新婚姻法條文釋義, 28면.

81) 제2순위는 형제자매, 조부모, 외조부모가 공동상속인으로 된다(중국 상속법 제10조. 中華人民共和國 民事法典, 102면 참조).

82) 이 원칙은 1950년 혼인법에는 없던 것으로서 중국의 헌법과 실제수요에 따라 1980년 혼인법에서 신설한 것이다.

83) 헌법 제25조: 國家推行 計劃生育, 使人口的增長同經濟和社會發展計劃相適應.

84) 중국 헌법 제12조: 夫婦雙方有實行計劃生育的義務.

85) 法律出版社法規中心, 앞의 책, 5면; 朱丹穎, 앞의 책, 3면.

86) 四化란 1960년 봄부터 전개한 농촌의 기계화 · 수리화(水利化) · 화학비료화 · 전기화의 네 가지 정책을 말하기도 하고, 농업 · 공업 · 국방 · 과학기술의 현대화를 말하기도 한다.

87) 夏吟蘭, 앞의 책, 112면.

88) 중국은 2013년 11월 15일 발표된《전면심화개혁을 위한 몇가지 중대문제에 관한 중공중앙의 결정〈中共中央關於全面深化改革若幹重大問題的決定〉》은 기존의 가족계획정책을 견지하면서 부부 중 한 측이 독생자인 경우 두 자녀를 갖도록 하는 정책을 실행하며 출산정책을 개선하여 인구의 장기적인 균형발전을 촉진할 것을 제시하였다

89) 法律出版社法規中心, 앞의 책, 5~6면; 朱丹穎, 앞의 책, 3면.

90) 馬原, 新婚姻法條文釋義, 30면.

91) 국가인구계획출산위원회에서 계획출산을 장려하기 위하여 발급하는 증명서이다.

92) 북경시의 경우 〈북경시 계획출산장려실시조치〉를 제정하여, '獨生子女父母光榮證'을 취득한 부부에게 매월 5~10 위안의 독생자녀부모장려비를 지급하고 있다. 이 장려비는 '광영증'을 취득한 달부터 그 독자가 만 14세에 이를 때까지 지급된다. 또한 독자의 탁아관리비와 의료비는 부부가 거주하는 곳에서 환불해 주기도 한다. 그리고 두 명의 자녀를 출산할 수 있는 부부가 재출산을 하지 않을 경우에는 표창과 함께 500 위안 내지 1,000 위안의 장려금을 준다(夏吟蘭, 앞의 책, 112면).

93) 法律出版社法規中心, 앞의 책, 6면

94) 이등 을급이 구체적으로 어느 정도의 부상을 의미하는지는 확인하지 못하였다.

95) 이 외에 특수한 사정이 있어서 1명의 자녀를 더 출산할 필요가 있는 경우에는 성·직할시 급의 계획출산위원회의 비준을 얻어야 한다.

96) 馬原, 新婚姻法條文釋義, 31면; 夏吟蘭, 앞의 책, 113면.

97) 개인 보유의 땅. 중국에서 농업집체화 이후에 농민 개인이 경영할 수 있도록 한 약간의 자유경작지이다.

98) 개개의 농가가 국가나 집단에 대하여 책임을 지고 경작하는 전지이다.

99) 夏吟蘭, 앞의 책, 113면. 초과출산한 경우의 처벌은 직업에 따라 다양하게 규율하고 있는데 무직자나 개인상공인에 대한 처벌은 馬原, 新婚姻法條文釋義, 31면 참조.

100) 해당 자녀가 혼인외의 자가 됨은 우리 민법의 내용과 다름이 없다.

101) 첫 자녀이면 2천 위안 이상 1만 위안 이하의 사회부양료를 징수하고, 두 번째 이상 초과하면 가중처벌한다(馬原, 新婚姻法條文釋義, 32면).

102) 오랜 시간의 독생자녀출산정책으로 중국에는 이른바 "421"가족포맷이 형성되었는데 이는 4명의 1세대, 2명의 2세대, 1명의 3세대를 이루는 역피라미드형 구조를 이르는 말이다. "421"포맷의 가정이 대규모로 나타날지는 아직 의문이지만 1가정의 자녀수가 적어지고 인구 수명이 길어질 것은 이

제 기정사실이다. 이는 자녀들이 부모와 조부모의 노후를 부담해야 하는 불가피한 문제가 되었음을 말해 준다. 독생자녀 가정은 본질적으로 리스크가 잠재되어 있는 가정이며 가정의 주기가 중후기에 다가갈수록 그 리스크는 점차 확대되게 된다. 현재 중국에는 약 2.18억에 달하는 독생자녀가 있으며 그 중 1,009만 명이 25세 이전에 사망하게 된다고 예측하였을 때 10년 내에 중국은 1,000만개의 가정이 독신자녀를 잃은 가정이 될 것이라고 추측된 바 있다(崔金海(2016), 51면에서 재인용).

103) 2010년-2050년 사이 전국 노인인구 규모는 신속히 증가될 것으로 전망되고 있다. 2011년 4월 28일, 국가통계국이 발표한 2010년 제6차 인구조사에 따르면 0-14세 인구는 16.60%로 2000년 인구조사결과보다 6.29% 하락하였고, 60세 이상 인구는 13.26%로 2000년 인구조사결과보다 2.93% 상승하였으며 그중 65세 이상 인구는 8.87%로 2000년 인구조사보다 1.91% 상승하였다(中華人民共和國國家統計局第六次人口普査(www.stats.gov.cn/ztjc/zdtjgz/zgrkpc/dlcrkpc/). 따라서 2016년에는 노인인구가 1.5억을 초과하고, 2022년에는 2억에 달할 것이며 2035년에는 최고치 3.35억으로 2050년 전 중국의 노인 인구규모는 3.3억을 윗돌아 총 인구의 21.8%를 차지할 것으로 내다보고 있다. 현행 가족계획정책이 변하지 않는 전제하에서 노후준비 부담에 따르는 변화를 보자면 2030년에 중국 65세 노인인구 부양비는 27.24%, 2040년에는 40%를 초과하고, 2050년에는 45%를 넘을 것으로 예상하고 있다. 다시 말하자면 2.2명의 근로연령인구가 1명의 65세 이상의 노인 인구를 부담해야 하는 셈이다. 이렇게 되면 중국은 경제성장을 이루기 전에 고령화를 먼저 겪게 되는 명실상부한 "실버사회"가 될 것이다(이상은 崔金海(2016), 50면에서 재인용).

104) 崔金海(2016), 52~53면.

105) 崔金海(2016), 56~57면.

106) 崔金海(2016), 53면에서 재인용.

107) 崔金海(2016), 53~55면에서 재인용.

제 3 장

혼 인

Ⅰ. 혼인의 성립
Ⅱ. 혼인의 신분상 효과
Ⅲ. 혼인법상 부부재산제도

제 3 장
혼 인

Ⅰ. 혼인의 성립

1. 성립요건 개관

중국에서도 혼인은 민사법률행위의 일종으로서 민법통칙에서 규정하고 있는 민사법률행위의 일반적인 효력발생요건 외에 혼인법에서 규정하고 있는 조건에도 부합하여야 한다. 현행 혼인법은 혼인의 유효조건을 필수조건과 금지조건으로 구분하고 있다.

필수조건(적극조건)은 혼인 당사자가 반드시 갖추어야 할 필수불가결한 조건이다. 혼인법상 필수조건은 3가지로서 ① 반드시 남녀 쌍방의 완전한 자유의사일 것, ② 혼인적령(남자 만 22세, 여자 만 20세)에 도달할 것, ③ 일부일처제에 부합할 것 등이다.[1)]

금지조건(소극조건)은 '있어서는 안 되는 조건'이다. 혼인법상 금지조건은 2가지로서 ① 직계혈족 또는 3대 이내 방계혈족에 해당되지 아니할 것, ② 의학상 결혼해서는 안 되는 질병을 앓고 있지 않을 것 등이다.

필수조건이나 금지조건을 위반하는 혼인은 무효혼 또는 취소혼으로 되어 혼인의 효력이 온전히 발생하지 않는다. 혼인의 무효로 되는 사유는 ① 중혼인 경우, ② 당사자 사이에 결혼이 금지되는 친족관계가 있는 경우, ③ 혼인 전에 앓던 질환이 의학상으로 결혼하지 아니하여야 할 질병으로 인정되고 혼인 후에도 치유가 아니된 경우, ④ 혼인적령에 달하지 못한 경우 등이 있으며, 혼인법상 취소사유는 협박이 유일하다. 혼인을 취소할 수 있는 협박으로 인정되기 위해서는 ① 협박의 고의가 반드시 있을 것, ② 협박의 행위가 반드시 있을 것,[2] ③ 협박이 반드시 위법할 것,[3] ④ 협박받은 사람이 심리적인 공포심으로 인하여 한 의사표시와 협박행위 사이에 인과관계가 반드시 있어야 한다.

2. 혼인의 실질적 성립요건

(1) 혼인적령에 달할 것

혼인적령(法定婚齡)은 법이 혼인을 허용하는 최저연령으로서 그 나이 이상이라야 비로소 혼인을 할 수 있고 그 이하인 때에는 혼인을 하지 못한다. 그러므로 혼인적령은 합법혼과 무효혼의 한계가 되며 그것을 규정하고 있는 혼인법 제6조는 강행규정이다. 다만 민족, 종교, 풍속이나 습관적인 원인을 바탕으로 해서 민족자치지역의 인민대표대회는 혼인법 제50조[4]에 근거하여 해당 원인의 구체적인 상황에 맞추어 변통 규정을 제정할 권한을 갖는다.

(2) 근친혼이 아닐 것

직계혈족과 3대[5](6촌) 이내의 방계혈족은 혼인할 수 없다.[6] 여기에는 자연혈족뿐만 아니라 법정혈족(양친과 양자, 계부모와 계자녀)도 포함되는 것으로 해석한다.[7] 방계혈족의 촌수계산법은 우리 민법 제770조 제2항의 '방계혈족은 자기로부터 동원의 직계존속에 이르는 세수와 그 동원의 직계존속으로부터 그 직계비속에 이르는 세수를 통산하여 그 촌수를 정한다'는 것과 마찬가지이다.

그런데 중국 혼인법에는 인척 사이의 혼인에 대해서는 명문의 규정을 두고 있지 않다. 방계인척, 이부이모인 형제자매에 대해서는 혼인을 금지하는 '3대 이내의 혈연관계'가 없고, 다른 법률상 혼인요건에 부합하는 경우에는 혼인을 허용하여야 한다는 데 이견이 없다. 반면에 직계인척의 경우에는 비록 직계혈연이라는 법률상 지위는 없지만 윤리적인 이유로 제한하는 것이 마땅하다고 한다.[8]

3. 혼인의 형식적 성립요건

혼인법은 제8조에서 '결혼을 원하는 남녀쌍방은 반드시 본인들이 혼인등기기관으로 가서 혼인등기를 하여야 한다.[9] 본 법 규정에 부합하면 등기를 하고 결혼증을 발급한다. 결혼증을 발급받는 즉시 부부관계가 성립한다. 결혼등기를 제때에 하지 않은 경우, 사후(事後) 등기를 하여야 한다.'고 규정하고 있다. 그러므로 결혼등기는 혼인에 있어서 필수적인 요건으로서 등기를 하여야 비로소 부부관계가 성립하는 것이다.[10] 중국의 결혼등기제도는 혼인법의 엄격한 집행과 합법적인 혼인관계를 보호하기 위한 것으로 해석된다. 즉 결혼등기제도의 실행을 통해 법의 권위를 확보하고 혼인법의 기본원칙들을 구현하고 위법한 혼인을 방지하게 되는 것이다.

결혼등기제도를 규율하기 위한 것으로 〈혼인등기조례[11]〉가 있다. 이 조례는 바로 '혼인등기업무를 규범화하고, 혼인의 자유와 일부일처 및 남녀평등의 혼인제도를 시행하며, 혼인 당사자의 합법적인 권익을 보호하기 위하여' 제정된 것이다(제1조).

이 조례에 따르면 혼인 당사자가 모두 내지인이냐 아니냐에 따라 등기하는 장소가 다르다. 내지(內地) 주민끼리의 결혼은 남녀 쌍방이 함께 일방 당사자가 상주하는 호구 소재지의 결혼등기기관으로 가서 결혼등기를 하여야 하며, 중국 공민이 외국인과 중국 내지에서 결혼하는 경우, 내지 주민이 홍콩주민, 마카오주민, 대만주민, 화교와 중국 내지에서 결혼하는 경우, 남녀 쌍방은 함께 내지 주민이 상주하는 호구 소재지의 결혼등기기관으로 가서 결혼등기를 하여야 한다(제4조).

또한 결혼등기를 하는 데 필요한 서류에서도 내지인과 기타 당사자를 다르게 규정하고 있다. 내지 주민은 ① 본인의 호구부와 신분증, ② 본인의 배우자가 없다는 것과 상대방 당사자와 직계혈족 및 3대 이내 방계혈족 관계가 없다는 서명증서를 제출하여야 하고, 홍콩주민, 마카오주민, 대만주민은 ① 본인의 유효한 통행증과 신분증, ② 거주지 공증기관의 공증을 거친, 본인이 배우자가 없다는 것과 상대방 당사자와 직계혈족 및 3대 이내의 방계혈족관계가 없다는 증명서를 제출하여야 한다. 그리고 화교인 경우에는 ① 본인의 유효한 여권, ② 거주국 공증기관 또는 권한 있는 기관이 발부하였고, 중화인민공화국의 해당국 주재 대사관(영사관)이 인증한, 본인의 배우자가 없다는 것과 상대방 당사자와 직계혈족 및 3대 이내 방계혈족 관계가 없다는 증명서(또는 중화인민공화국 해당국 주재 대사관(영사관)이 발부한, 본인의 배우자가 없다는 것과 상대방 당사자와 직계혈족 및 3대 이내 방계혈족 관계가 없다는 증명서)를 제출하여야 하고, 외국인인 경우에는 ① 본인의 유효한 여권 또는 기타 유효한 국제여행증명서, ② 소재국 공증기관(또는 권한 있는 기관)이 발부하였고, 중화인민공화국의 해당국 주재 대사관(영사관)이 인증하였거나 해당국의 주중국 대사관(영사관)이 인증한 본인의 배우자가 없다는 증명(또는 소재국의 주중국대사관(영사관)이 발부한 본인의 배우자가 없다는 증명)을 제출하여야 한다(제5조).

혼인 당사자가 결혼등기를 신청하면 결혼등기기관은 당사자가 제출한 증서와 증명자료에 대하여 심사하고, 관련된 정황을 탐문하여야 하며, 당사자가 결혼조건에 부합하는 경우에는 즉시 결혼등기를 하고 결혼증을 발급하여야 한다(제7조 제1문, 제2문 전단). 그러나 당사자가 ① 법정 결혼연령에 이르지 아니한 경우, ② 쌍방이 자원하지 아니한 경우, ③ 일방 또는 쌍방에게 이미 배우자가 있는 경우, ④ 직계혈족 또는 3대 이내 방계혈족에 속하는 경우, ⑤ 의학상 결혼해서는 아니된다고 여기는 질병이 있는 경우에는 혼인등기기관은 등기를 해 주지 아니한다(제6조). 다만, 결혼조건에 부합하지 않아 등기를 해 주지 아니하는 경우에는 당사자에게 그 이유를 설명하여야 한다(제7조 제2문 후단).

Ⅱ. 혼인의 신분상 효과

1. 신분관계의 형성

결혼등기를 하고 나면 남녀 쌍방은 서로 상대방의 가정성원으로 된다. 즉 여자 쪽은 남자 쪽 가정의 성원으로 될 수 있고, 남자 쪽은 여자 쪽의 가정성원이 될 수 있다(혼인법 제9조). 그러나 반드시 일방이 상대방 가정의 성원이 되어야 하는 것은 아니고 각자 원래 속하였던 가정을 벗어나서 새로운 가정을 만들 수도 있다.

2. 부부 사이의 신분상 권리의무

중국에서는 혼인 성립 후 부부가 신분관계에 대해 가지는 권리와 의무를 '배우권(配偶權)'이라고 칭한다.[12] 이 배우권의 구체적인 내용에 대해서는 학설이 나뉘지만 대체로 ① 부부의 성명권[13], ② 부부의 인신자유권, ③ 부부의 계획출산의무, ④ 자녀양육에 대한 권리의무, ⑤ 동거의무, ⑥ 주소결정권, ⑦ 정조 및 협조의무, ⑧ 대리권 등이다.[14]

3. 부부 사이의 부양의무

혼인법은 제20조에서 부부의 부양의무를 규정하고 있다. 이에 따라서 부부의 일방이 부양의 의무를 이행하지 아니하는 때에는 부양을 필요로 하는 다른 일방은 상대방에게 부양료의 지급을 요구할 수 있다.

4. 부부 사이의 상속권

혼인법은 제24조에서 '부부는 서로 유산을 승계할 권리를 갖는다(제1항)'는 규정을 두고 있다. 이 상속권은 혼인 이후에 발생하고, 이혼으로 인하여 소멸한다. 만일 일방이 이혼소송 중에 사망하게 되면 생존한 타방은 합법적인 배우자의 신분을 가지고 있으므로 사망 배우자의 유산을 상속할 권리를 갖는다.

Ⅲ. 혼인법상 부부재산제도

1. 부부재산제도 개관

중국은 정부 수립 후 계속하여 부부재산제를 개혁하여 왔고, 그 결과 부부공동재산제를 주요 형식으로 하고 약정재산제를 보충형식으로 하는 부부재산제를 체계적으로 정비하였다. 즉 1950년 혼인법은 중국 정부 수립 후 처음으로 부부재산관계를 규범화한 법률로서[15] 부부재산관계에 있어서 법정재산제를 공동재산제로 규정하였다.[16] 그 후 1980년 혼인법은 원래의 일반 공동재산제를 혼인 후 소득 공동재산제와 부부의 재산에 대한 약정을 허용하는 부부재산제로 바꾸었다.

2001년 개정 혼인법[17]에서는 부부재산제의 내용을 공동재산제(제17조), 특별재산제(제18조) 및 약정재산제(제19조)로 구체적으로 구분하여 규정하고,[18] 이혼시 부부공동재산의 분할문제에 있어서 부부의 토지도급권익의 보호에 관한 규정(혼인법 제39조 제2항) 등을 보충하였다. 그렇지만, 1980년 혼인법과 비교할 때 부부재산관계에 있어서는 내용상 큰 변화가 없다. 2001년 개정법에서 부부에 관한 규정으로는 부모의 이혼 후 자녀에 대한 탐망권(혼인법 제38조)과 이혼시 부부 사이의 보상권(혼인법 제40조)에 관한 규정이 특별히 증설되었고, 현역군인의 이혼을 제한하던 규정(1980년 혼인법 제26조[19])에 단서규정(혼인법 제33조 단서[20])이 신설되었다. 이러한 점에서 현행 혼인법은 혼인제도의 충실과 보충이라는 측면에서 1980년 혼인법 시행 당시 부족하다고 지적되었던 점들에 대해서 보완함으로써 진일보하였다는 평가를 받는다.[21]

2. 부부재산제도의 중요성

부부재산관계는 부부라는 신분관계에서 파생하는 중요한 법률관계이다. 즉 부부공동생활에서 필수불가결한 내용으로서 가정경제기능을 실현하는 기초적 요소이다.[22] 부부재산관계는 부부의 재산소유권, 부부 사이의 부양관계와 부부재산상속권 등을 포함한다. 그 중에서 부부의 재산소유권은 부부관계가 존속하는 동안의 재산관계의 핵심이다.[23] 이러한 부부재산관계는 혼인생활 중 제3자와의 관계에서도 중요하지만 부부 사이에서도 사망이 아닌 다른 이유(주로 이혼. 한번 맺어진 부부관계가 일방이 사망할 때까지 다른 이유로 해소되지 않는다면 상속문제가 남을 뿐이지만)로 혼인이 해소될 경우에는 '자녀의 양육'과 '재산분할' 등 새로운 문제가 발생하게 된다. 즉 혼인관계가 협의이혼 또는 재판이혼에 의하여 해소되면[24] 당사자인 부부 사이의 신분관계 및 재산관계는 물론이고, 자녀의 양육·교육방법 등에 일련의 변화가 생기는 것이다. 그 결과 이혼은 부부 사이의 신분관계와 재산관계를 소멸하게 하고,[25] 부부공동재산의 분할, 채무상환, 곤란한 일방에 대한 경제적 부조 및 자녀의 양육 등의 문제가 생기는 것이다.[26]

3. 부부의 공동소유인 재산과 그 처리

(1) 부부공동재산의 정의

중국 사회가 개방되고 진보하면서 부부 사이의 재산을 어떻게 취급하느냐 하는 것은 매우 중요한 문제로 대두되었다. 1980년 혼인법 시행 이래 전국 법원에 수리된 이혼건수는 해마다 상승하였으며, 최근 중국 최고법원의 통계에 의하면 전국 각급 법원에 수리된 소송 중에서 민사소송이 차지하는 비율이 90%에 근접하고 있으며, 그 중에서 혼인과 가정 문제에 관한 사건이 30%(128만 건)를 차지하고 있다.[27] 통계에 의하면 재판이혼이 협의이혼에 비하여 점점 증가하고 있다.[28] 이에 따라서 최근의 중국의 상황은 혼인 및 가정문제에 관한 소송 중에서도 특히 재산에 관한 사건이 날로 증가하고 있는 실정이다.

1980년 혼인법에서는 '부부공동재산'을 부부관계가 존속하는 동안에 부부가 공동으로 소유하거나 취득한 재산으로 풀이하였다

(제13조). 여기서 '혼인관계의 존속기간'이란 부부가 혼인한 이후에 사망하거나 이혼하기 전까지를 가리키는 것으로서 이 기간 동안 부부가 취득한 재산은 특별한 약정[29]이 있는 경우를 제외하고는 부부의 공동재산으로서 부부의 균분에 속한다. 그러므로 부부는 공동소유인 재산에 대해서 평등한 처리권을 가지며, 부부의 일방이 공동재산을 처분하기 위해서는 다른 일방의 동의가 있어야 한다. 특히 농촌의 이혼사건 중에는 당사자의 일방이 장기간 가출하여 밖에서 거주하다가 몇 년 후에 집으로 돌아와 이혼과 가정재산의 분할을 요구하는 경우가 허다하다. 이처럼 장기간 집을 버리고 돌아오지 아니하고 가정의무를 다하지 아니하는 자들에 대해서는 가정재산을 요구할 권리를 인정하지 아니하였다[30].

2001년 개정 혼인법은 제17조에서 부부공동재산에 관하여 규정하고, 〈혼인법 사법해석1〉에서는 혼인법 제17조의 '부부는 부부공동소유인 재산에 대하여 평등한 처리권이 있다'는 규정에 관한 보충적인 내용을 자세히 규정하고 있다(동 해석 제17조). 그리고 제18조에서 부부 일방의 소유로 되는 재산을 열거하고 있으며,[31] 제19조에서 부부약정재산제에 관하여 규정하고 있다.

혼인법은 부부의 공동소유로 되는 재산들을 명문으로 규정하고 있다. 즉 부부가 혼인관계의 존속기간 중에 취득한 ① 임금과 상여금, ② 생산·경영활동에 종사하여 얻은 수익, ③ 지식재산권에 의한 수익, ④ 상속 또는 증여로 얻은 재산(다만 동법 제18조 제3항에서 예외를 규정하고 있음), ⑤ 기타 당연히 공동소유인 재산 등을 부부의 공동재산으로 하고 있다. 부부는 공동소유인 재산에 대하여 '평등한 처리권'을 갖는다(혼인법 제17조).

(2) 부부공동재산, 개인재산 및 가정재산의 구분

중국 가족법에서도 부부공동재산의 범위와 그 존재형태는 부부공동재산분할의 전제가 된다. 그러므로 부부공동재산의 분할을 논하기 전에 부부공동재산의 범위를 먼저 고찰할 필요가 있다.

2001년 개정 혼인법에서는 1980년 혼인법 제31조를 제39조 제1항으로 하고, 제2항[32]을 신설하였다.[33] 즉 이혼시 부부재산분할문제에 있어서 부 또는 처가 토지도급경영에서 향유하는 권익 등은 당연히 법에 의하여 보호받아야 한다는 것이다.

혼인법 제17조의 '평등한 처리권'에 대하여 〈혼인법 사법해석 1〉은 '부 또는 처가 부부공동재산상의 권리를 처리하는 데 있어서 평등하다'는 의미로 해석하였다(동 해석 제17조). 이에 따르면 일상생활의 필요에 의하여 공동재산을 처리하는 것은 어느 일방이라도 동일한 결정권을 갖는다. 그러나 부 또는 처 일방이 일상생활에 필요하지 않은 때에는 공동재산에 대한 중요한 처리결정으로 보아 부부 쌍방의 평등한 협의에 의하여 의견이 일치되어야 하며, 제3자가 부부 쌍방의 공동의사표시가 있는 것으로 믿을 만한 이유가 있는 때에는 다른 일방은 부동의 또는 부지(不知)로써 선의의 제3자에게 대항할 수 없다.[34]

그런데 개정법에 의하더라도 부부공동재산의 범위에 속하는 구체적인 재산이 어떠한 것이 있는가 하는 문제는 여전히 남아 있다. 이 문제에 대하여 혼인법과 이혼사건에서 재산분할을 처리한 최고인민법원의 사법해석에 따르면 다음의 재산은 부부의 공동재산으로 보고 있다. ① 부부 쌍방이 혼인관계가 존속하는 동안 소득한 재산, ② 혼인관계가 존속하는 동안 제대·전업한 군인이 소득한 제대비·전업비로서 결혼한 지 10년 이상인 경우, ③ 일방이 혼인 전부터 가지고 있던 재산으로서 혼인 후에 공동으로 사용하여 8년이 경과한 생산수단과 4년이 지난 귀중한 생활필수품, ④ 부부가 따로 살면서 나누어서 관리·사용하는 혼인 후의 소득재산, ⑤ 혼인신고는 하였으나 아직 공동생활을 하지 아니하면서 일방 또는 쌍방이 증여 받은 사례금과 예물 등이다. 개인재산인지 부부공동재산인지 확정하기 어려운 경우에는 권리를 주장하는 일방이 입증책임을 부담하며, 당사자가 유력한 증거를 제시하지 못한 경우에는 법원에서도 할 수 없이 부부공동재산으로 처리하였다.[35)]

이하에서 단락을 바꾸어 부부공동재산의 구체적인 내용을 살펴본다.

4. 부부공동재산의 구체적인 내용[36)]

(1) 임금과 상여금

혼인법 제17에서 말하는 임금과 상여금의 의미는 광의로 해석되어야 한다. 일반적으로 임금성 수입에는 임금 이외에도 각종 보상금·상여금·후생복지뿐만이 아니라 일정한 범위의 현물분배에 존재하는 공동으로 형성한 근로자의 개인수입도 당연히 포함되고, 각종 기업체에서 받는 일정한 비율의 고임금·고수입·연봉·주식

배당금 등에 의한 수입도 모두 임금성 수입에 속하는 것으로서 부부공동재산의 범위에 포함된다.

⑵ 생산·경영활동에 종사한 수익

만일 임금과 상여금이 부부의 근로소득에 속하면 생산·경영에 종사한 수입은 근로소득을 포함할 뿐만 아니라 대량의 자본성 수입도 포함한다. 여기에는 농민의 생산근로수입뿐만 아니라 공업, 서비스업, 정보업 등에 종사하여 얻는 생산·경영수익도 포함된다. 중국에서도 시장경제의 발전에 따라 많은 사람들이 주식이나 채권, 공기업투자, 기업경영을 하고, 적지 않은 사람들이 다양한 기업에 투자함으로써 대량 자본의 보유자가 되어 경영수익이 넉넉해졌다. 이러한 경영수익 또한 부부공동재산에 속한다. 만일 경영에 종사하는 일방이, 상대방이 혼인관계를 이용하여 자기의 재산을 횡령할 것을 염려한다면 부부약정재산제를 통하여 자기의 권익을 보호할 수 있다.

⑶ 지식재산권에 의한 수익

지식재산권은 재산권인 동시에 신분권으로서 신분과 분리할 수 없고, 혼인 후 일방이 취득한 지식재산권 그 자체는 일방의 전유이다. 작가의 배우자는 작품에 서명할 권한도 없고 작품의 발표 여부를 결정할 수도 없다. 그러나 지식재산권에 의하여 취득한 경제적 이익은 부부공동재산에 속하며, 작품을 발표하여 취득한 원고료, 판매금 등도 부부공동소유에 속한다. 〈혼인법 사법해석2〉는 혼인법 제17조의 '지식재산권에 의한 수익'을 혼인관계존속기간에 실제 취득하거나 취득할 수 있는 재산성 수익을 가리키는 것으로 해석하고 있다(동 해석 제12조).

(4) 상속 또는 증여로 얻은 재산

상속 또는 증여로 얻은 재산이더라도 유언이나 증여계약이 확정된 때에는 부 또는 처 일방에게 속한 재산은 제외한다. 법정상속한 재산은 부부공유에 속하며, 법정상속인의 범위는 전혀 확대되질 않아서 사위나 며느리는 단지 그 배우자가 받을 유산가액을 나누어 가질 뿐이므로 다른 법정상속인의 이익에 영향을 미치지 않는다.

(5) 기타 당연히 공동소유인 재산

〈혼인법 사법해석2〉는 '기타 당연히 공동소유인 재산'에 ① 일방이 개인재산을 투자하여 취득한 재산, ② 남녀 쌍방이 실제 취득하거나 당연히 취득하는 주택보조금, 주택공동적립금, ③ 남녀 쌍방이 실제 취득하거나 당연히 취득하는 양로보험금, 파산안치보상비 등이 포함되는 것으로 해석하고 있다(동 해석 제11조).[37]

5. 혼인중 재산분할

원칙적으로 부부관계가 존속되는 동안은 공동재산의 분할을 청구할 수 없다. 그러나 당사자가 이혼을 원하지 않으면서 공동재산의 분할을 청구한 경우에 그 처리를 어떻게 할 것인가에 대해 혼인법에는 명문의 규정이 없기 때문에 문제가 되고 있다.

〈혼인법 사법해석3〉 제4조에 의하면, 혼인관계의 존속기간 중 부부 일방이 공동재산의 분할을 청구하는 경우 법원은 이를 지지하지 않지만, ① 일방이 부부공동재산을 은닉 · 전환 · 환금 · 훼손 · 낭비하거나 부부공동채무를 위조하여 부부공동재산의 이익에 중대한 손해[38]를 가한 경우, ② 일방이 법정부양의무[39]를 부담하는 환자에게 중대한 질병이 있어서 치료를 요하지만 다른 일방이 의료비용의 지불에 동의하지 않는 경우 등에 있어서 그 분할청구가 채권자의 이익을 침해하지 않는 때에는 예외로 하고 있다.

1) 필수조건 ①과 ③에 관하여는 [제2장 혼인법의 기본원칙]에서 자세히 설명하였다.

2) 〈혼인법 사법해석1〉 제10조에 의하면 가해를 입는 대상은 협박받은 사람(피협박인) 자신을 포괄할 뿐만 아니라 그 근친의 생명 · 신체건강 · 명예 · 재산 등도 포괄하며(제1항) 협박혼의 취소는 협박을 받은 본인만이 청구할 수 있다(제2항).

3) 이른바 위법은 비법적인 목적과 비법적인 수단을 포괄하는 것이다.

4) 혼인법 제50조: 민족자치지역의 인민대표대회는 당지 민족 혼인가정의 구체적인 상황에 맞추어 변통 규정을 제정할 권한을 갖는다. 자치주, 자치현이 제정한 변통 규정은 성, 자치구, 직할시의 인민대표대회 상무위원회에 보고하여 비준 후에 효력을 갖는다. 자치구가 제정한 변통 규정은 전국인민대표대회 상무위원회에 보고하여 비준 후 효력을 갖는다.

5) 자기 자신이 1세대, 부모에 이르는 것이 2세대이다. 따라서 형제자매 사이는 2대의 방계혈족으로 되는 것이다. 구체적으로는 부모가 동원(同源)인 형제자매(동부이모, 동모이부인 형제자매를 포함함), 숙부, 고모, 이모, 조카, 조카딸 등이다.

6) 동일한 선조에서 나와 혈연관계가 있는 친족을 중국 혼인법 제7조에서는 '혈친'(血親)이라고 표현하고 있지만 우리 민법상 '혈족'과 동일한 개념이다.

7) 이에 관하여 자세한 것은 國務院中法制辦公室, 中華人民共和國 婚姻法(中國法制出版社, 2017.), 12면 [注解] 참조.

8) 國務院中法制辦公室, 앞의 책, 13면, '18. 姻親之間可否結婚' 참조.

9) 중국 혼인법은 '혼인'이란 용어와 '결혼'이란 용어를 같은 조문에서조차 혼용하고 있다. 이 글에서는 편의상 중국 혼인법의 태도를 그대로 따라 표기하고자 한다.

10) 이 점에 있어서는 우리 민법과 마찬가지라고 볼 수 있다.

11) 2003년 7월 30일 국무원 제16차 상무회의 통과, 2003년 8월 8일 중화인민공화국 국무원령 제387호 공포, 2003년 10월 1일부터 시행.

12) 배우권이란 부의 처에 대한, 처의 부에 대한 신분권이다(陳智慧 · 李學蘭, 婚姻, 收養, 監護與繼承(復旦大學出版社, 1997), 102면).

13) 자녀는 아버지의 성을 따르거나 어머니의 성을 따를 수 있다(혼인법 제22조).

14) 陳智慧 · 李學蘭, 앞의 책, 103~105면.

15) 1911년 청나라 정부가 편찬한 중국 역사상 첫 번째 '민법전'은 처음으로 처의 사유재산에 대하여 승인하였는데, 이것은 중국의 근대적 부부재산제의 서막이라고 할 수 있다. 그 후 1931년 5월 5일 중국의 '민법전' 친족편

이 정식으로 시행되었는데 이 '민법전'은 중국의 수천 년의 전통을 개변하고 중국 역사상 처음으로 부부재산제의 체계를 수립한 것으로 평가받고 있다. 이 제도가 1950년 혼인법이 제정될 때까지 18년간 시행된 것이다(강해순, "中國 夫婦財産制의 變遷과 그 動因", 家族法硏究 제25권 2호(통권 제41호)(韓國家族法學會, 2011.7.), 110~111면).

16) 1950년 혼인법 제10조는 '부부는 가정재산에 대하여 평등한 소유권과 처분권을 가진다'고 규정하고 있다. 중국 인민정부 법제위원회의 해석에 따르면 '가정재산'은 ① 남녀의 혼인 전에 각자가 소유했던 재산, ② 부부 결혼 후 공동생활 시기에 취득한 재산, ③ 미성년자녀의 재산을 포함한다. 당시 중국에서 부부공동재산제를 선택한 것은 이것이 별산제보다 결혼생활 공동체의 본질적 특징을 충분히 반영할 수 있다고 인정하였기 때문이며, 1950년 혼인법의 취지는 여성이라는 약자의 이익을 특별히 보호하려는 데 있었다. 부부재산제의 내용은 하나의 조문으로 매우 간단하였지만 약자의 권리를 보호하여 가정에서 남녀의 평등을 실현하려는 의의는 매우 중요한 것이었다고 평가된다(강해순, 앞의 논문, 111면).

17) 혼인법은 이혼에 관하여 별도의 장(제4장)을 두어 모두 12개 조문에 걸쳐 이혼의 절차, 이혼의 조건과 이혼 후의 자녀양육, 재산분할 등의 문제에 관하여 상세하게 규정하고 있다.

18) 강해순, 앞의 논문, 110면. 이 점에 있어서는 현행 우리 민법보다 구체적으로 규정하고 있는 셈이다.

19) 1980년 혼인법 제26조: 現役軍人的配偶要求離婚, 須得軍人同意.

20) 혼인법 제33조 단서: 다만 군인 일방에게 중대한 과실이 있는 경우에는 예외로 한다.

21) 馬原, 新婚姻法詮釋與案例評釋, 151면.

22) 우리나라의 부부재산제에 관해서 자세한 것은, 신영호, 가족법강의(세창출판사, 2010), 105면 이하; 박동섭, 친족상속법(박영사, 2009), 133면 이하 참조. 이혼시 재산분할에 관해서는 신영호, 앞의 책, 146면 이하; 박동섭, 앞의 책, 205면 이하 참조.

23) 楊大文, 親屬法(法律出版社, 2007), 123면; 法律出版社法規中心, 中華人民共和國 婚姻法 配套規定(註解版)(法律出版社, 2009), 50면.

24) 중국 혼인법 역시 이혼에 관하여 협의이혼과 재판이혼을 함께 규정하고 있다. 이혼은 혼인 당사자의 신분관계를 해소할 뿐만 아니라 재산관계에 있어서도 일련의 법률효과를 야기하며, 또한 가족·자녀·사회 등에 대해서도 상당한 영향을 미치게 된다. 그렇기 때문에 이혼제도는 혼인가족법 중에서 중요한 위치를 차지하고 있으며 혼인가정제도 전체의 중요한 구성부분의 하나이다. 이혼의 효과는 협의이혼 또는 재판이혼의 효력이 생긴 후에야 나타난다. 그러므로 이것은 장래에 발생하는 효력이며, 그 효력이 소급하

는 것은 아니다. 이혼의 효력은 협의이혼에 있어서는 당사자가 이혼증을 영수한 날부터 생기고, 재판이혼에 있어서는 조정서 또는 판결서가 법률상 효력을 발생하는 날부터 발생한다(夏吟蘭, 婚姻家庭與繼承法學原理(中國政法大學出版社, 1999), 194면).

25) 이혼을 하게 되면 우선 혼인의 자유가 회복되고, 혼인법 제20조에서 요구하는 부부 사이의 부양의무 역시 종료한다. 또한 배우자로서 가지던 법정 상속인의 자격을 상실하게 되고, 인척관계도 소멸한다. 다만 이혼을 하더라도 부부 사이에는 어느 정도 부양의무가 지속된다.

26) 이 부분이 1980년 혼인법에 비하여 개정법에서 가장 많이 변화된 부분 중의 하나이다. 2001년 이전의 중국 혼인법은 이혼의 효과와 관련하여 1980년 혼인법 제13조의 규정과 1996년 2월 5일의 〈최고인민법원이 이혼사건 심사에 있어서 공사사용, 차용에 관한 문제의 해답〉 및 1993년 11월 3일의 〈이혼사건심리에 있어서 재산분할문제 취급에 관한 약간의 구체적 의견〉에서, 부부의 재산관계를 둘러싼 이혼의 효과를 규정하고 있었다. 1980년 혼인법은 이혼시 부부재산관계의 처리에 관하여 이혼원인(제25조 제2항), 이혼재산분여제도(제31조 · 제32조 · 제33조)를 신설하여, 이혼배우자, 특히 노인 · 부인 · 자녀의 법적 보호제도를 규정함으로써 주목을 받았다. 이러한 제도는 중국 헌법 제49조에서 규정하고 있는 '남녀평등'의 이념을 혼인법상에서 구체화한 것들이다. 그 후 2001년 개정 혼인법에서 1980년 혼인법 제13조를 대폭 개정하여 이혼시 부부재산관계의 처리에 관하여 보다 구체적인 규정을 둔 것이다(혼인법 제17조~제19조 참조). 그럼에도 불구하고 혼인법의 해석과 운용에 있어서 발생하는 문제에 대하여 많은 논의가 뒤따랐으며, 그 논의의 결과를 정리한 것이 〈혼인법 사법해석1,2,3〉이다.

27) 張璐璐, "我國夫妻共同財産分割制度硏究", 1면.

28) 협의이혼보다 재판이혼이 많은 이유는 부부 쌍방의 이혼협의를 성립시키는 것이 매우 어렵기 때문이라고 한다. 하급심법원(基層法院)에서는 이혼사건 당사자의 95%가 농민이다(劉穎, 農村離婚紛糾中財産分割問題的探論, 1면).

29) 혼인을 하기 전의 개인소유재산, 개인이 혼인을 하기 전에 상속 · 수증한 재산, 혼인을 하기 전에 각자가 혼인을 위하여 마련한 물품, 혼인관계의 존속기간 중에 공동으로 구입한 개인전용의 의복 · 생활용품 및 일반의 도구 · 자료 등은 모두 부부 각자의 개인재산이며, 원칙적으로 각자의 소유로 된다. 그리고 혼인을 하기 전 또는 혼인관계가 존속한 기간 중에 개인재산으로서 당사자 사이에 합의된 재산은 그 합의가 적법하면 심사 · 인정된 때에 그 합의에 의하여 각자의 소유로 된다. 부부관계는 일종의 특수한 신분관계로서 당사자 쌍방이 재산관계에 관하여 작성한 약정은 특수한 법률행위로서의 요건을 갖추어야 할 뿐만 아니라 혼인법에서 요구하는 요건에도 부합하여야 한다. 부부재산약정에 관하여 자세한 것은 夏吟蘭, 앞의 책, 197~198면; 教育部高等教育司組, 婚姻家庭繼承法(法律出版社, 2000),

229면; 張海尙, 婚姻法(國法制出版社, 1999), 268~270면 참조.

30) 楊盛承, "夫妻共同財産的界定及處理"(http://www.chinacourt.org), 1면.

31) 혼인법 제17조에 대한 〈혼인법 사법해석1〉 및 〈혼인법 사법해석2〉(中華人民共和國 婚姻法 新舊與關聯對照(應用本), 29면.

32) 혼인법 제39조 제2항: 부(夫) 혹은 처(妻)가 가정 토지청부경영에 있어서 향유한 권익 등은 법에 의하여 보호되어야 한다.

33) 1980년 혼인법은 '이혼할 때에 부부의 공동재산은 쌍방협의로 처리한다. 협의가 성립되지 않을 때에는 인민법원은 재산의 구체적인 정황에 근거하여 부녀와 자녀의 권익을 고려하는 원칙에 따라서 판결한다'고 규정하였다(제31조). 이에 의하면 이혼할 때에 분할의 대상이 되는 재산의 범위는 부부의 공동재산만을 가리키는 것이 된다. 그러므로 부부의 개인재산, 자녀의 재산, 기타 가정성원의 재산 및 부부의 공동재산에 속하지 아니하는 그 밖의 재산은 모두 분할의 대상이 아니다. 재산의 소유에 대하여 부부 쌍방이 서면으로 약정한 경우 또는 구두로 약정하였지만 다툼이 없는 경우에는 이혼할 때에 당연히 약정에 따라 처리하여야 하며, 약정의 내용이 법정의무를 교묘하게 회피하여 국가, 단체와 타인의 이익을 침해하는 것은 모두 법률을 교묘하게 회피한 약정으로서 모두 무효이다. 인민법원이 부부재산약정의 무효를 인정하게 된 경우에는 법정된 공동재산제에 따라서 재산을 분할한다(夏吟蘭, 앞의 책, 196면 참조).

34) 法律出版社法規中心, 앞의 책, 54면.

35) 張璐璐, 앞의 논문, 1면. 부부의 개인재산의 범위에 관하여 자세한 것은 夏吟蘭, 앞의 책, 197~198면; 教育部高等教育司組, 앞의 책, 229면; 張海尙, 앞의 책, 268~270면 참조.

36) 이에 관하여 자세한 것은 楊大文, 親屬法, 129~132면 참조.

37) 2001년 개정하기 이전에는 최고인민법원에서 1993년에 반포한 〈인민법원에서 이혼안건을 심사할 때 재산분할에서 주의해야 할 문제에 관한 약간의 의견〉은 '이혼시, 개인재산인지 부부공동재산인지 확정할 수 없는 재산에 대하여 당사자는 증거를 제출하여야 한다. 당사자가 유력한 증거를 제출하지 못하고 인민법원에서도 그 여부를 확정할 수 없을 경우에는 부부공동재산으로 처리한다'고 규정함으로써 이혼시 소유관계가 명확하지 못하고 부부 일방이 확실한 증거를 장악하고 있지 못한 재산은 부부공동재산으로 추정하여 처리하였다(강해순, 앞의 논문, 116면; 法律出版社法規中心, 앞의 책, 51면).

38) 부부공동재산의 이익을 침해하는 행위는 고의로 공동재산을 불법적으로 차지할 목적으로 하는 것이라야 한다.

39) 법정부양의무자의 범위는 혼인법의 규정을 준용하며, 여기에는 부부 사이, 부모와 자녀 사이, 조부모와 손자녀 사이, 형제자매 사이의 의무를 포함한다.

제 4 장

이 혼

Ⅰ. 이혼법 개관
Ⅱ. 협의이혼
Ⅲ. 재판이혼
Ⅳ. 이혼과 부부관계의 변화
Ⅴ. 이혼과 부부재산관계의 변화
Ⅵ. 채무의 변제
Ⅶ. 이혼 후 자녀양육과 교육문제

제4장

이 혼

Ⅰ. 이혼법 개관

1. 혼인법상 이혼 규정의 체계

1980년법은 특히 이혼에 관한 내용을 별도의 장으로 나누어 규정하고 있었는데, 다른 가족법률관계에 비하여 상대적으로 많은 조문을 할애하였다는 것이 하나의 특징이었다. 이혼에 관하여 1980년법은 '부부가 쌍방 모두 자유의사에 의하여 이혼을 바라는 경우'(제24조)와 '남녀의 일방이 이혼을 요구하는 경우'(제25조 제1항), '감정이 확실히 파탄되어 조정이 무효로 된 때에 이혼을 요구하는 경우'(제25조 제2항)로 나누어 규정하고 있었다. 전자가 이른바 '협의이혼'이며, 후자가 '재판이혼'이다.

그 후 2001년 개정 혼인법은 이혼에 관하여 별도의 장(제4장)을 두어 모두 12개 조문에 걸쳐 이혼의 절차, 이혼의 조건과 이혼 후의 자녀양육, 재산분할 등의 문제에 관하여 명문으로 규정하고 있다. 개정법은 개정 전의 1980년 혼인법에 비하여 기본적으로는 내용상 큰 변화가 없다. 다만 부모의 자녀에 대한 탐망권[1)]과 부부 사이의 보상권[2]에 관한 두 개의 규정이 특별히 증설되었다. 그리고 이혼의 법정요건(혼인법 제32조) 중에서 열거된 제5항의 '기타 부부의 감정이 파탄에 이르게 된 정형'의 구체적인 상황을 부부의 감정이 확실히 파탄된 것으로 설명하고, 현역군인의 이혼을 제한하던 규정(1980년법 제26조[3])에 단서규정(혼인법 제33조 단서[4])을 신설하였으며, 이혼시 부부재산분할문제에 있어서 부부의 토지승포권익의 보호에 관한 규정(혼인법 제39조 제3항[5]) 등을 보충하였다. 개정혼인법은 혼인제도의 충실과 보충이라는 측면에서 1980년법 시행당시 부족하다고 지적되었던 점들에 대해서 보완함으로써 진일보하였다는 데 중요한 의의가 있다.[6]

2. 이혼 규정의 특색

혼인법은 이혼의 절차, 이혼의 조건과 이혼 후의 자녀양육, 재산분할 등의 문제에 관하여 명확하게 규정하고 있다. 개정법은 개정 전의 1980년법에 비하여 기본적으로는 내용상 큰 변화는 없으나 몇몇 규정을 보완·신설함으로써 혼인제도의 충실과 보충이라는 측면에서 진일보하였다.

협의이혼은 중국의 이혼제도에 있어서도 중요한 위치를 차지하며, 또한 중요한 의의를 갖는다. 혼인법은 협의이혼에 대하여 '남녀 쌍방의 자유의사에 의한 이혼은 허가한다'는 명문의 규정을 두고 있다. 그러므로 혼인법과 혼인등기조례의 규정에 의하면 혼인등기관리기관은 이혼 당사자가 일정한 요건을 갖춘 경우에는 이혼등기를 허가하여야 한다. 협의이혼은 당사자가 혼인자유권을 정확히 행사하는 데 유리하며, 협의이혼의 법정요건에 부합하는 경우 행정절차를 통과하여 혼인관계를 해소할 수 있기 때문에 소송상 다툼을 감소시킬 뿐만 아니라 사회의 안정과 단결에도 유리하다고 보는 것이다.

협의이혼의 절차는 혼인등기기관에서 이혼의 신청⇒심사⇒등기의 순서에 따라 최종적으로 이혼등기를 처리하여야 종료한다. 즉 남녀 쌍방이 반드시 일방의 호구소재지의 등기기관에 이혼등기를 신청하여야 하고, 혼인등기관리기관은 당사자의 이혼신청에 대하여 혼인법과 혼인등기조례의 규정에 근거하여 엄격한 심사를 진행하여야 한다. 이러한 심사절차를 거친 결과 혼인법과 혼인등기조례에 부합하는 이혼신청에 대해서는 이혼을 허가하여야 한다. 이혼증이 발급되면 혼인할 때에 발급되었던 결혼증은 취소되고, 부부관계는 당사자가 이혼증을 취득한 날을 기점으로 해소된다. 다만 혼인등기기관은 이혼신청이 혼인법과 혼인등기조례의 규정에 부합하지 않는 경우에는 등기를 허가하지 아니할 수 있다.

재판이혼의 경우 중국에서는 일방의 요구에 의한 이혼 또는 쌍방이 자녀의 양육이나 재산분할과 같은 문제에 대하여 다투는 이혼을 똑같이 인민법원의 심판을 반드시 거치도록 하고 있다. 인민법원에서 관할·처리하는 이혼분쟁은 모두 재판이혼이다. 혼인법은 부부의 태도에 따라서 이혼을 쌍방자원이혼과 일방요구이혼으로 구분하고 있으며, 일방요구이혼의 경우에는 직접 인민법원에 이혼소송을 제기할 수 있다. 혼인법상 재판이혼은 파탄주의를 원칙으로 삼고 있다. 혼인의 파탄은 재판이혼에 있어서 이혼허가 여부의 법정요건이며, 또한 현재 인민법원이 이혼분쟁을 처리하는 때에 당연히 준수하여야 할 원칙이다. 이것은 두 가지 의미를 가지고 있다. 첫째, 만일 부부의 감정이 확실하게 파탄되었다면 조정이 무효로 된 때에는 당연히 이혼을 허가하여야 한다는 의미, 둘째, 만일 부부의 감정이 파탄되지 아니하였거나 완전히 파탄되지 아니한 경우라면 즉시 조정을 무효로 하거나 또는 이혼을 허가하지 아니하여야 한다는 의미이다. 그 밖에 혼인법은 재판이혼의 특별규정으로서 현역군인과 임산부의 보호에 관한 규정을 두고 있다.

혼인법은 이혼의 효과에 대하여도 자세한 규정을 두고 있다. 이혼의 효과는 장래에 발생하는 효력이며, 협의이혼에 있어서는 당사자가 이혼증을 수령한 날부터 생기고, 재판이혼에 있어서는 조정서 또는 판결서가 법률상 효력을 발생하는 날부터 발생한다. 혼인법상 이혼은 부부관계에 관한 효과로서 혼인자유권의 회복, 부부 사이의 부양의무의 종료, 법정상속인의 자격상실, 인척관계의 소멸 등의 법적 효과가 있다. 그리고 부부재산관계에 관한 효과로는 부부공동재산의 분할, 부부 각자의 개별재산의 처리, 공동채무와 개인채무의 변제, 이혼 후의 배우자부양 및 이혼 후의 자녀양육과 교육문제 등이 있다.

Ⅱ. 협의이혼

1. 협의이혼 개설

협의이혼은 당사자의 합의에 의하여 혼인관계가 해소되는 것으로서 중국의 혼인법 역시 제31조에서 '남녀 쌍방이 이혼을 자원하는 경우에는 이혼을 허가한다'고 규정하여 이를 분명히 하고 있다.[7] 이 규정은 1980년법 제24조[8]와 비교해 볼 때 그 주요내용은 크게 수정된 것이 없고, 조문의 용어를 약간 고치는 정도에 그친 것이다.

협의이혼은 중국의 이혼제도에 있어서도 중요한 위치를 차지하며, 동시에 중요한 의의를 가지고 있다.[9] 협의이혼은 당사자가 혼인의 자유권을 정확히 행사하는 데 유리한 제도이다. 협의이혼은 그 법정요건에 부합하는 경우 행정절차를 통과하여 혼인관계를 해소할 수 있는 것으로서 소송상 다툼을 감소시킬 뿐만 아니라 사회의 안정과 단결에도 유리하다고 보는 것이다. 협의이혼의 전제가 '쌍방의 자원(혼인법 제31조 제1문)'이므로 이로 인하여 분쟁이 적어지고, 상대방을 방해하지 않게 될 뿐만 아니라 쌍방의 자원에 의하여 협의가 이루어지므로 이혼 후에 발생하는 문제점도 적게 되고 협의내용을 집행하는 데도 유리한 점이 있다고 한다.[10]

2. 협의이혼의 요건

혼인법[11]과 혼인등기조례[12]의 규정에 의하면 혼인등기관리기관[13]은 이혼 당사자가 일정한 요건을 갖춘 경우에는 이혼등기를 허가하도록 되어 있다.[14] 그 구체적인 요건을 살펴보면 다음과 같다.

첫째, 당사자 쌍방은 반드시 합법적인 부부라야 한다.[15] 이에 관하여 혼인등기조례 제18조는 '이혼등기를 신청한 당사자가 혼인등기를 하지 아니하였던 경우에는 혼인등기기관은 이를 수리하지 아니한다'고 명문으로 규정하고 있다.[16] 그러므로 당사자 쌍방은 반드시 혼인등기[17]를 처리하고, 결혼등기증명서(婚姻證)를 가지고 있어야 한다.[18] 등기이혼은 합법적인 혼인관계를 해소하는 것이므로 합법적인 혼인등기를 하지 아니한 사실혼관계나 비합법적인 동거는 이혼등기절차에 의해서는 해소될 수 없게 된다.[19]

둘째, 당사자 쌍방은 반드시 민사행위능력을 가지고 있어야 한다.[20] 일방이라도 민사행위능력이 없거나 민사행위능력이 제한된 자는 이혼의 행정절차가 적용되지 아니한다.[21] 이혼행위는 강력한 일신전속성을 가지기 때문에 오직 부부 자신만이 당사자적격을 가진다. 그러므로 민사대리의 규정은 적용되지 아니하며, 어떠한 제3자도 일방 또는 쌍방을 대리하여 등기이혼을 할 수가 없다.[22] 다만 부부 중 일방이 행위무능력자이거나 제한행위무능력자인 경우의 이혼은 소송절차에 따라서 진행하고 그 법정대리인으로 하여금 소송을 대리하도록 한다.[23]

셋째, 당사자 쌍방이 이혼을 자원하여야 한다. 일방이 이혼을 요구하는 경우에는 혼인등기기관은 이를 수리하지 아니한다.[24] 이것은 협의이혼에 있어서 가장 중요한 요건이다.[25] '자원이혼'은 반드시 부부 쌍방의 내심에서 나온 자발적인 것이어야 한다. 이러한 쌍방 당사자의 이혼의사는 반드시 진실되고 일치되어야 하며, 가장되거나 일방의 협박에 의해서 이루어져서는 아니된다(혼인법 제31조 제3문 참조). 그러므로 사기, 협박, 일방이 타방을 기망하여 동의한 이혼 또는 쌍방이 통정한 가장이혼 등은 모두 진실한 자원에 의한 협의이혼에 해당되지 아니하기 때문에 혼인등기기관은 이혼등기를 허가하지 아니한다.[26] 가령 실제로 부부 중 일방이 비합법적인 수단으로 타방을 속여서 이혼등기를 하더라도 이혼의 법률효과는 발생하지 아니한다.[27]

[협의이혼의사의 확인]

○ 우리 민법 제834조는 '부부는 협의에 의하여 이혼할 수 있다'고 규정하고, 제836조 제1항에서는 '협의상 이혼은 가정법원의 확인을 받아 「가족관계의 등록 등에 관한 법률」의 정한 바에 의하여 신고함으로써 그 효력이 생긴다'〈개정 1977.12.31., 2007.5.17.〉고 규정하고 있다.

○ 대법원 1987. 1. 20. 선고 86므86 판결: 협의이혼의사확인절차는 확인 당시에 당사자들이 이혼을 할 의사를 가지고 있는가를 밝히는 데 그치는 것이고 그들이 의사결정의 정확한 능력을 가졌는지 또는 어떠한 과정을 거쳐 협의이혼 의사를 결정하였는지 하는 점에 관하여서는 심리하지 않는다. 협의이혼의사의 확인은 어디까지나 당사자들의 합의를 근간으로 하는 것이고 법원의 역할은 그들의 의사를 확인하여 증명하여 주는데 그치는 것이며 법원의 확인에 소송법상의 특별한 효력이 주어지는 것도 아니므로 이혼협의의 효력은 민법상의 원칙에 의하여 결정되어야 할 것이고 이혼의사 표시가 사기, 강박에 의하여 이루어졌다면 민법 제838조에 의하여 취소할 수 있다고 하지 않으면 안 된다.

○ 대법원 1993. 6. 11. 선고 93므171 판결: 협의이혼에 있어서 이혼의사는 법률상 부부관계를 해소하려는 의사를 말하므로 일시적으로나마 법률상 부부관계를 해소하려는 당사자간의 합의하에 협의이혼신고가 된 이상 협의이혼에 다른 목적이 있더라도 양자간에 이혼의사가 없다고는 말할 수 없고 따라서 이와 같은 협의이혼은 무효로 되지 아니한다.

넷째, 쌍방이 자녀양육과 재산문제에 대하여 협의가 이미 이루어져 있어야 한다(혼인법 제31조 제3문 참조). 이 협의내용에는 이혼 후에 자녀를 어떻게 양육할 것인가부터 자녀양육비의 부담과 그 액수·기한 및 급부방법 등이 반드시 포함되어 있어야 한다. 이와 관련하여 혼인등기조례는 '이혼합의서에는 쌍방 당사자의 이혼의사와 자녀양육, 부부 중 일방의 생활상 곤란에 대한 경제적 도움, 재산 및 채무처리 등의 합의사항을 명백히 기재하여야 한다. 합의내용은 부녀자와 자녀의 합법적 권익을 보호하는 데 유리하여야 한다'는 규정을 두고 있다.[28] 또한 동법은 '부부 쌍방이 이혼을 요구하는 경우에 자녀의 양육, 생활이 곤란한 상대방에 대한 경제적 부양, 재산 및 채무처리 등에 대하여 협의가 이루어지지 아니한 경우에는 혼인등기기관은 수리하지 아니한다'는 규정을 함께 두고 있다.[29] 여기서 자녀문제에 대한 적당한 처리라는 것은 쌍방이 이혼한 후 자녀(중요한 것은 미성년자녀와 독립생활능력이 없는 자녀의 경우)에 대한 일체의 문제가 모두 자녀의 합법적 권익을 보호하는 데 유리하여야 한다는 원칙에 따라서 합리적으로 처리되어야 함을 가리키는 것이다.[30]

그리고 '재산문제를 적당하게 처리한다'는 것은 첫째, ① 부부 공동재산의 합리적 분할과 처리, ② 이혼 후 생활이 곤란한 상대방에 대한 경제적 방조에 있어서 부녀의 합법적 권익을 침해하지 아니한다는 전제 하에서 이루어져야 함을 의미하고, 둘째, 국가·단체의 이익 및 기타 공민의 합법적 권익을 침해하지 아니한다는 전제 하에서 공동채무의 청산이 이루어져야 한다는 것을 가리킨다.[31] 동시에 이혼 후의 주택문제도 당연히 고려되어야 한다.[32] 즉 부부의 공유[33]인 재산의 분할은 채무의 청산 및 생활이 곤란한 일방에 대한 경제적 도움을 주기 위한 것이므로 그 합의는 반드시 남녀평등의 원칙과 부녀와 자녀의 합법적 권익의 보호원칙[34]에 부합하여야 하며, 혼인법의 관련규정[35]에 위배되지 아니하여야 한다.[36]

[이혼과 자녀양육]

○ 우리 민법은 제837조 제1항에서 이혼시 당사자가 자녀양육에 관한 사항을 협의하도록 규정하고 있다. '양육에 관한 사항의 협의가 이루어지지 아니하거나 협의할 수 없는 때에는 가정법원은 직권으로 또는 당사자의 청구에 따라 이에 관하여 결정'(동조 제4항)하며, 이 경우 가정법원은 '그 자의 의사·연령과 부모의 재산상황, 그 밖의 사정을 참작하여 양육에 필요한 사항을 정한다'(동조 제3항)고 규정하고 있다.

○ 대법원 2017. 4. 13. 선고 2016다275433, 275440 판결: 법률상 부부인 갑과 을이 협의이혼하면서 자녀들의 친권자 및 양육자를 을로 지정하되, 갑이 을에게 자녀 양육비로 매월 일정액을 지급하기로 약정하고, 갑이 지급을 지체하는 경우 을에게 장래 발생분까지

포함한 나머지 양육비 등 전액을 일시 지급하며, 지체된 금액에 대한 지연손해금을 가산하여 지급하기로 하고, 채무불이행시 갑이 즉시 강제집행을 당하여도 이의가 없음을 인낙한다는 취지의 공정증서를 작성한 사안에서, 기한의 이익 상실 사유가 있을 때 갑으로 하여금 장래 발생분까지 포함한 양육비 등 전액과 이에 대한 지연손해금을 일시 지급하도록 정한 약정이 선량한 풍속 기타 사회질서에 반한다고 단정할 수 없다.

다섯째, 쌍방은 반드시 혼인등기기관에 이혼등기를 하여야 한다.[37] 앞에서 언급된 요건을 모두 갖춘 부부가 협의이혼을 하려면 본인이 직접 혼인등기기관에 가서 이혼등기절차를 밟아야 하는데, 이것이 협의이혼의 절차적(형식적) 요건이다. 이혼등기의 수리를 담당하는 혼인등기기관은 일반적으로 기층인민정부 아래에 설치된 일개부문이며, 이 기관의 성격은 국가행정기관에 속한다.[38]

[이혼신고]

○ 우리 민법은 제836조 제1항에서 '협의상 이혼은 가정법원의 확인을 받아 「가족관계의 등록 등에 관한 법률」의 정한 바에 의하여 신고함으로써 그 효력이 생긴다'고 규정하고 있다.

○ 대법원 1983. 7. 12. 선고 83므11 판결: 협의이혼의사확인을 받았으나 그에 따른 이혼신고를 하지 않았다면 이혼의 효력이 발생하지 아니한다. 또한 협의이혼의사확인이 있었다는 것만으로 곧 재판상 이혼사유가 되지 아니한다.

○ 대법원 1994. 2. 8. 선고 93도2869 판결: 부부가 이혼하기로 협의하고 가정법원의 협의이혼의사 확인을 받았다고 하더라도 호적법에 정한 바에 의하여 신고함으로써 협의이혼의 효력이 생기기 전

에는 부부의 일방이 언제든지 협의이혼의사를 철회할 수 있는 것이어서, 협의이혼신고서가 수리되기 전에 협의이혼의사의 철회신고서가 제출되면 협의이혼신고서는 수리할 수 없는 것이므로, 설사 호적공무원이 착오로 협의이혼의사 철회신고서가 제출된 사실을 간과한 나머지 그 후에 제출된 협의이혼신고서를 수리하였다고 하더라도 협의상 이혼의 효력이 생길 수 없다.

3. 협의이혼의 절차

중국 혼인법상 부부가 이혼의사가 합치되고, 자녀의 양육과 재산 등에 대하여 적당한 처리가 이루어졌다고 해서 이혼의 모든 절차가 완성되는 것은 아니다. 최종적으로 혼인등기기관에서 이혼등기를 처리하여야 한다.[39]

혼인법과 혼인등기조례의 규정에 따라서 이혼등기는 다음의 순서(이혼의 신청⇒심사⇒등기)로 진행된다.

(1) 이혼의 신청

이혼신청은 남녀 쌍방이 반드시 일방의 호구소재지의 등기기관에 이혼등기를 신청하여야 한다. 신청할 때에 쌍방은 반드시 ① 호구증명, ② 거민신분증,[40] ③ 소재단위, 촌민위원회 또는 거민위원회가 작성하여 발급한 소개서, ④ 이혼협의서,[41] ⑤ 결혼증 등을 지참하여야 한다. 이 외에도 이혼증 발급에 필요한 탈모사진 2매가 필요하다.[42] 쌍방 당사자는 반드시 본인이 직접 혼인등기기관에 가서 이혼등기를 신청하여야 하며, 타인이 대리로 신청할 수가 없다.[43] 대리신청인 경우 혼인등기기관은 수리해 주지 아니한다.[44] 이때 이혼신청을 한 당사자는 이혼신청서를 진정으로 작성하고, 아울러 혼인등기관리담당자의 질의에 사실대로 회답하여야 한다.[45]

(2) 심 사

혼인등기기관은 당사자의 이혼신청에 대하여 혼인법과 혼인등기조례의 규정에 근거하여 엄격한 심사를 진행하여야 한다.[46] 즉 이혼심사에서는 법에 따라 엄격하게 하여 당사자가 이혼등기의 요건에 부합하는가 여부를 진지하게 조사하여 밝혀야 한다.[47] 혼인등기기관에서는 당사자의 이혼청구가 진실한가 여부, 당사자가 제공한 증거서류와 증명이 완비되었는가 여부, 숨기거나 사기 등의 사실과 사건의 경위, 자녀와 재산문제에 대하여 적당한 처리를 하였는가 여부를 협의이혼요건에 비추어 당연히 조사하여야 한다.[48]

이와 같이 이혼등기를 신청한 당사자는 혼인등기관리기관에 대하여 반드시 조사해야 할 관련정황을 사실대로 제공하여야 하며, 사실을 은폐하거나 기만하여서는 아니된다. 혼인등기기관은 필요한 때에는 당연히 당사자의 소재단위, 거민위원회 또는 촌민위원회가 필요한 조사를 하도록 하여야 한다.[49]

(3) 이혼등기와 이혼증의 발급

이러한 심사절차를 거친 결과 혼인법과 혼인등기조례에 부합하는 이혼신청에 대해서는 이혼을 허가하여야 한다. 혼인등기조례 제16조[50]에 의하면 혼인등기기관은 당사자의 이혼신청에 대하여 심사를 진행해서 신청이 수리된 날로부터 1개월 이내에 이혼조건에 부합하는 경우에는 등기를 하고 이혼증을 발급하도록 규정하고 있다. 이혼증이 발급되면 혼인할 때에 발급되었던 결혼증은 취소된다. 이때 부부관계는 당사자가 이혼증을 취득한 날을 기점으로 해소된다.[51] 협의이혼의 쌍방이 이혼증을 수령하는 것은 곧 혼인관계의 해제를 의미하는 것[52]으로서 이혼증은 혼인관계가 이미 해소되었다는 것을 증명하는 법률효과를 가진 증명서이다. 만일 남녀 쌍방이 혼인등기기관으로부터 이혼증을 발급 받은 이후에 재산의 처리 및 자녀양육 등의 문제로 분규를 일으키는 경우에는 인민법원에 소송을 제기할 수 있으며, 인민법원의 심리에 의하여 해결한다.[53]

이혼등기와 관련하여 등기신청 당사자가 허위·날조하거나 쌍방이 짜고서 공동으로 혼인등기기관을 속여서 이혼등기를 편취한 경우에는 혼인등기관리기관은 반드시 이혼등기를 취소하여야 하며, 당사자에게는 그 혼인관계의 해제가 무효임을 선언하고 이혼증을 회수하여야 한다. 이 경우 해당 당사자를 200元 이하의 벌금에 처하도록 혼인등기조례에서 규정하고 있다.[54] 만일 기관 또는 조직이 혼인등기를 신청한 당사자에게 허위증명과 허위신분증을 작성하여 발급한 경우, 혼인등기관리기관은 그 증명과 신분증을 몰수하고 해당기관 또는 조직에 직접적인 책임자를 비판·교육 또는 행정처분할 것을 건의하여야 하며,[55] 위법한 이혼등기를 한 등기관리원에게는 행정처분을 내리거나 등기관리원의 자격을 취소하여야 한다.[56]

혼인등기관리기관은 이혼신청이 혼인법과 혼인등기조례의 규정에 부합하지 않는 경우에는 등기를 허가하지 아니할 수 있다. 즉 다음의 사유 중 하나에 해당되는 경우에는 혼인등기기관은 이를 등기해 주지 않을 수 있다. ① 쌍방 중 일방만이 이혼을 요구한 경우, ② 쌍방이 이혼을 요구했으나 자녀양육, 부부 중 일방의 생활상의 곤란에 대한 경제적 도움, 재산 및 채무처리 등의 사항이 합의되지 않은 경우, ③ 당사자 일방 또는 쌍방의 민사행위능력에 문제가 있거나 또는 민사행위능력이 없는 경우, ④ 혼인등기수속을 한 적이 없는 경우 등.[57] 혼인등기기관이 당사자의 혼인등기신청에 대해 등기를 허가하지 아니할 경우에는 반드시 서면형식으로 그 이유를 설명하여야 한다.[58]

Ⅲ. 재판이혼

1. 재판이혼 개설

중국법에서는 재판이혼을 '소송이혼' 또는 '판결이혼'이라고도 한다. 이것은 혼인 당사자 일방이 법정이유에 의하여 법원에 이혼소송을 제기하는 것을 가리키는 것으로서, 법원의 판결에 의하여 혼인관계가 해소되는 제도라는 점에서는 현대법의 일반적 성격을 띠는 것이다.[59]

중국에서는 일방의 요구에 의한 이혼 또는 쌍방이 자녀의 양육이나 재산분할과 같은 문제에 대하여 다투는 이혼을 똑같이 인민법원의 심판을 반드시 거치도록 하고 있다. 무릇 인민법원에서 관할하고, 그 처리를 거치는 이혼분규는 모두 재판이혼이다. 그렇지만 인민법원이 이혼소송을 심리하는 과정 중 조사를 거쳐서 당사자가 합의를 할 수 있다면 판결을 내리는 방식을 사용하지 아니한다. 다만 이러한 합의의 성립은 사법행위의 결과이며, 또한 법원의 확인을 거쳐서 정식법률문서를 작성하여야 하기 때문에 쌍방의 자원과는 달리 행정등기수속을 거치는 협의이혼이다.[60]

혼인법은 부부의 태도에 따라서 이혼을 쌍방자원이혼과 일방요구이혼으로 구분하고 있다. 일방요구이혼의 경우에는 직접 인민법원에 이혼소송을 제기할 수 있다. 비록 이혼문제에 대해서 쌍방이 합의를 하더라도 자녀와 재산문제에 대해서 자원협상으로 적당한 처리를 할 수 없는 경우에는 역시 재판이혼절차를 적용하게 된다.[61]

중국의 재판이혼은 파탄주의[62]를 원칙으로 삼고 있으며, 이혼이유의 규범방식은 개괄주의를 따르고 있다.[63] 그러므로 '감정이 확실히 파탄하여 조정하여도 효과가 없는 경우'에는 이혼조정과 이혼재판의 절차에 따라 처리된다.[64]

[사실혼의 해소]

○ 우리 민법에는 사실혼의 해소에 대한 명문의 규정이 없다.

○ 대법원 2009. 2. 9. 자 2008스105 결정: 사실혼관계는 사실상의 관계를 기초로 하여 존재하는 것으로서 당사자 일방의 의사에 의하여 해소될 수 있고 당사자 일방의 파기로 인하여 공동생활의 사실이 없게 되면 사실상의 혼인관계는 해소되는 것이며, 다만 정당한 사유 없이 해소된 때에는 유책자가 상대방에 대하여 손해배상의 책임을 지는 데 지나지 않는다.

2. 이혼분쟁의 처리원칙

재판이혼은 일종의 단의이혼(單意離婚)이다. 이것은 단지 부부 개인의 문제만이 아니라, 나아가서 자녀, 친척과 친구 및 사회적 이익에 이르게 된다. 그렇기 때문에 이혼의 분규가 있는 때에는 당연히 혼인법의 기본정신과 사회도덕적 기본요구에 따라서 다음 두 원칙을 견지하여야 한다.[65)]

(1) 이혼자유의 보장

이 원칙은 이혼의 합법적인 권리를 보장하기 위한 것이다. 이혼자유권은 혼인자유의 한 방면의 내용으로서 그 기본적인 내용과 개념을 담고 있는 것이다.

첫째, 이혼 당사자가 이혼분규과정에 있어서 합법적 권리의 충분한 이행과 실시를 할 수 있도록 반드시 존중하고 보증하여야 한다.

둘째, '사실을 근거로 하고 법률을 기준으로 삼는다'는 사법원칙을 견지하여, 개개의 구체적인 이혼분규에 대하여 반드시 공정하고 합법적으로 판결하여야 하며, 이를 통해 당사자 일방이 승소권[66)]을 누릴 수 있도록 보증하여야 한다.

셋째, 원칙을 견지하여 시비를 가리고, 과실이 있는 일방에 대해서는 엄숙한 비평교육을 진행한다.

넷째, 엄격하게 법에 따라서 사리를 판단하고, 각종 방해를 배제하여 당사자의 이혼자유권의 실현을 보장하여야 한다.

(2) 경솔한 이혼의 반대

이혼자유의 권리와 기타 권리들은 절대적인 것이 아니라 상대적인 것이다. 그렇기 때문에 이혼자유권을 보장하는 것이 절대로 경솔하게 이혼할 수 있다는 것을 의미하는 것은 아니다.[67]

경솔한 이혼은 주로 이혼에 대해서 엄숙하지 못한 태도를 말하는 경우로서 법률규정의 정신과 사회주의 도덕적 요구에 위배되거나 임의로 상대방을 내버려두고 돌보지 않는 행위이다.[68] 그렇기 때문에 이혼분쟁의 처리는 일반적으로 신중한 태도를 취할 필요가 있으며, 이혼의 허가가 쉽게 이루어져서도 아니된다. 그렇지만 조정이나 교육을 거쳤음에도 불구하고 혼인관계가 회복될 수 없고, 부부의 감정이 확실하게 파탄된 경우에는 혼인등기기관은 당연히 법에 따라 이혼을 허가하여야 한다.[69]

3. 재판이혼의 절차

2001년 개정 혼인법은 1980년 혼인법이 제25조 제1항에서 규정하던 것을 제32조 제1항에서 조문의 수정 없이 그대로 이어받아 '남녀 중 일방이 요구한 이혼은 관계 부서에서 조정을 진행하거나 또는 직접 인민법원에 이혼소송을 제기할 수 있다'고 규정하고 있다.[70] 이 규정에 의하면 이혼소송의 절차는 두 가지이다. 하나는 유관부문[71]이 진행하는 조정이며, 다른 하나는 인민법원의 심리에 의해 진행되는 이혼소송의 구체적인 절차이다.

(1) 조정과 그 절차

이 제도는 '소송외 조정절차' 또는 '행정조정절차'라고 부르는 것으로서 우리법의 조정절차에 해당하는 것이다. 중국법상 남녀 일방이 이혼을 요구하는 경우에 먼저 유관부문에서 조정절차를 진행할 수 있다.[72)]

이 절차는 법률상 강제성이 없으므로 이혼의 필요적 절차는 아니다. 따라서 당사자는 이혼을 요구하는 경우에 먼저 조정절차를 거칠 수도 있고, 또는 조정절차를 거치지 아니하고 직접 인민법원에 이혼소송을 제기할 수도 있다.[73)]

조정절차는 법률상 중요한 의의와 역할을 가지고 있다. 그것은 바로 첫째, 조정이 당사자의 인간적인 혼인가정분쟁의 해결을 제때에 해결하고, 소송을 감소시키는 데 유리하다. 둘째, 조정이 부부관계의 개선이나 정서적 대립을 해소하는 데 유리하다. 셋째, 조정이 각급 조직과 군중단체의 적극적인 역할을 발휘하게 하는 데 유리하다[74)]는 점이다.

(2) 이혼소송의 제기와 그 절차

2001년 개정 혼인법은 '인민법원은 이혼사건을 심사함에 있어서 조정을 진행하여야 한다. 감정이 확실히 파탄하여 조정하여도 효과가 없는 경우에는 이혼을 인정하여야 한다'고 규정하고 있다.[75)]

① 소의 제기와 수리

남녀 일방이 인민법원에 이혼소송을 제기하는 경우에는 반드시 피고의 호적소재지에 있는 인민법원에 소를 제기하여야 하는 것이 일반적이다.[76] 다만 피고의 호적상 소재지와 거주지가 일치하지 아니하는 경우에는 거주지에 있는 인민법원에 소를 제기할 수 있다.[77]

소를 제기할 때에는 당사자는 반드시 기소장과 그 부본을 인민법원에 제출하여야 하며, 원고와 피고의 상세한 상황, 소를 제기한 이유와 사실 및 요구사항 등을 밝혀야 한다.[78]

이때 인민법원은 제기된 소가 규정에 부합하는 경우에는 당연히 수리하여야 한다. 다만 인민법원에서 이혼소송을 허가하지 아니하기로 이미 판결한 경우, 인민법원의 조정화해를 거친 경우, 원고가 스스로 이혼소송을 취소한 경우에는 새로운 상황이나 새로운 이유가 없는 한 6개월 이내에는 다시 소를 제기하지 못한다. 만일 그렇지 아니하면 인민법원은 수리를 허가하지 아니한다.[79] 또한 2001년 개정법 제34조 제1문에서는 1980년 혼인법 제27조 제1문을 그대로 이어받아 여자가 임신기간이거나 또는 분만 후 1년 이내인 경우에도 남자 측에서 이혼을 제기할 수 없도록 규정하고 있다.[80] 다만 이 경우에는 제2문에서 '여자 측이 이혼을 제기한 경우이거나 또는 인민법원이 확실히 남자 측의 이혼청구를 접수할 필요가 있다고 여길 때는 제한하지 아니한다'는 예외를 인정하고 있는데 이 규정 역시 1980년 혼인법의 내용을 그대로 따른 것이다.[81]

[이혼소송중 당사자의 사망]

○ 대법원 1994. 10. 28. 선고 94므246 판결: 재판상의 이혼청구권은 부부의 일신전속의 권리이므로 이혼소송 계속중 배우자의 일방이 사망한 때에는 상속인이 그 절차를 수계할 수 없음은 물론이고, 또 그러한 경우에 검사가 이를 수계할 수 있는 특별한 규정도 없으므로 이혼소송은 종료된다. 또한 이혼소송과 재산분할청구가 병합된 경우, 배우자 일방이 사망하면 이혼의 성립을 전제로 하여 이혼소송에 부대한 재산분할청구 역시 이를 유지할 이익이 상실되어 이혼소송의 종료와 동시에 종료된다.

○ 대법원 1995. 3. 28. 선고 94므1447 판결: 사실혼관계에 있던 당사자 일방이 사망하였더라도, 현재적 또는 잠재적 법적 분쟁을 일거에 해결하는 유효적절한 수단이 될 수 있는 한, 그 사실혼관계 존부확인청구에는 확인의 이익이 인정되고, 이러한 경우 친생자관계존부확인청구에 관한 민법 제865조와 인지청구에 관한 민법 제863조의 규정을 유추적용하여, 생존 당사자는 그 사망을 안 날로부터 2년 내에 검사를 상대로 과거의 사실혼관계에 대한 존부확인청구를 할 수 있다.

② **조정과 판결**

인민법원은 조정활동이 효과가 없으면 판결을 내려야 한다.

조정의 결과, 당사자 사이에서 이혼하기로 합의한 때에는 인민법원은 협의기록을 보존하고, 조정서를 발급한다. 그리고 이혼하기로 합의한 때에는 인민법원은 조정서를 작성하여 쌍방에게 발급한다. 그러나 당사자 사이의 협의가 성립하지 아니한 때에는 인민법원은 판결을 내린다.

이혼조정의 결과는 일반적으로 다음 3종류로 나타난다.[82] 첫째, 조정화해,[83] 둘째, 이혼협의의 성립,[84] 셋째, 조정의 무효[85]이다. 당사자 사이에 협의가 성립되지 아니하면 인민법원은 법률과 사실에 근거하여 판결을 진행하게 된다. 인민법원의 판결은 법에 의하여 발생하는 강제적인 결정이다. 이 인민법원의 판결은 이혼을 허가하는 판결과 이혼을 허가하지 아니하는 판결을 포괄하는 것이다. 어떠한 종류의 내용을 가진 판결인가를 논하지 아니하고, 효력이 생기면 강제집행효력이 발생하여 당사자는 반드시 자각하여 집행을 준수하여야 한다.[86]

③ 상 소

중국법은 2심종심적 재판제도를 채택하고 있다. 당사자가 1심 인민법원의 이혼판결에 불복하는 때에는 당사자는 1심판결이 있은 후 15일 이내에 1급 위의 인민법원에 대하여 상소할 권리가 있다. 이때 2심법원에서 판결을 하면 그것이 종심판결이 된다.[87]

4. 재판이혼의 법정원인

중국의 혼인법에 있어서 이혼원인의 규정이 파탄주의를 채용한 것은 현행법인 1980년 혼인법(제25조)부터이며, 개정법 역시 파탄주의를 계승하고 있다.[88] 즉 '감정이 확실히 파탄하여 조정하여도 효과가 없는 경우에는 이혼을 인정한다'라고 명문의 규정을 두고 있음을 앞에서 보았다(혼인법 제32조 참조) . 이 규정을 통해 중국에 있어서 재판이혼의 법정요건을 알 수 있다.

[혼인을 계속하기 어려운 중대한 사유]

○ 우리 민법 제840조에서 부부의 일방은 '혼인을 계속하기 어려운 중대한 사유가 있을 때'에는 가정법원에 이혼을 청구할 수 있도록 규정하고 있다.

○ 대법원 2009. 12. 24. 선고 2009므2130 판결: '혼인을 계속하기 어려운 중대한 사유가 있을 때'라 함은 혼인의 본질에 상응하는 부부공동생활 관계가 회복할 수 없을 정도로 파탄되고, 그 혼인생활의 계속을 강제하는 것이 일방 배우자에게 참을 수 없는 고통이 되는 경우를 말하고, 이를 판단함에 있어서는 혼인계속의사의 유무, 파탄의 원인에 관한 당사자의 책임 유무, 혼인생활의 기간, 자녀의 유무, 당사자의 연령, 이혼 후의 생활보장, 기타 혼인관계의 제반 사정을 두루 고려하여야 한다.

○ 대법원 2010. 7. 15. 선고 2010므1140 판결: 부부 중에 성기능의 장애가 있거나 부부간의 성적인 접촉이 부존재하더라도 부부가 합심하여 전문적인 치료와 조력을 받으면 정상적인 성생활로 돌아갈 가능성이 있는 경우에는 그러한 사정은 일시적이거나 단기간에 그치는 것이므로 그 정도의 성적 결함만으로는 '혼인을 계속하기 어려운 중대한 사유'가 될 수 없으나, 그러한 정도를 넘어서서 정당한 이유 없이 성교를 거부하거나 성적 기능의 불완전으로 정상적인 성생활이 불가능하거나 그 밖의 사정으로 부부 상호간의 성적 욕구의 정상적인 충족을 저해하는 사실이 존재하고 있다면, 부부간의 성관계는 혼인의 본질적인 요소임을 감안할 때 이는 '혼인을 계속하기 어려운 중대한 사유'가 될 수 있다.

○ 대법원 2015. 2. 26. 선고 2014므4734, 4741 판결: 특별한 사정이 없는 한 임신가능 여부는 민법 제816조 제2호의 부부생활을 계속할 수 없는 악질 기타 중대한 사유에 해당한다고 볼 수 없다. 그리고 '혼인을 계속하기 어려운 중대한 사유'에 관한 민법 제840조 제6호의 이혼사유와는 다른 문언내용 등에 비추어 민법 제816조 제2호의 '부부생활을 계속할 수 없는 중대한 사유'는 엄격히 제한하여 해석함으로써 그 인정에 신중을 기하여야 한다.

(1) 재판이혼의 법정요건 – 감정의 파탄

혼인법 第32조(1980년법 제25조)는 중국의 이혼제도 중에서 판결로써 이혼을 허가하는 법정요건이며, 또한 현재 인민법원이 이혼분쟁을 처리하는 때에 당연히 준수하여야 할 원칙이다.[89] 이 규정은 두 가지 의미를 가지고 있다. 첫째, 만일 부부의 감정이 확실하게 파탄되었다면 조정이 무효로 된 때에는 당연히 이혼을 허가하여야 한다는 의미, 둘째, 만일 부부의 감정이 파탄되지 아니하였거나 완전히 파탄되지 아니한 경우라면 즉시 조정을 무효로 하거나 또는 이혼을 허가하지 말아야 한다는 의미이다. 이로 인하여 '감정이 확실히 파탄되었느냐 여부'는 이혼허가 또는 이혼불허의 법정요건이 된다. 중국 혼인법에 있어서 '감정이 확실히 파탄되었느냐'의 여부는 주로 다음의 세 가지 점에 의거하고 있다. 첫째, 사회주의혼인의 본질을 반영하고 있는가, 둘째, 중국의 이혼입법의 역사발전에 부합하는가, 셋째, 중국의 사법실천경험을 총괄하는 것인가[90]이다.

(2) 감정파탄을 인정하는 방법

1980년 혼인법은 이혼원인의 법정조건으로서 '감정이 확실히 파탄하였다'고 규정하고 있었지만, 부부감정의 파탄의 인정에 관하여 객관적·구체적인 기준이 필요하다고 하는 관점에서 1980년 혼인법 제25조의 규정을 구체화·규범화하기 위하여 최고인민법원은 다년간의 경험을 통하여 '감정파탄을 인정하는 방법'을 창조하여 종합분석과 구체적 이유를 서로 결합한 방법을 만들었다. 1989년

11월 21일에 이혼사유를 열거하는 〈인민법원의 이혼사건심리에 있어서 부부감정이 이미 확실히 파탄하였다는 것을 어떻게 인정할 것인지에 관한 약간의 구체적 의견〉(이하에서는 〈약간의 의견〉이라고 한다)을 반포한 것이 그것이다.[91] 이것이 바로 이른바 종합분석법인 것이다.

종합분석법은 조사·연구의 기초 위에서 분석·판단을 진행하는 것으로서 혼인관계에 따라서 다음 네 가지 방면에서 종합적인 평판과 고찰을 진행하는 방법이다. 첫째, 혼인의 기초를 본다. 둘째, 혼인 후의 감정을 본다. 셋째, 이혼의 원인을 본다. 넷째, 부부관계의 현상과 화해가능 여부를 본다.[92]

중국 최고인민법원에서는 종합분석법에 의하여 다음과 같은 사정이 있는 경우에는 부부감정이 확실히 파탄하였다고 인정할 수 있다는 해석을 하고 있다.

① 법에 의하여 혼인금지의 질병을 앓고 있는 때 또는 생리적 결함 및 그 밖의 원인에 의한 성교불능이며, 또 그것이 치유될 가망이 없는 때

② 혼인 전의 상호이해가 없는 경솔한 혼인이며, 혼인 후에도 부부의 감정이 쌓아 올려지지 않아 공동생활을 할 가망이 없는 때

③ 혼인 전에 정신병환자라는 것을 숨기고 혼인 후에도 치유하지 않은 때, 혼인 전에 상대방이 정신병환자라는 것을 알면서 혼인하였거나 일방이 혼인 후 정신병을 앓아 오랫동안 치유하여도 낫지 않은 때

④ 상대방을 속이거나 또는 혼인등기에 있어 허위로 결혼증을 사취한 때

⑤ 혼인등기 후 당사자 쌍방이 동거생활을 하지 않고 화합의 가망이 없는 때

⑥ 청부혼·매매혼이거나 혼인 후 곧바로 이혼을 청구하거나 또는 오랫동안 공동생활을 하였음에도 확실히 부부의 감정이 쌓아 올려지지 않은 때

⑦ 부부감정의 악화에 의한 별거가 3년 이상이며 확실히 화합의 가망이 없는 때 또는 이혼을 인정하지 않는 판결이 내려진 때로부터 별거가 1년 이상이며 서로 혼인의무를 이행하지 않고 있는 때

⑧ 타인과 간통·불법 동거하여 교육을 하여도 고쳐지지 않으며 무책의 상대방이 이혼소송을 제기한 때 또는 유책배우자가 이혼소송을 제기하고 상대방이 이혼에 응하지 않아 유책배우자가 비판교육·행정처분되거나 혹은 이혼을 인정하지 않는 판결이 내려진 후 유책배우자가 다시 이혼소송을 제기하여 확실히 화합의 가망이 없는 때

⑨ 중혼하여 상대방이 이혼소송을 제기한 때

⑩ 게으름·도박 등의 나쁜 버릇이 있으며 가정에 있어서 의무를 이행하지 않고 교육을 거쳐도 고쳐지지 않으며 공동생활의 가망이 없는 때

⑪ 법에 의하여 장기징역형을 부과 받고 있는 때 또는 당사자의 일방에 의한 위법·범죄행위에 의하여 부부의 감정이

중대하게 침해되고 있는 때

⑫ 행방불명이 2년 이상이며, 상대방이 이혼소송을 제기하고 찾아도 확실히 생사가 명확하지 않은 때

⑬ 상대방으로부터 학대·유기 당하거나 또는 상대방의 친족으로부터 학대받거나, 또는 상대방의 친족을 학대하여 교육을 거쳐도 고쳐지지 않으며 피해자 측이 용서하지 않은 때

등이다.

위와 같은 10여 년의 사법경험을 거친 결과 2001년 개정법(제32조 제3항)은 1980년 혼인법의 단점을 보완하기 위하여 주요한 내용들을 다섯 가지로 정리·유형화하여 예시하고 있다.[93] 첫째, 중혼 또는 배우자가 있거나 타인과 동거하는 경우, 둘째, 가정폭력을 휘두르거나 가족구성원을 학대·유기하는 경우, 셋째, 도박·마약 등 악습을 여러 차례 반복하고 고치지 않는 경우, 넷째, 감정의 불화로 인하여 별거한 지 만 2년이 된 경우, 다섯째, 기타 부부의 감정파탄을 초래한 상황 등이다. 그 밖에 동조 제4항은 일방이 실종선고를 받아서 다른 일방이 이혼소송을 제기한 경우에도 당연히 이혼을 허가하도록 규정하고 있다.[94]

[재판상 이혼사유]
○ 우리 민법은 제840조에서 '재판상 이혼원인'을 규정하고 있다.
－배우자에 부정한 행위가 있었을 때
－배우자가 악의로 다른 일방을 유기한 때

－배우자 또는 그 직계존속으로부터 심히 부당한 대우를 받았을 때
－자기의 직계존속이 배우자로부터 심히 부당한 대우를 받았을 때
－배우자의 생사가 3년 이상 분명하지 아니한 때
－기타 혼인을 계속하기 어려운 중대한 사유가 있을 때

5. 재판이혼의 특별규정

(1) 현역군인의 이혼에 관한 특별규정

혼인법 제33조는 1980년법 제26조[95]를 계승하여, 현역군인의 배우자가 이혼을 요구하는 경우에는 당해 군인의 동의가 없으면 이혼을 인정하지 아니한다. 이것은 1980년 이전의 구법에도 있었던 규정으로서 사회와 부대에 미치는 영향을 고려하여 현역군인의 혼인을 보호하는 데 그 입법목적이 있다. 그런데 2001년 개정법은 1980년 혼인법 제26조 본문을 약간 수정하여 그 후단에 '다만 군인인 일방이 중대한 과실이 있는 경우에는 제외한다'는 예외조항을 신설하였다는 점에서 차이가 있다.[96]

다만 부부 쌍방이 모두 군인인 경우 또는 군인인 배우자 쪽에서 군인이 아닌 배우자에게 이혼을 요구하는 경우에는 이 규정이 적용되지 않고, 일반 이혼사건으로 처리된다.[97]

(2) 임산부 등의 보호에 관한 특별규정

1980년법 제27조에 의하면 여자가 임신기간 중이거나 분만 후 1년 내인 경우에는 남자는 이혼소송을 제기할 수 없다. 다만 여자

쪽에서 이혼을 요구하거나 인민법원이 남자의 이혼청구를 확실히 수리할 필요가 있다고 인정하는 경우에는 그러하지 아니하였다.[98] 이는 임산부·태아 및 영아의 신체상·정신상의 건강을 보호하기 위하여 1980년 이전부터 구법 이래 규정하고 있던 내용이다.[99]

이러한 1980년 혼인법의 내용을 2001년 개정법은 약간 보충하였다. 즉 개정법 제34조는 '여자가 임신기간 중이거나 분만 후 1년 내인 경우에는 남자는 이혼소송을 제기할 수 없다'는 1980년 혼인법 제27조 제1문을 보충하여 '여자가 임신기간 중이거나 분만 후 1년 내인 경우 또는 임신 중지 후 6개월 이내에는 남자는 이혼소송을 제기할 수 없다'[100]라고 개정하여 1980년 혼인법에 비하여 임신한 여성에 대하여 더 두터운 보호를 하고 있다.

Ⅳ. 이혼과 부부관계의 변화

1. 이혼 효과 개설

이혼이란 혼인 당사자가 생존기간 중에 법이 정하는 조건과 절차에 따라 부부관계를 해소하는 일종의 법률행위이다. 이러한 이혼은 혼인 당사자의 신분관계를 해소할 뿐만 아니라 재산관계에 있어서도 일련의 법률효과를 야기하며, 또한 가족·자녀·사회 등에 대해서도 상당한 영향을 미치게 된다. 그렇기 때문에 이혼제도는 혼인가족법 중에서 중요한 위치를 차지하고 있으며 혼인가정제도 전체의 중요한 구성부분의 하나이다.

이처럼 이혼은 부부 사이의 신분관계와 재산관계를 소멸하게 하고, 자녀의 양육 등의 문제에 일정한 변화를 발생시킨다. 부부가 이혼하는 때에 부부 사이의 신분관계가 소멸되는 것을 제외하고도 부부공동재산의 분할, 채무상환, 곤란한 일방에 대한 경제적 방조 및 자녀의 양육 등의 문제가 처리되어야 한다. 이러한 문제들의 정확한 처리는 부녀와 아동의 보호와 당사자의 합법적인 권익 및 이혼분쟁의 원만한 처리에 대하여 중요한 의의가 있다.[101)]

이혼의 효과는 협의이혼 또는 재판이혼이 효력을 생긴 후에야 나타난다. 그러므로 이것은 장래에 발생하는 효력이며, 기왕에 소급하는 효력은 발생하지 아니한다. 이혼의 효력은 협의이혼에 있어서는 당사자가 이혼증을 영수한 날부터 생기고, 재판이혼에 있어서는 조정서 또는 판결서가 법률상 효력을 발생하는 날부터 발생한다.[102)]

그동안 중국법에서는 이혼의 효과와 관련하여 1980년 혼인법 제13조[103)]의 규정과 1996년 2월 5일의 〈최고인민법원이 이혼사건 심사에 있어서 공사사용, 차용에 관한 문제의 해답〉 및 1993년 11월 3일에 공포된 〈이혼사건심리에 있어서 재산분할문제 취급에 관한 약간의 구체적 의견〉에서, 재산관계에 있어서 이혼의 효과를 규정하고 있었다. 그 후 개정법은 1980년법 제13조를 대폭적으로 개정함으로써 이혼시 부부재산관계를 보다 구체적으로 구분하여 규정하고 있다(혼인법 제17조[104)]). 이 부분이 1980년 혼인법에 비하여 개정법에서 가장 많이 변화된 부분 중의 하나이다. 자세한 것은 다음에서 차례대로 살펴본다.

2. 혼인자유권의 회복

부부는 혼인관계가 해소된 후에 '부부'라고 부르던 것이 없어지고 서로 부나 처가 아닌 채로 상대하게 되며, 각자는 새롭게 독신이 되는 것이다. 또한 쌍방은 똑같이 결혼할 자격을 회복하여 재혼의 자유와 권리를 취득하였으므로 일방은 타방에 대하여 더 이상 간섭을 할 수 없게 된다. 협의이혼에 의해서 혼인자유권은 이혼증을 수령한 날부터 회복되고, 재판이혼에 의해서 혼인자유권은 인민법원의 조정서 또는 판결서가 효력이 생긴 날부터 회복된다. 1심법원의 판결에 불복하여 일방이 상급법원에 상소를 제기한 경우에는 원심법원에서 작성한 이혼판결은 전혀 효력이 생기지 아니한다. 따라서 쌍방은 이 기간 동안은 모두 재혼할 수 없으며, 그렇지 아니하고 재혼할 경우에는 중혼이 된다. 2심법원이 원심법원의 판결을 유지하여 이혼을 허가하는 경우에는 당사자는 종심판결 후에야 비로소 재혼의 자유와 권리를 취득하게 된다. 만일 2심법원에서 이혼을 허가하지 아니한다는 판결을 내린 경우에는 당사자 사이에는 혼인관계가 여전히 존재하게 되며, 쌍방은 똑같이 다시 결혼할 수가 없다.[105)]

3. 부부 사이 부양의무의 종료

2001년 개정 혼인법 제20조[106)]는 '부부는 서로 부양할 의무가 있다. 일방이 부양의무를 이행하지 않을 경우, 상대방에게 부양에 필요한 비용을 요구할 권리가 있다'고 규정하고 있다. 그렇지만 이혼 후에는 부부관계가 존재하지 아니하게 되므로 제20조의 부양의무 역시 자연히 종료하게 된다.[107] 따라서 이혼한 남녀 어느 일방도 상대방에 대해서 부양을 요구할 권리는 더 이상 없게 되고, 또한 어떠한 일방도 상대방에 대한 부양의무를 더 이상 부담하지 아니하게 된다.[108]

1980년 혼인법은 제33조[109]에서 이혼할 때에 생활이 곤란한 일방에 대하여 경제적 원조를 주도록 규정하고, 그 구체적인 방법은 쌍방의 협의에 의하고, 협의가 성립되지 아니하는 경우에는 인민법원의 판결에 의하도록 규정하고 있었다. 다만 여기서 말하는 '경제적 원조'는 부양의무는 전혀 아니며, 일정한 조건성과 시효성을 가지는 것으로 보았다.[110] 이에 비하여 2001년 개정법은 1980년 혼인법 제33조의 제1문을 약간 수정하였다. 즉 1980년법은 이혼시 일방이 생활이 곤란한 경우에 단순히 '다른 일방은 적당한 경제적 원조를 하여야 한다'고 규정하였으나, 2001년 개정법은 경제적 부양의 정도에 관하여 '다른 일방은 마땅히 주택 등 개인재산 중에서 적당한 경제적 원조를 하여야 한다'[111]고 하여 경제적 부양의 기초가 되는 재산을 보다 구체화하고 있다.

4. 법정상속인의 자격상실

중국의 혼인법[112]과 상속법[113]은 모두 부부의 상속권에 관한 규정을 두고 있다. 이러한 상속권은 부부라는 신분관계의 존재에 기초하여 발생한다. 그렇기 때문에 이혼 후의 남녀에게는 서로 상

대방의 유산에 대하여 상속할 수 있는 권리가 더 이상 있지 아니하게 되는 것이다.[114)]

5. 인척관계의 소멸

혼인관계로 인하여 인척관계가 생기게 되므로 마땅히 혼인관계가 종료한 때에는 그에 따라 인척관계도 소멸하게 된다. 이것은 배우자의 일방이 사망한 때에는 인척관계가 전혀 소멸하지 아니한다는 점에서 서로 다르다. 상속법 제12조[115)]는 '배우자를 잃은 며느리가 시아버지 · 시어머니에 대해, 배우자를 잃은 사위가 장인 · 장모에 대해 주요 부양의무를 다한 경우, 제1순위의 상속인으로 한다'고 규정하고 있다. 분명히 이 규정은 배우자 일방이 사망한 후에도 생존한 상대방과 사망한 배우자의 직계인척 사이에 인척관계가 해소되지 아니하고 유지된다는 것을 강조한 것이다.[116)]

V. 이혼과 부부재산관계의 변화

1. 이혼시 재산분할의 기본원칙

이혼할 때에 부부공유재산은 부부 쌍방이 협의하여 이를 처리한다.[117)] 만일 협의가 이루어지지 않는 경우에는 법원이 재산의 구체적 상황에 따라서 부부공유재산의 범위를 정확히 확정하여야 한다.

2001년 개정 혼인법 제39조의 규정에 따르면 부부공동재산의

분할은 당연히 다음과 같은 원칙에 따라서 이루어져야 한다.[118]

첫째, 남녀평등의 원칙이다. 이혼시 재산분할은 한편으론 부부가 현재 소유하고 있는 공동재산을 합리적으로 분할하는 것이고, 다른 한편으론 부부의 경제적 이익을 청산하여야 하는 것이다.[119] 그러므로 부부는 공동재산에 대하여 평등한 소유권을 가지며, 이혼시에 어느 일방이라도 공동재산에 대하여 평등하게 분할할 권리를 가지고 있다. 이른바 '재산은 손에 쥔 자의 소유에 속한다'라는 처리방법은 일방 당사자의 합법적인 권리를 침해하는 것이며, 또한 평등분할의 원칙에도 위배되는 것이다.

둘째, 부녀 및 자녀의 이익을 배려하는 원칙이다. '남녀가 평등하다'는 것은 부부가 공동재산에 대하여 평등한 분할권을 가진다는 의미로서 단지 재산에 대한 평균적인 분배를 뜻하는 것이 아니라 재산권의 평등을 가리키는 것이다. 부부의 공동재산을 분할할 때에는 부녀 및 자녀의 권익을 고려하여야 한다는 원칙은 부녀자와 아동의 합법적인 권익을 보호한다는 원칙을 구체적으로 구현하는 것이다. 재산을 분할할 때에 부녀 및 자녀의 이익을 고려함으로써 그들의 경제적인 문제가 이혼의 권리를 행사하는 데 영향을 주지 않도록 하고, 이혼 후에 그들의 생활수준이 떨어지거나 생활에 곤란을 겪지 않도록 하는 것이다. 또한 이혼 후에도 자녀가 건강하게 성장할 수 있는 데 필요한 물질적인 요구를 보장하는 것이다.[120]

셋째, 생활과 생활수요에 유리하게 하는 원칙이다. 이것은 이혼을 하는 경우 부부공동재산의 분할이 경제적 발전에 유리하고 재산의 경제적 이익을 최대한 발휘하도록 하기 위한 것이다.[121] 생산자료 또는 일방이 종사하는 직업소의 필수적 공구, 도서자료 등은 그것을 필요로 하는 일방에게 나눠주어야 하며, 경제적 가치가 있는 기념물을 포함한 특정물은 분할하지 아니하고 재산의 출처에 근거하여 획득자 일방에게 나눠줄 수 있다. 당해 연도에 수익이 없는 과수업, 양식업의 경우에는 계속 경영하는 일방에게 나눠주어야 하며, 이러한 재산을 분할받지 못하는 타방에게는 다른 재산을 나눠주거나 가액으로 보상할 수 있다.

넷째, 과실 없는 일방을 배려하는 원칙이다. 일방의 잘못으로 인하여 이혼이 야기된 경우에는 혼인의무를 위반하여 부부관계를 파괴하는 행위(간통, 타인과 동거, 중혼, 가정폭력, 학대와 유기 등)를 한 일방보다 과실이 없는 상대방이 받은 정신적 침해와 고통을 고려하여 공동재산을 더 많이 분배하도록 함으로써 법률적인 공평과 정의를 구현하고자 하는 것이다.[122]

다섯째, 국가·단체와 타인의 이익에 손해를 주지 아니하는 원칙이다. 이혼재산을 처리할 때에 국가·단체와 타인의 소유재산인지 파악이 불가능한 경우에는 부부의 공동재산으로 간주하여 분할한다. 공유재산은 먼저 부부가 공유하는 몫을 분석한 후 분할을 진행하되 부부의 재산분할이 타인의 이익을 침해해서는 아니된다.[123]

2. 재산분할의 방법

구두 또는 서면으로 작성된 특별한 약정이 없는 한 부부의 공동재산은 원칙적으로 균등하게 분할한다. 그 구체적인 분할방법으로는 현물분할,[124] 가액분할[125], 가격보상[126] 등이 있다.[127]

부부공동재산을 분할하는 때에는 인민법원은 당연히 조정을 진행하여 쌍방의 협의에 따라 해결한다. 다만 조정은 반드시 합법적이어야 하며 자원(自願)의 원칙을 따라야 한다. 조정이 무효로 된 때에는 법원은 공동재산의 상황, 당사자가 결혼한 시간의 장단, 생산·생활의 실제수요와 재산의 출처 등의 정황에 따라서 위에서 말한 방법으로 판결을 진행한다.[128]

공동재산의 분할에 관한 구체적인 방법으로는 ① 균등분할한다. ② 부부가 각자 따로 관리·사용하는 공동재산은 분할 당시의 관리·사용자의 소유로 한다. ③ 법률혼을 하였으나 공동생활을 하지 않는 경우 혼인 당시 받은 예금, 예물은 재산의 출처, 수량 등을 고려하여 정황에 따라 합리적으로 분할한다.[129] ④ 부부 일방이 원래 군인이었던 경우 제대할 때 받은 제대비 등은 혼인관계의 존속기간에 따른 연 평균치로 계산하여 공동재산을 분할한다. ⑤ 부부공동재산을 주식, 채권, 증권 등에 투자한 경우 분할협상이 성립하지 아니하거나 재산의 분배가 곤란한 때에는 수량에 비례하여 분배할 수 있다. ⑥ 이혼 당시 아직 일방이 취득하지 아니한 경제적 이익이나 지식재산권은 그 일방의 소유에 속한다 등의 세부적인 분할규칙을 두고 있다.[130]

[이혼시 재산분할]

○ 우리 민법은 제839조의2에서 '협의상 이혼한 자의 일방은 다른 일방에 대하여 재산분할을 청구할 수 있다.'고 규정하고 재판상 이혼에도 준용하고 있다(제843조).

○ 대법원 2010. 4. 15. 선고 2009므4297 판결: 재판상 이혼시의 재산분할에 있어 분할의 대상이 되는 재산과 그 액수는 이혼소송의 사실심 변론종결일을 기준으로 하여 정하여야 하므로, 법원은 변론종결일까지 기록에 나타난 객관적인 자료에 의하여 개개의 공동재산의 가액을 정하여야 한다. 재산분할의 대상이 되는 분양권 매도대금을 형성하는데 필수적으로 지출되는 비용인 '양도소득세 및 주민세'가 청산의 대상이 된다.

○ 대법원 2006. 6. 29. 선고 2005다73105 판결: 이혼에 따른 재산분할을 함에 있어 혼인중 형성한 재산의 청산적 요소와 이혼 후의 부양적 요소 외에 정신적 손해(위자료)를 배상하기 위한 급부로서의 성질까지 포함하여 분할할 수 있는 것이다.

3. 공동재산분할의 구체적인 문제

중국 혼인법은, 2011년 공표된 〈혼인법 사법해석3〉에서는 이혼시 부부재산분할에 관한 몇 가지 구체적인 문제에 대하여 방향을 제시하고 있는데 아래에서 살펴본다.

(1) 혼인 후 일방의 개인재산에서 발생한 과실 등의 귀속

혼인 후 부부 일방의 개인재산으로부터 생긴 이익에는 과실, 투자경영수익, 부가가치 등이 포함된다. 혼인관계가 존속하는 동안 취득한 생산·경영 수익과 지식재산의 수익은 부부의 공동소유이다(제17조 제1항). 그동안 〈혼인법 사법해석2〉에서 부부의 개인재산이 혼인관계가 존속하는 동안에 투자를 통하여 취득한 수익은 부부공동재산으로 간주한다는 명확한 규정을 두었지만, 과실과 자연증가한 재산의 귀속에 관해서는 명확한 규정이 없었다(동 해석 제11조). 이에 대하여 2011년 〈혼인법 사법해석3〉에서는 혼인 후 부부일방의 개인재산으로부터 생긴 과실[131]과 자연증가[132] 이외의 수익은 부부공동재산으로 한다고 분명하게 규정하고 있다(동 해석 제5조).

(2) 혼인 후 부모가 자녀를 위해 출자하여 구매한 부동산의 소유

혼인 후 제3자가 부부 일방에게 재산을 증여한 경우 증여자가 그 재산이 어느 일방의 소유라고 명시하지 아니한 때에는 부부의 공동재산으로 간주한다(혼인법 제17조, 제18조 참조). 최근 중국에서는 부모가 자녀를 위하여 출자하여 부동산을 구매하는 경우가 보편적인 현상이지만 부동산의 구입과정에서 부모와 자녀 사이에 어떠한 서면협의도 체결하지 않으며, 부동산의 귀속에 대해서도 명확하게 의사표시를 하지 않는 것이 일반적이다. 이 경우 부동산을 예외 없이 모두 부부공동재산으로 인정한다면 부모의 원래의 뜻에 반하는 것으로서 실질적으로 출자한 부모의 이익을 침해하게 되므로 사법해석을 통해 그 부동산의 권리관계를 명확하게 할 필요가 생겼다.

〈혼인법 사법해석3〉 제7조[133]에 의하면, 혼인 후 부모 일방이 출자하여 구매한 부동산의 소유자를 출자자 자녀의 이름으로 등기한 경우에는 혼인법 제18조 제3항의 규정에 따라 자기의 자녀 일방에 대한 증여로 보며, 그 부동산[134)]은 부부 일방의 개인재산으로 인정된다.[135)] 부모 쌍방이 출자하여 구매한 부동산의 소유자를 자녀 일방의 이름으로 등기한 경우에는 부모 쌍방의 출자비율에 따라 부부의 공동소유로 하며,[136)] 다만 당사자 사이에 특별한 약정이 있는 경우에는 그에 의한다.

(3) 부부 일방이 혼인 전 대출받아 구매한 부동산의 소유

중국에서도 최근 담보대출을 받아 부동산을 구매하는 것이 보편화되고 있다. 따라서 혼인 전 일방의 명의로 매매계약을 체결하고 은행으로부터 담보대출을 받고, 혼인 후 부부공동재산으로 대출금을 상환해 온 부동산의 분할은 이혼 사건에서 주요 쟁점으로 되고 있는데, 이 부동산을 단독소유로 인정할 것인지 부부공동소유로 인정할 것인지 여부와 공동재산으로 상환한 대출금의 처리가 문제되고 있다.[137)]

〈혼인법 사법해석3〉 제10조[138)]에 의하면, 혼인 전 부부 일방이 부동산 매매계약을 체결하고 개인재산으로 첫 지불금을 지불하며 은행대출을 받아서 혼인 후 부부공동재산으로 대출금을 상환하고 첫 지불금의 지불자 명의로 부동산등기를 한 경우에는 그 부동산은 이혼시 쌍방의 약정에 따라 처리한다.[139)] 만일 이 규정에 따른 합의를 할 수 없는 때에는 법원은 그 부동산을 부동산등기자의 소유로 판결하고, 미상환 대출금은 부동산등기자인 일방의 개인채무로 할 수 있다.[140)] 쌍방이 혼인 후에 공동으로 상환한 대출금[141)]과 그에 상응하는 재산의 증가부분은 혼인법 제39조 제1항[142)]에서

규정한 원칙에 따라 부동산등기자인 일방이 다른 일방에게 보상하여야 한다.[143)]

Ⅵ. 채무의 변제

1. 부부공동채무의 변제

1980년 혼인법은 '이혼시에 부부 공동생활로 인하여 얻은 채무는 공동재산으로 변제한다. 만일 해당 재산이 채무변제에 부족한 때는 쌍방의 협의로 채무를 변제한다. 협의가 성립되지 않을 때는 인민법원이 판결한다'고 규정하였다.[144)]

그런데 2001년 혼인법은 이를 약간 수정하였다. 즉 '부부의 공동생활을 위하여 부담한 채무는 공동으로 변제한다. 만일 변제하여야 할 재산이 부족한 때에는 쌍방의 협의로 변제한다'를 '… 채무는 당연히 공동으로 변제하여야 한다. 공동재산이 채무변제에 부족한 경우 또는 재산이 각자의 소유에 속하는 경우에는 쌍방의 협의로 채무를 변제한다'[145)]로 개정하였다. 혼인법은 이혼시 부부의 공동채무의 변제에 관한 일반규정으로서 공동재산이 채무변제에 부족하거나 재산이 일방의 소유에 속하는 경우에는 쌍방의 협의에 따라 변제하고, 협의가 성립하지 못한 경우에는 법원의 판결에 의하도록 규정하고 있다(제41조).[146)]

여기서 '부부의 공동생활을 위하여 부담한 채무'란 부부가 공동생활을 위하여 부담한 채무와 부부의 공동생산·경영을 위하여 부담한 채무를 가리킨다. 부부공동생활을 위하여 부담한 채무에는 생활용품구매, 건강유지, 주택구매를 위하여 부담한 채무, 자녀나 노인을 부양 또는 치료하기 위하여 진 채무, 쌍방의 동의에 따른 문화교육이나 오락 · 체육활동을 위하여 진 채무를 포함하고, 기타 일상생활에서 발생한 채무도 공동부담해야 할 채무이다.[147] 혼인 전에 일방이 주택 등의 재물을 구매하기 위하여 금전을 차용하면서 이미 부부공동재산으로 하기로 약정한 경우에는 재물을 구매하기 위하여 빌린 금전 역시 부부의 공동채무로 보아야 한다. 부부의 공동생산 · 경영을 위하여 부담한 채무는 쌍방이 공동으로 종사하는 공상업 또는 농촌도급경영을 위하여 부담한 채무, 생산자재를 구매하기 위하여 부담한 채무, 공동으로 투자 또는 기타 금융활동에 종사하면서 부담한 채무 등이다. 쌍방의 동의를 거쳐서 일방이 경영하고 그 수입을 공동생활에 사용한 경우 그 채무 또한 부부의 공동채무이다.

부부의 공동채무는 공동재산으로써 우선변제하여야 하며, 공동채무를 변제하기 전에는 공동재산을 먼저 분할할 수 없다. 부부공동생활 중에 부담한 채무는 무한연대책임으로서 공동재산이 채무변제에 부족한 때에는 개인재산으로 변제하여야 한다. 이 경우 변제방법은 쌍방이 협의[148]로 정하고, 협의가 성립하지 않은 때에는 법원의 판결에 의한다. 만일 부부가 별산제를 택하고 있는 경우라도 쌍방이 부부의 공동재산으로 변제하여야 한다. 법원은 채무의 구체적인 정황, 쌍방의 변제능력을 고려하여야 하고, 아울러 부부와 자녀의 합법적인 이익을 고려하여야 한다.

공동채무의 변제와 관련하여 〈혼인법 사법해석2〉에서는 채권자와 이혼 당사자의 합법적인 권익을 보호하기 위하여 특별규정을 두고 있다. 이혼의 협의 또는 법원의 판결 등에서 이미 부부재산분할문제에 대하여 처리를 구체적으로 정하고 있는 경우에도 채권자는 여전히 남녀 쌍방에게 공동채무에 대한 권리를 주장할 수 있다. 예컨대 일방이 공동채무를 연대책임지기로 한 후에도 이혼협의 또는 판결 등을 기초로 하여 다른 일방에게 변제를 청구할 수 있다.[149)]

[이혼시 채무의 처리]

○ 우리 민법은 명문의 규정을 두고 있지는 않다.

○ 대법원 2006. 9. 14. 선고 2005다74900 판결: 현행 부부재산제도는 부부별산제를 기본으로 하고 있어 부부 각자의 채무는 각자가 부담하는 것이 원칙이므로 부부가 이혼하는 경우 일방이 혼인 중 제3자에게 부담한 채무는 일상가사에 관한 것 이외에는 원칙적으로 그 개인의 채무로서 청산의 대상이 되지 않으나 그것이 공동재산의 형성·유지에 수반하여 부담한 채무인 때에는 청산의 대상이 되며, 그 채무로 인하여 취득한 특정 적극재산이 남아있지 않더라도 그 채무부담행위가 부부 공동의 이익을 위한 것으로 인정될 때에는 혼인 중의 공동재산의 형성·유지에 수반하는 것으로 보아 청산의 대상이 된다.

○ 대법원 2013. 6. 20. 선고 2010므4071, 2010므4088 전원합의체 판결: 부부가 이혼할 때 쌍방의 소극재산 총액이 적극재산 총액을 초과하여 재산분할을 한 결과가 결국 채무의 분담을 정하는 것이 되는 경우에도 재산분할 청구를 받아들일 수 있다.

2. 개인채무의 변제

부 또는 처의 개인채무는 일방이 공동생활과 무관하게 개인적인 필요에 의하여 부담한 채무를 가리키는 것으로서, 각자 혼인 전에 부담한 채무, 개인이 부담하기로 쌍방이 약정한 채무, 일방이 상대방의 동의 없이 부양의무 없는 친지나 친구를 돕기 위하여 부담한 채무, 일방의 동의 없이 독자적으로 경영활동에 종사하고 그 수입이 공동생활에 사용되지 않고 부담한 채무 등이 해당된다.[150)]

1980년 혼인법은 부부의 일방이 단독으로 진 채무는 그 자가 변제하도록 명문으로 규정하였다.[151)] 그러므로 개인이 부담한 채무[152)]는 개인이 책임져야 하는 것이었다. 2001년 혼인법은 이 부분을 삭제하였으나 그 결과에 차이는 없다. 개인채무는 개인재산으로 변제하여야 하며, 타방은 연대책임을 지지 않는 한 변제의무가 없다. 다만 스스로 변제에 협력하는 것까지 법률에서 금지하고 있지는 않다.[153)]

3. 이혼 후 배우자 부양

이혼 후의 상대방에 대한 부양에 관하여 1980년 혼인법은 '이혼시 만약 일방의 생활이 어려울 경우, 다른 일방은 반드시 적당한 경제적 도움을 주어야 한다'고 규정하였다.[154)] 또한 부양의 구체적인 방법은 '쌍방의 협의로 결정하며, 협의가 성립되지 아니할 때는 인민법원이 판결'하도록 하였다. 이 규정은 이혼의 자유를 실질적으로 보장하는 데 그 의의가 있었다.[155] 즉 중국의 경우 아직까지 남녀의 경제력에는 격차가 있는 형편이므로 이 규정의 목적은 주로 여성의 이익을 보호하는 데 있다고 할 것이다. 다만 이러한 부양은 부부 사이의 부양과 완전히 동일한 것이 아니라 조건부이며, 이전의 혼인관계로부터 파생하는 책임인 것이다.[156]

이 경우 요부양자가 부양을 받을 수 있는 구체적인 요건은 다음과 같다.[157]

첫째, 일방이 반드시 생활이 곤란하여야 한다. 이른바 '생활의 곤란'은 노동능력이 없는 경우, 생활근원이 없거나 생활부족이 계속되는 경우를 포괄하는 의미이다.

둘째, 부양은 이혼한 때에 한한다. 이혼할 때에는 곤란하지 아니하였으나 이혼한 후에 곤란하게 된 경우에는 부양하지 아니하여도 된다.

셋째, 부양의무자가 부담능력이 있어야 한다. 부담능력이 없는 경우에는 부양하지 아니할 수 있다.[158]

넷째, 요부양자가 아직 재혼하지 아니하였어야 한다.[159]

Ⅶ. 이혼 후 자녀양육과 교육문제

1. 이혼 후 부모자녀관계

이 문제와 관련해서 1980년 혼인법[160]은 '부모와 자녀 사이의 관계는 부모의 이혼에 의하여 소실하지 않는다. 이혼 후 부 또는 모 중에서 누가 양육할 것인가와 관계없이 자녀는 여전히 부모 쌍방의 자녀이다'라고 규정하였다. 따라서 부부가 이혼을 하더라도 부모와 자녀의 관계는 변화가 없었다.

한편 부부관계와 부모자녀관계는 성질이 같지 아니하다. 부모자녀관계는 출생의 사실에 기초를 두고 형성된 자연혈족관계이며, 법정혈족관계인 입양관계를 제외하고는 해소할 수 없다. 그러므로 부모가 이혼한 후에도 자녀에 대한 권리의무는 여전히 존재한다고 분명하게 규정하고 있다.[161] 따라서 자녀가 누구와 생활하는가를 따지지 아니하고 여전히 부모 쌍방의 자녀인 것이다.[162] 개정법은 이 문제에 대하여 1980년 혼인법 제1항의 표현을 약간 수정하였을 뿐 그 내용에 있어서는 동일성을 유지하고 있다.[163] 그러므로 친자 사이의 권리의무관계에 관한 2001년 개정 혼인법 제21조[164] · 제23조[165] · 제24조[166]의 규정은 이혼 후에도 여전히 적용된다.[167]

또한 계부모와 부양관계가 형성된 계자녀 사이의 권리의무도 없어지는 것이 아니라 마땅히 구체적인 정황을 살펴서 결정하여야 한다.[168]

2. 이혼 후 자녀양육자와 그 변경

이혼 후 자녀를 누가 양육할 것인가에 대하여 2001년 개정 혼인법은 제36조(1980년법 제29조)에 관련규정을 두어 분명히 하고 있다. 즉 동조 제2항과 제3항에서 '이혼 후 수유기간의 자녀는, 모친이 양육하는 것을 원칙으로 한다. 다만 수유기간을 넘은 자녀에 대한 쌍방의 양육문제와 관련된 분쟁이 협의를 이루지 못한 경우에는 인민법원이 자녀의 권리와 쌍방의 구체적 상황에 근거하여 판결'하도록 명문의 규정을 두고 있다.[169)]

한편 최고인민법원은 이혼 후의 자녀의 양육문제를 적절히 처리하기 위하여 1993년 11월 3일에 〈이혼사건심리에 있어서 자녀의 양육문제 취급에 관한 약간의 구체적 의견〉(이하 〈구체적인 의견〉이라고 한다)을 공표하여 이 문제의 취급기준에 관하여 구체적인 규정을 마련한 바 있다.[170)]

위 규정에 따라 자녀를 양육하는 자를 정한다면 대체로 다음 3가지로 구별된다.

첫째, 수유기간 중인 자녀는 모가 양육한다. 다만 모에게 양육능력이 없거나 혹은 모를 따르는 것이 자녀에게 있어 불리하다고 인정될 만한 특별한 사정이 있는 경우에는 부가 양육할 수 있도록 변경하는 것을 고려할 수 있다.

둘째, 수유기간 후의 자녀를 누가 양육할 것인가의 문제는 부모 쌍방이 협의하여 확정하여야 한다. 만일 협의가 성립하지 않는 경우에는 법원이 자녀의 권리·권익 및 부모의 사정에 기초하여 판결한다. 이때 자녀가 식별능력을 가지고 있는 경우라면 자녀 본인의 의견을 구할 필요가 있다.

[이혼시 미성년 자녀의 양육자 결정]

○ 우리 민법 제837조에 의하면 이혼 당사자는 '양육자의 결정'에 관한 협의를 하여야 한다.

○ 대법원 2015. 6. 23. 선고 2013므2397 판결: 재판상 이혼의 경우

에 당사자의 청구가 없다 하더라도 법원은 직권으로 미성년자인 자녀에 대한 친권자 및 양육자를 정하여야 한다.

○ 대법원 2013. 12. 26. 선고 2013므3383, 3390 판결: 부모가 이혼하는 경우에 미성년인 자의 양육자를 정할 때에는, 미성년인 자의 성별과 연령, 그에 대한 부모의 애정과 양육의사의 유무는 물론, 양육에 필요한 경제적 능력의 유무, 부와 모가 제공하려는 양육방식의 내용과 합리성·적합성 및 상호간의 조화 가능성, 부 또는 모와 미성년인 자 사이의 친밀도, 미성년인 자의 의사 등의 모든 요소를 종합적으로 고려하여, 미성년인 자의 성장과 복지에 가장 도움이 되고 적합한 방향으로 판단하여야 한다.

3. 이혼 후 자녀양육비의 부담과 변경

(1) 자녀양육비의 부담

2001년 개정 혼인법 제37조 제1항은 '이혼 후 일방이 부양할 자녀에 대하여 다른 일방은 필요한 생활비 및 교육비의 일부 또는 전부를 부담하며, 부담할 비용의 액수 및 그 기간의 장단에 관해서는 부모 쌍방이 협의한다. 협의가 이루어지지 아니하는 경우에는 인민법원이 판결'하도록 규정하고 있다.[171] 나아가 동조 제3항은 자녀가 필요한 때에는 부모의 어느 일방에 대하여 협의 또는 판결로 정한 액수를 넘는 합리적 청구를 할 수 있으며, 협의 또는 판결을 변경할 수 있도록 규정하고 있다.[172] 앞에서 설명한 1993년의 〈구체적 의견〉은 이 점에 관해서도 상세하고도 명확한 해석의 지침을 제시하고 있다.[173]

(2) 자녀양육비의 변경

이혼할 때에 결정된 자녀양육에 관한 협의나 판결은 전혀 절대적이거나 불가변적인 것은 아니다. 따라서 자녀를 양육하다가도 객관적인 변화요건이 있으면 부모의 일방이나 자녀의 청구에 의하여 양육비의 액수를 변경할 수 있다.[174] 여기서 '자녀양육비의 변경'이란 양육비의 증가, 감소 또는 면제를 포괄하는 의미이다.[175]

인민법원은 자녀양육관계의 변경을 요구하는 청구에 대하여 자녀의 심신건강에 유리하고, 또한 자녀의 합법적 권익을 보장하는 방향으로 결정하여야 한다.[176]

1) 혼인법 제38조 : ① 이혼 후 직접적으로 자녀를 부양하지 않는 부 혹은 모는 자녀를 만날 권리를 가지며, 다른 일방은 협조의 의무를 갖는다. ② 자녀를 만나는 권리를 행사하는 방식과 시간은 당사자가 협의하며, 합의에 이르지 못하는 경우 인민법원이 판결한다. ③ 부 또는 모가 자녀를 만나는 것이 자녀의 심신건강에 이롭지 못한 경우 인민법원은 법에 의거하여 만남의 권리를 중지한다. 중지의 사유가 소멸된 후 만남의 권리는 응당 회복된다.

2) 혼인법 제40조 : 부부가 혼인관계가 지속되는 동안 취득한 재산을 각자의 재산으로 한다고 서면 약정한 경우, 일방이 자녀양육과 노인부양 및 다른 일방에의 업무협조 등으로 인하여 비교적 많은 의무를 지게 되는 경우, 이혼할 때 다른 일방에게 보상을 청구할 권리가 있으며, 다른 일방은 마땅히 보상하여야 한다. 이것은 재산분할과는 별개의 문제로서 구상권의 일종으로 보이나 우리 민법에서는 명문으로 규정하고 있지 아니하다.

3) 1980년법 제26조 : 現役軍人的配偶要求離婚, 須得軍人同意.

4) 혼인법 제33조 : 현역군인의 배우자의 이혼요구는 반드시 군인의 동의를 필요로 하며, 다만 군인인 일방에게 중대한 잘못이 있는 경우는 제외한다.

5) 혼인법 제39조 제2항 : 부(夫) 또는 처(妻)가 가정 토지청부경영에 있어서 향유한 권익 등은 법에 의하여 보호되어야 한다.

6) 馬原, 新婚姻法詮釋與案例評釋(人民法院出版社, 2002), 151면.

7) 혼인법 제31조 제1항, 제2항 : ① 남녀 쌍방이 스스로 원하여 이혼을 하는 경우 이혼을 허락한다. ② 쌍방은 반드시 혼인등기기관으로 가서 이혼을 신청해야 한다.

8) 1980년법 제24조 : 男女雙方自願離婚的, 准予離婚. 雙方須到婚姻登錄機關申淸離婚. 婚姻登錄機關查明雙方確實是自願併對子女和財産問題已有適當處理時, 應卽發給離婚證.

9) 중국에서는 협의이혼을 '登記離婚'(夏吟蘭, 婚姻家庭與繼承法學原理(中國政法大學出版社, 1999), 177면; 教育部高等教育司組, 婚姻家庭繼承法(法律出版社, 1999), 211면; 馬原, 新婚姻法條文釋義, 207면; 馬憶南, 婚姻家庭法新論(北京大學出版社, 2002), 256면)이나 '兩願離婚'(夏吟蘭, 앞의 책, 178면), '離婚登記'(卓冬青, 現代婚姻 · 家庭法律自助讀本(廣東旅遊出版社, 1999), 66면) 또는 '雙方自願離婚' 등 여러 가지로 부르고 있다(馬憶南, 앞의 책, 253면).

10) 夏吟蘭, 앞의 책, 178면.

11) 혼인법 제31조 제3문 : ③ 혼인등기기관은 쌍방이 확실하게 스스로 원하며 자녀와 재산문제가 이미 합당히 처리된 것을 확인하는 때에 이혼증을 발급

한다. 제31조는 1980년 혼인법 제24조로서 제1문은 내용이 그대로인데 비하여 제2문과 제3문은 표현상 약간 개정되었다.

12) 婚姻登記管理條例는 1994년 1월 12일 국무원에서 비준되어 1994년 2월 1일 민정부령 제1호로 발포된 것으로 모두 6개 장 34개 조문으로 구성된 것이다.

13) 혼인등기관리기관은 혼인등기조례 제5조에 의하면 도시의 경우, 가도(街道)사무소나 시할시(市轄市) 또는 구(區)가 건설되어 있지 않은 시의 인민정부 민정부서를 말하며, 농촌의 경우, 향 · 민족향 · 읍의 인민정부가 이에 해당된다. 이하에서는 '혼인등기기관'이라고 한다.

14) 이에 관하여 혼인등기조례에서 거듭 명확히 하여 구체적인 요구를 하고 있다. 이러한 요구가 집중적으로 제기된 것은 주로 두 가지 경우이다. 첫째는 협의이혼허가등기의 실질적 요건이고, 둘째는 협의이혼의 등기절차이다(馬憶南, 앞의 책, 256면).

15) 馬憶南, 앞의 책, 256면; 馬原, 新婚姻法條文釋義, 208면.

16) 동조 제4호 : 未辦理過結婚登記的.

17) 혼인법 제8조 : 要求結婚的男女雙方必須親自到婚姻登記機關進行結婚登記. 符合本法規定的, 予以登記, 發給結婚證. 取得結婚證, 即確立夫妻關系. 未辦理結婚登記的, 應當補辦登記. 이 조문은 1980년 혼인법에서는 제7조에서 "要求結婚的男女雙方必須親自到婚姻登記機關進行結婚登記. 符合本法規定的, 予以登記, 予以結婚證, 取得結婚證, 卽確立夫妻關系"라고 규정하던 것이다.

18) 夏吟蘭, 앞의 책, 178면; 教育部高等教育司組, 앞의 책, 212면; 楊大文, 婚姻法學(北京大學出版社, 1999), 167면; 張海尙, 婚姻法實用讀本(中國法制出版社, 1999), 238면; 陳智慧 · 李學蘭, 婚姻, 收養, 監護與繼承(復旦大學出版社, 1997), 143면.

19) 夏吟蘭, 앞의 책, 178면; 馬憶南, 앞의 책, 256면; 馬原, 新婚姻法條文釋義, 208면.

20) 夏吟蘭, 앞의 책, 178면; 앞의 책, 前掲書, 68면; 教育部高等教育司組, 앞의 책, 211면; 楊大文, 婚姻法學, 166면; 陳智慧 · 李學蘭, 앞의 책, 142면; 馬原, 新婚姻法詮釋, 152면; 馬原, 新婚姻法條文釋義, 208면; 馬憶南, 앞의 책, 256면.

21) 婚姻登記管理條例는 제18조 제3호에서 이혼등기를 신청한 당사자가 '당사자 일방 또는 쌍방의 민사행위능력에 문제가 있거나 또는 민사행위능력이 없는 경우'에는 혼인등기기관은 이를 등기하지 않는다고 규정하고 있다.

22) 그러므로 혼인등기관리기관은 이혼신청이 접수된 경우 반드시 먼저 쌍방의 부부관계를 확인하여야 하며, '결혼증' 또는 '부부관계증명서'가 없어서 그것이 합법적인 혼인관계라는 것을 증명할 수 없는 경우에는 이혼절차를 진

행할 수 없다(馬原, 新婚姻法條文釋義, 208면).

23) 馬原, 新婚姻法條文釋義, 208~209면; 馬原, 新婚姻法詮釋, 152면; 馬憶南, 앞의 책, 256면.

24) 이에 관해서 혼인등기조례는 제18조 제1호에서 일방에 의한 이혼요구를 허용하지 않는다는 것을 분명하게 규정하고 있다.

25) 馬原, 新婚姻法條文釋義, 209면.

26) 夏吟蘭, 앞의 책, 178면; 教育部高等教育司組, 앞의 책, 211면; 楊大文, 婚姻法學, 166면; 馬原, 新婚姻法詮釋, 152면; 馬憶南, 앞의 책, 256면.

27) 馬原, 新婚姻法條文釋義, 209면.

28) 동법 제15조 : 離婚協議書應當寫明雙方當事人的離婚意思表示, 子女扶養, 夫妻一方生活困難的經濟幫助, 財產及債務處理等協議事項. 協議的內容應當有利於保護婦女和子女的合法權益.

29) 동법 제18조 제4항 : 申請離婚登記的當事人有…雙方要求離婚, 但是對子女撫養, 夫妻一方生活困難的經濟幫助, 財產及債務處理等事項未達成協議的…婚姻登記管理機關不予受理.

30) 이 문제는 자녀를 어느 쪽이 직접 양육할 책임을 부담할 것인가, 자녀의 양육비와 교육비를 어떻게 부담할 것인가 그리고 직접 양육하지 않는 쪽의 자녀에 대한 면접교섭권 등의 내용을 포괄하는 것이다(馬原, 新婚姻法條文釋義, 209면).

31) 재산문제에 관한 협의는 당사자와 제3자의 합법적인 권익을 보호하기 위해서 서면으로 이루어져야 한다(馬憶南, 앞의 책, 257면).

32) 馬原, 新婚姻法條文釋義, 209면.

33) 2001년 개정 혼인법 제17조는 부부재산제도에 관하여 1980년법 제13조가 '부부가 결혼관계의 존속기간 중에 소득한 재산은, 쌍방의 다른 약정을 제외하고는 부부의 공동소유이다. 부부는 공동소유재산에 대하여 평등권이 있다'라고 규정하던 것을 보다 구체적으로 세분화해서 규정하고 있다. 이것에 관하여 구체적인 것은 해당 부분에서 언급한다.

34) 婚姻登記管理條例 제15조 제2문 참조.

35) 婚姻登記管理條例 제18조 제2호에서 이혼등기를 신청한 당사자가 '… 자녀부양, 부부 중 일방의 생활상의 곤란에 대한 경제적 도움, 재산 및 채무처리 등의 사항이 합의되지 않은 경우'에는 혼인등기기관은 이를 등기하지 않는다고 규정하고 있다.

36) 夏吟蘭, 앞의 책, 179면; 卓冬青, 앞의 책, 68~69면; 教育部高等教育司組, 앞의 책, 211~212면; 楊大文, 婚姻法學, 166면; 張海尚, 앞의 책, 236~237면; 陳智慧 · 李學蘭, 앞의 책, 142면.

37) 馬原, 新婚姻法條文釋義, 209면.

38) 馬原, 新婚姻法條文釋義, 210면.

39) 馬原, 新婚姻法條文釋義, 210면.

40) 원어에는 '사람인 변'이 있으나 우리 한자에는 없는 자이므로 같은 의미를 가진 '分'자를 사용한다.

41) 이혼협의서에는 다음의 내용이 분명히 설명되어 있어야 한다. 첫째, 당사자 쌍방의 이혼의사표시, 둘째, 자녀양육권자와 양육비의 액수, 급부의 방법과 기한, 셋째, 각 재산의 귀속, 수량과 가치, 넷째, 각 채무의 변제책임, 다섯째, 주택문제의 해결방법, 여섯째, 이혼 후 경제적으로 곤란한 상대방에 대한 경제적 방조 및 그 기한 등(馬原, 新婚姻法條文釋義, 210면).

42) 북경지구에서는 이혼당사자 쌍방에게 각자 2매의 개인사진을 요구하고 있다(張海尙, 앞의 책, 238면; 馬原, 新婚姻法條文釋義, 211면).

43) 夏吟蘭, 앞의 책, 179면; 馬憶南, 앞의 책, 257면.

44) 馬原, 新婚姻法條文釋義, 211면.

45) 馬原, 新婚姻法條文釋義, 211면.

46) 심사의 과정은 또한 당사자에 대하여 인도·설복하는 과정을 진행하는 것이기도 하다(馬憶南, 앞의 책, 257~258면).

47) 楊大文, 婚姻法學, 166면.

48) 심사방식에 관하여 자세한 것은 張海尙, 앞의 책, 239면 참조.

49) 馬憶南, 앞의 책, 259면.

50) 혼인등기조례 제16조 : 婚姻登記管理機關對當事人的離婚申請進行審查, 自受理申請之日起1個月內, 對符合離婚條件的, 應當予以登記, 發給離婚證, 注銷結婚證. 當事人從取得離婚證起, 解除夫妻關系.

51) 夏吟蘭, 앞의 책, 179면; 教育部高等教育司組, 앞의 책, 212면; 張海尚, 앞의 책, 239면; 陳智慧·李學蘭, 앞의 책, 143면; 馬憶南, 앞의 책, 258면.

52) 이혼증과 인민법원의 판결서, 이혼조정서는 모두 동등한 법률효과를 갖는다(馬原, 新婚姻法條文釋義, 215면; 馬憶南, 앞의 책, 258면).

53) 張海尚, 앞의 책, 239면.

54) 혼인등기조례 제25조 제1항 : 申請婚姻登記的當事人弄虛作假、騙取婚姻登記的, 婚姻登記管理機關應當撤銷婚姻登記, 對結婚、複婚的當事人宣布其婚姻關系無效並收回結婚證; 對離婚的當事人宣布其解除婚姻關系無效並收回離婚證, 並對當事人處以200元以下的罰款.

55) 혼인등기조례 제27조 : 單位或者組織爲申請婚姻登記的當事人出具虛假證件和虛假證明的, 婚姻登記管理機關應當予以沒收, 並建議該單位或者組織對直接責任人員給予批評教育或者行政處分.

56) 혼인등기조례 제28조 제1문 : 違反本條例第十二條, 第十八條的規定予以

登記的，婚姻登記管理機關應當對婚姻登記管理人員給予行政處分或者撤銷其婚姻登記管理員的資格….

57) 혼인등기조례 제18조：申請離婚登記的當事人有下列情形之一的，婚姻登記管理機關不予受理：(一)一方要求離婚的；(二)雙方要求離婚，但是對子女撫養、夫妻一方生活困難的經濟幫助、財產及債務處理等事項未達成協議的；(三)一方或者雙方當事人爲限制民事行爲能力或者無民事行爲能力的；(四)未辦理過結婚登記的.

58) 혼인등기조례 제20조：婚姻登記管理機關對當事人的婚姻登記申請不予登記的，應當以書面的形式說明不予登記的理由.

59) 오늘날 재판이혼에 비하여 협의이혼이 점점 발전하는 추세이기는 하지만 아직도 적지 않은 국가가 재판이혼을 유일한 이혼방식으로 따르는 것으로 중국의 학자들은 보고 있다(夏吟蘭, 앞의 책, 181면; 陳智慧 · 李學蘭, 앞의 책, 145면).

60) 馬憶南, 앞의 책, 265면.

61) 馬憶南, 앞의 책, 265면.

62) 중국에서는 '破裂主義'라고 부르고 있는데, 이것은 우리 법상의 '파탄주의'와 동일한 것으로 해석된다. 혼인법 제32조 제2항(1980년법 제25조 제2항) 참조. 이에 관하여 자세한 것은 陳智慧 · 李學蘭, 앞의 책, 145~146면 참조.

63) 夏吟蘭, 앞의 책, 181면.

64) 夏吟蘭, 앞의 책, 181면 이하; 卓冬青, 앞의 책, 71면 이하; 教育部高等教育司組, 앞의 책, 215면 이하; 楊大文, 婚姻法學, 167면 이하; 張海尚, 앞의 책, 240면 이하; 陳智慧 · 李學蘭, 앞의 책, 145면 이하 참조.

65) 陳智慧 · 李學蘭, 앞의 책, 149면.

66) 이것은 재판이혼 중에 당사자가 누릴 수 있는 가장 중요한 소권이다. 이에 관하여 자세한 것은 陳智慧 · 李學蘭, 앞의 책, 149면 참조.

67) 陳智慧 · 李學蘭, 앞의 책, 150면.

68) 이러한 행위의 구체적인 예로는 다음과 같은 것이 있다. 즉 혼인을 장난으로 하는 경우, 단지 개인의 필요나 향수를 고려하는 경우, 상대방에 대하여 무관심한 경우, 심히 새로운 것을 좋아하고 옛것을 싫어하는 경우 등이다.

69) 陳智慧 · 李學蘭, 앞의 책, 150면.

70) 혼인법 제32조 제1항：남녀 일방이 이혼을 요구하는 경우, 관련기관이 화해를 주선하거나 혹은 직접적으로 인민법원에 이혼소송을 제기할 수 있다.

71) 혼인법 제32조에서 말하는 '有關(關係)部門'이란 주로 당사자의 所在單位, 당해 지역의 群衆團體, 基層調停組織과 行政主管部門을 가리킨다. 당사자의 소속단위 또는 어느 관계부문도 조정을 행할 수 있으며, 몇 개 부문이 연합하여 조정을 진행하는 것도 가능하다(夏吟蘭, 앞의 책, 182면 참조).

72) 조정이라고 하는 것은 당사자 사이에서 조정할 뿐만 아니라 당사자가 근무하는 회사 조합의 생활계 및 거주지자치회의 책임자(거민위원회 · 촌민위원회)등이 참가하여 조정하는 경우도 있다.

73) 夏吟蘭, 앞의 책, 182면.

74) 이에 관하여 자세한 것은 夏吟蘭, 앞의 책, 182면 참조.

75) 혼인법 제32조 제2항 : 인민법원의 이혼안건 심리에는 응당히 화해를 주선하여야 한다. 감정이 이미 확실히 나빠져 화해의 효력이 없는 경우는 이혼을 허용하여야 한다.

76) 婚姻登記管理條例 제14조 참조.

77) 그러나 피고인 일방이 만약 현역군인인 경우, 노역형을 받고 있는 경우, 수감 중인 경우 등인 때에는 기소인(원고)은 자기의 호적소재지의 인민법원에 소를 제기할 수 있다. 쌍방이 모두 현역군인인 경우에는 피고가 소속된 부대 이상의 기관이 있는 인민법원에 소를 제기할 수 있다(陳智慧 · 李學蘭, 앞의 책, 151면 참조).

78) 訴狀의 기재내용에 관하여 자세한 것은 張海尙, 앞의 책, 246~247면, 255면 참조.

79) 陳智慧 · 李學蘭, 앞의 책, 151면.

80) 혼인법 제34조 제1문 : 여자 측이 회임기간이거나 분만 후 1년 내 혹은 임신중절 후 6개월 내에 있는 경우, 남자 측은 이혼을 제기해서는 아니된다.

81) 혼인법 제34조 제2문 : 여자 측이 이혼을 제기하는 경우와 혹은 인민법원이 남자 측의 이혼청구를 수리할 필요가 확실히 있다고 여기는 경우는 이 제한에 들지 않는다.

82) 陳智慧 · 李學蘭, 앞의 책, 151~152면 참조.

83) 이 경우에는 당사자가 이혼요구를 철회한 것으로 본다.

84) 이것은 쌍방이 이혼에 동의하고, 가족의 재산, 이혼의 생활, 자녀의 양육 · 교육에 관하여 적절한 준비를 끝낸 경우이다. 다만 이 협의는 법적 효력을 가지지 않으며, 쌍방 당사자는 다시 당지의 혼인등기기관에 나가서 이혼등기를 신청하여야 한다. 그래서 혼인등기기관의 심사에 합격하면 이혼등기가 인정되고, 이혼증을 수령하고 결혼증을 반납한 후에야 이 협의는 법적 효력이 생긴다.

85) 이것은 일방은 끝까지 이혼을 요구하고, 타방은 단호히 헤어지려고 하지 않았거나, 또는 쌍방이 이혼에 동의하고 있지만 자녀 · 재산문제에 관하여 의견의 일치를 보고 있지 못한 경우이다. 이 경우는 당사자가 인민법원에 이혼소송을 제기할 필요가 있다

86) 법률상 조정과 소송외 조정의 주요한 구별에 관해서 자세한 것은 陳智慧 · 李學蘭, 앞의 책, 151~152면 참조.

87) 陳智慧 · 李學蘭, 앞의 책, 152면 참조.

88) 1950년의 혼인법에 있어서는 이혼의 원인은 백지 상태였다. 그러나 1980년 법과 2001년 개정법에서는 그것을 고쳐 추상적 이혼원인을 규정하여 파탄주의의 성격을 명확히 하였다. 각국에 있어서 '혼인파탄'이라는 표현을 주로 사용하고 있지만 중국법과 각종 문헌에서는 '感情破裂'이라는 표현을 쓰고 있다.

89) 教育部高等教育司組, 앞의 책, 220면.

90) 이에 관하여 자세한 것은 夏吟蘭, 앞의 책, 183~184면 참조.

91) 夏吟蘭, 앞의 책, 187면.

92) 이 네 가지 방법과 그 사례에 관하여 자세한 것은 夏吟蘭, 앞의 책, 187~190면; 張海尚, 앞의 책, 259~264면 참조

93) 혼인법 제32조 제3항 : 아래 사항 중 하나에 해당하며 화해의 효력이 없는 경우, 이혼을 허용하여야 한다. (1) 중혼이거나 배우자가 있는 자가 타인과 동거하는 경우, (2) 가정폭력을 행사하거나, 가정구성원을 학대 또는 유기하는 경우, (3) 도박과 마약 등 악습을 여러 차례의 교화에도 고치지 않는 경우, (4) 감정의 불화로 별거 만 2년이 되는 경우, (5) 기타 부부 감정의 파열을 초래하는 상황. 본래의 개정안에서는 모두 일곱 가지였으나, 최종 개정단계에서 두 가지는 삭제되었다. 삭제된 두 가지는 '일방이 형사소추를 당하여, 부부의 감정을 엄중히 상하게 한 경우'와 '혼인 후 의학상으로 마땅히 결혼하지 말아야 할 병이라고 판명된 병을 앓고 있는 경우'이다.

94) 혼인법 제32조 제4항 : 일방이 실종선고를 당하여, 일방이 이혼소송을 제기하는 경우는 이혼을 허용하여야 한다.

95) 혼인법 제33조 전단(1980년 혼인법 제26조 본문) : 현역군인의 배우자의 이혼요구는 반드시 군인의 동의를 필요로 하며.

96) 혼인법 제33조 후단 : 다만 군인인 일방에게 중대한 잘못이 있는 경우는 제외한다.

97) 夏吟蘭, 앞의 책, 192면; 卓冬青, 앞의 책, 79~80면; 教育部高等教育司組, 앞의 책, 218면; 楊大文, 婚姻法學, 170~171면; 陳智慧 · 李學蘭, 앞의 책, 152면

98) 혼인법 제27조 : 女方在懷孕期間和分娩後一年內, 男方不得提出離婚. 女方提出離婚的, 或人民法院認爲確有必要受理男方離婚淸求的, 不在此限.

99) 이에 관하여 자세한 것은 夏吟蘭, 앞의 책, 192~193면; 卓冬青, 앞의 책, 79~80면; 教育部高等教育司組, 앞의 책, 218~219면; 楊大文, 婚姻法學, 171~172면; 陳智慧 · 李學蘭, 앞의 책, 153면 참조.

100) 혼인법 제34조 제1문 : 여자 측이 회임기간이거나 분만 후 1년 내 혹은 임신중절 후 6개월 내에 있는 경우, 남자 측은 이혼을 제기해서는 아니된다.

01) 혼인관계가 협의이혼 또는 재판이혼에 의하여 해소되면 당사자인 부부 사이의 신분관계 및 재산관계, 자녀의 양육·교육방법 등에 일련의 변화가 생기는 것을 말한다. 중국 문헌에서는 이를 '離婚의 效力'(夏吟蘭, 앞의 책, 194면; 卓冬青, 앞의 책, 80면) 또는 '離婚의 法律後果'(敎育部高等敎育司組, 앞의 책, 225면; 張海尙, 앞의 책, 264면; 陳智慧·李學蘭, 앞의 책, 153면) 또는 '이혼의 효력'이라고 부르기도 한다.

02) 夏吟蘭, 앞의 책, 194면.

03) 혼인법 제13조 : 夫妻在婚姻關系存續期間所得的財産, 歸夫妻共同所有, 雙方另有約定的除外. 夫妻對共同所有的財産, 有平等的處理權.

04) 혼인법 제17조 참조.

05) 夏吟蘭, 앞의 책, 194~195면. 이와 관련하여 기타 사항은 卓冬青, 앞의 책, 81면; 敎育部高等敎育司組, 앞의 책, 226면; 張海尙, 앞의 책, 265면; 陳智慧·李學蘭, 앞의 책, 154면 참조.

06) 이 규정은 1980년법 제14조와 완전히 똑같은 내용으로서 전혀 수정되지 아니하였다.

07) 卓冬青, 앞의 책, 80면; 敎育部高等敎育司組, 앞의 책, 226면; 張海尙, 앞의 책, 265면.

08) 卓冬青, 앞의 책, 80면.

09) 1980년법 제33조 : 離婚時, 如一方生活困難, 另一方應給予適當的經濟幇助. 具體辦法由雙方協議; 協議不成時, 由人民法院判決.

10) 夏吟蘭, 앞의 책, 195면.

11) 혼인법 제42조 제1문 : 이혼할 때 일방의 생활이 곤란하면 다른 일방은 가옥 등 개인의 재산 중에서 적절히 도움을 주어야 한다. 구체적인 방법은 쌍방이 협의하며, 합의에 이르지 못하는 경우 인민법원이 판결한다.

12) 혼인법 제24조 제1항 : 부부는 서로 유산을 승계할 권리를 갖는다. 이 규정은 1980년법 제18조와 그 내용이 동일하다.

13) 이 법의 정식명칭은 〈中華人民共和國繼承法〉으로서 우리의 상속법에 해당하는 것이며 모두 5개장 37개조로 구성되었다. 그 중 제10조에서 배우자의 상속권에 관하여 규정하고 있다. 이하에서는 상속법이라고 한다.

14) 卓冬青, 앞의 책, 81면; 吟蘭, 앞의 책, 195면; 陳智慧·李學蘭, 앞의 책, 154면.

15) 상속법 제12조 : 配偶兒媳對公, 婆, 喪偶女婿對嶽父, 嶽母, 盡了主要贍養義務的, 作爲第一順序法定承繼人.

16) 夏吟蘭, 앞의 책, 195면.

17) 楊大文, 親屬法, 191면.

118) 夏吟蘭, 앞의 책, 198면.

119) 張璐璐, 앞의 논문, 2면.

120) 楊盛承, 앞의 논문, 3면.

121) 楊盛承, 앞의 논문, 3면.

122) 노동교화인이 이혼하는 경우 그 배우자와 자녀의 권익이 보호되어야 하고, 또한 노동교화인의 권익도 법에 따라 보호되어야 한다. 혼인 전에 그들의 개인소유에 속했던 재산은 원칙상 그 개인소유이고, 또한 부부와 가정의 공동재산은 공정하고 합리적으로 분할되어야 한다(夏吟蘭, 앞의 책, 199면).

123) 횡령, 수뢰, 절도 등 위법행위로 획득한 재산은 분할할 수 없고, 법에 따라 추징되어야 한다(夏吟蘭, 앞의 책, 199면; 卓冬青, 앞의 책, 84면).

124) 현물분할은 그 재산의 용도, 가치 및 특정용도에 영향을 주지 않는 범위에서 실제 분배를 진행한다. 쌍방은 각자 자신의 지분에 따라서 그에 맞는 재산을 취득하는 것이다.

125) 가액분할은 지체 없이 공유물을 매각하고 쌍방이 매각대금에 대해 각자 취득할 가액을 분할하는 것이다. 가액분할은 공유물의 분할이 불가능하거나 분할 후 그 재산의 용도, 가치 및 특정용도에 손해가 있는 때에 사용하는 분할방법이다.

126) 가격보상은 부부 중 일방이 공유물을 취득하고 다른 일방은 절반의 가격에 상당하는 가액을 취득하는 방법이다.

127) 이에 관하여 자세한 것은 夏吟蘭, 앞의 책, 199면 참조.

128) 인민법원이 판결을 내릴 때에 몇 가지 주의하여야 할 사항들이 있는데, 이에 관하여 자세한 것은 夏吟蘭, 앞의 책, 199~200면 참조.

129) 중국 혼인법에는 혼인을 빙자하여 재물을 받는 것을 금지하는 명문의 규정을 두고 있지 않고, 〈혼인법 사법해석2〉 제10조에서 쌍방이 아직 혼인등기를 마치지 않은 경우에는 당사자가 예물의 반환을 청구할 수 있도록 규정하고 있다. 만일 이미 혼인등기를 마쳤으나 공동생활을 하지 않고 있는 경우에는 쌍방은 이혼하는 것을 조건으로 해서 혼인 전에 준 예물의 반환을 청구할 수 있다(楊大文, 親屬法, 194면).

130) 재판이혼시 재산분할의 구체적인 규칙에 대하여 자세한 것은 楊大文, 親屬法, 192~193면; 卓冬青, 앞의 책, 84~85면 참조.

131) 여기서 과실이란 권리자의 사용 또는 실행과 무관한 물건 또는 권리로부터 자연스럽게 생긴 수익을 가리킨다(예컨대 혼인 후 생긴 개인예금의 이익). 그러나 물건을 투자하거나 생산·경영행위에 이용하여 취득한 수익은 개인재산이 아닌 공동재산으로 본다.

132) 자연증가란 부부 쌍방의 노동이나 관리 등의 행위와 무관하게 인플레이션

또는 시세의 변화로 인한 가치의 증가를 가리킨다.

133) 〈혼인법 사법해석3〉 제7조 : 婚後由一方父母出資爲子女購買的不動産, 産權登記在出資人名下的, 可按照婚姻法第十八條第(三)項的規定, 視爲只對自己子女一方的贈與, 該不動産應認定爲夫妻一方的個人財産. 由雙方父母出資購買的不動産, 産權登記在一方子女名下的, 該不動産可認定雙方按照各自父母的出資份額按份共有, 但當事人另有約定的除外.

134) 관련 재산은 부모가 출자하여 구매한 부동산 예컨대 주택에 한하며, 기타 재산에 유추적용되어서는 아니된다.

135) 부부 일방의 소유로 인정되기 위해서는 부모의 일방이 출자하여 구매한 부동산이어야 하고, 소유자를 자녀 일방의 이름으로 등기하여야 한다. 부부 일방이 출자하였지만 부부 쌍방의 이름으로 등기한 경우에는 부부 쌍방에 대한 증여로 인정되고, 그 부동산은 부부공동재산에 포함된다.

136) 부부 쌍방이 출자하여 일방의 이름으로 등기한 경우에 한하여 부부의 출자 비율에 따른 공동소유로 인정하며, 쌍방의 이름으로 등기한 경우에는 출자 금액과 무관하게 공동소유로 인정된다.

137) 許莉, 앞의 논문, 4면.

138) 〈혼인법 사법해석3〉 제10조 : 夫妻一方婚前簽訂不動産買賣合同, 以個人財産支付首付款並在銀行貸款, 婚後用夫妻共同財産還貸, 不動産登記於首付款支付方名下的, 離婚時該不動産由雙方協議處理. 依前款規定不能達成協議的, 人民法院可以判決該不動産歸産權登記一方, 尚未歸還的貸款爲産權登記一方的個人債務. 雙方婚後共同還貸支付的款項及其相對應財産增值部分, 離婚時應根據婚姻法第三十九條第一款規定的原則, 由産權登記一方對另一方進行補償.

139) 부부 일방이 혼인 전 구매하여 단독명의로 등기하고, 혼인 후 부부공동재산으로 대출금을 상환한 경우에 한하며, 일방이 혼인 전 구매하였지만 부부 공동명의로 등기하였거나 혼인 후 구매하여 단독명의로 등기한 경우는 적용되지 않는다.

140) 원칙적으로 부동산은 등기자의 소유로 되지만 등기명의가 소유권 판단의 절대적인 기준은 아니므로 법원의 판결에 의하여 변경될 수 있다.

141) 혼인 후 대출금의 공동상환 여부는 대출금의 상환시간에 따라 결정된다. 상환시간이 혼인관계의 존속기간 중이면 부부공동상환으로 인정되고, 상환자금의 출처가 부부 중 누구이든 무관하지만 당사자 사이의 특약으로 별산제를 약정한 경우는 그 특약에 의한다.

142) 혼인법 제39조 제1항 : 이혼할 때 부부의 공동재산은 쌍방이 협의하여 처리하며, 합의에 이르지 못하는 경우, 인민법원은 재산의 구체적인 정황에 따라, 자녀와 여자 측의 권익을 보호하는 원칙에 근거하여 판결한다.

143) 부동산 소유권을 취득하지 못한 일방은 보상을 받을 권리가 있으며, 여기

에는 이미 상환한 대출금 및 부가가치가 포함된다.

144) 1980년 혼인법 제32조 제1항 : 離婚時, 原爲夫妻共同生活所負的債務, 以共同財産償還. 如該項財産不足淸償時, 由雙方協議淸償; 協議不成時, 由人民法院判決.

145) 혼인법 제41조 : 이혼할 때 부부의 공동생활을 위하여 지게 된 채무는 공동으로 상환해야 한다. 공동재산으로 상환하기 부족한 경우 혹은 재산이 각자의 소유로 되는 경우 쌍방이 협의하여 상환하며, 합의에 이르지 못하면 인민법원이 판결한다.

146) 楊大文, 親屬法, 194면. 공동채무의 구체적인 범위에 관하여 자세한 것은 馬原, 新婚姻法條文釋義, 311면 이하 참조.

147) 이에 관하여 자세한 것은 夏吟蘭, 앞의 책, 204면 참조.

148) 협의의 결과는 채권자의 권리를 침해하지 않아야 하며, 법률에 위배되지 않아야 한다(楊大文, 親屬法, 195면).

149) 楊大文, 親屬法, 195면.

150) 夏吟蘭, 앞의 책, 204~205면.

151) 1980년 혼인법 제32조 제2항 : 男女一方單獨所負債務, 由本人償還.

152) 이에 관하여 자세한 것은 敎育部高等敎育司組, 앞의 책, 232면 참조.

153) 楊大文, 親屬法, 196면.

154) 1980년 혼인법 제33조 : 離婚時, 如一方生活困難, 另一方應給予適當的經濟幇助. 具體辦法由雙方協議; 協議不成時, 由人民法院判決.

155) 敎育部高等敎育司組, 앞의 책, 232~233면.

156) 개정법이 이 조문을 약간 수정하였음은 앞의 '부양의무의 종료' 부분에서 살펴보았다.

157) 부양의 구체적 방법에 대해서는 夏吟蘭, 앞의 책, 207~208면; 敎育部高等敎育司組, 앞의 책, 233면; 卓冬靑, 앞의 책, 91~92면; 張海尙, 앞의 책, 280면 참조.

158) 夏吟蘭, 앞의 책, 207면; 卓冬靑, 앞의 책, 91면; 敎育部高等敎育司組, 앞의 책, 233면; 陳智慧 · 李學蘭, 앞의 책, 161면 참조.

159) 張海尙, 앞의 책, 279면.

160) 1980년법 제29조 제1항 : 父母與子女間的關系, 不因父母離婚而消除. 離婚後, 子女無論由父方或母方撫養, 仍是父母雙方的子女.

161) 1980년법 제29조 제2항 : 離婚後, 父母對於子女仍有撫養和敎育的權利和義務.

162) 夏吟蘭, 앞의 책, 208면.

163) 혼인법 제36조 제1항 : 부모와 자녀 간의 관계는 부모의 이혼으로 인하여

소멸되지 아니한다. 이혼 후 자녀는 부와 모 어느 쪽이 직접 부양하는가에 관계없이 여전히 부모 쌍방의 자녀이다.

164) 혼인법 제21조 : ① 부모는 자녀에 대하여 양육과 교육의 의무를 가지며, 자녀는 부모에 대하여 부양의 의무를 갖는다. ② 부모가 양육의 의무를 이행하지 아니하는 때, 미성년이거나 혹은 독립하여 생활할 수 없는 자녀는 부모에게 양육비 지급을 요구할 권리를 갖는다. ③ 자녀가 부양의 의무를 이행하지 아니하는 때, 노동능력이 없거나 또는 생활이 곤란한 부모는 자녀에게 부양비 지급을 요구할 권리를 갖는다. ④ 영아를 물에 빠트리거나 버리거나, 기타 영아를 해치는 행위를 금지한다.

165) 혼인법 제23조 : ① 부모는 미성년자녀를 보호하고 교육할 권리와 의무를 갖는다. ② 미성년자녀가 국가와 사회 및 타인에게 손해를 끼친 경우, 부모는 민사책임을 져야 할 의무를 갖는다.

166) 혼인법 제24조 : ① 부부는 서로 유산을 승계할 권리를 갖는다. ② 부모와 자녀는 서로 유산을 승계할 권리를 갖는다.

167) 이에 관하여 자세한 것은 敎育部高等敎育司組, 앞의 책, 241~242면 참조.

168) 夏吟蘭, 앞의 책, 209면; 陳智慧 · 李學蘭, 앞의 책, 162면 참조.

169) 혼인법 제36조 제2항 : ② 이혼 후 부모는 자녀에 대하여 여전히 부양과 교육의 권리와 의무를 갖는다. ③ 이혼 후 수유기 내의 자녀는 수유하는 모가 양육하는 것을 원칙으로 한다. 수유기 후의 자녀는, 쌍방이 양육문제로 다툼이 있고 합의에 이를 수 없는 경우는, 인민법원이 자녀의 권익과 쌍방의 구체적인 상황에 따라 판결한다.

170) 夏吟蘭, 앞의 책, 209면.

171) 혼인법 제37조 제1항 : 이혼 후 일방이 부양하는 자녀에 대해 다른 일방이 필요한 생활비와 교육비의 일부분 혹은 전부를 부담해야 하며, 비용부담의 액수와 기간은 쌍방이 협의한다. 합의에 이르지 못하는 경우 인민법원이 판결한다.

172) 동조 제2항 : 자녀의 생활비와 교육비에 관한 합의 혹은 판결은, 자녀가 필요한 때에 부와 모 어느 일방에게 합의나 판결이 정한 액수를 초과하여 제기하는 합리적인 요구에 장애가 되지 아니 한다.

173) 이에 관하여 자세한 것은 夏吟蘭, 앞의 책, 212~213면 참조.

174) 卓冬靑, 앞의 책, 96면.

175) 이에 관하여 자세한 것은 敎育部高等敎育司組, 앞의 책, 247~248면; 夏吟蘭, 앞의 책, 213~214면 참조.

176) 이에 관하여 자세한 것은 卓冬靑, 앞의 책, 96~97면 참조.

제 5 장

입 양

Ⅰ. 개 설
Ⅱ. 입양법의 기본원칙
Ⅲ. 입양의 성립
Ⅳ. 입양의 효과

제5장

입 양

I. 개 설

1. 현대 입양제도의 흐름

오늘날 현대 가족법에 있어서 입양제도는 대체로 「祭祀承繼養子 → 家獨相續養子 → 財産相續養子 → 保護入養」으로 시대적 변화를 겪어 오고 있다. 또 다른 측면에서는 「爲家養子 → 爲親養子 → 爲子養子[1]」로, 또는 「계약형 양자법 → 宣告(허가)형 양자법」으로 발전을 거듭해 오고 있다.

이러한 양자제도의 발전적 측면에서 볼 때 중국 입양법은, 우리의 법제와 비교해 볼 때, 상당히 진전된 모습을 보여주고 있다. 중국 입양법은 법규정의 규모는 그렇게 크지 않지만 그 속에서 양친과 양자녀 사이에서 발생할 수 있는 법률적인 문제들에 대하여 결코 소홀하지 않고 있다. 중국은 이미 불완전한 양자제도를 탈피하고 이른바 '완전양자제도'로 전환한 것이다.[2]

그리고 '입양법의 기본원칙'이나 입양의 여러 성립요건과 절차에서 보았듯이 입양관계의 성립에 있어서 그 초점을 입양을 하는 쪽(양친)이 아닌 '약자'라고 볼 수 있는 입양되는 쪽(양자녀)을 상대적으로 중시 · 보호하려는 중국법의 태도는, 비록 법체계와 그 구성에 있어서 차이는 있지만, 우리에게 시사하는 바가 있다.[3)]

2. 중국 입양법의 입법형식과 그 경과

오늘날 중국에 있어서도 '입양제도'는 친족제도의 중요한 부분을 이루고 있으며, 양부모와 양자녀의 권리 · 의무관계와 양자녀와 양부모의 근친 사이의 권리 · 의무관계는 가정관계의 중요내용으로 보고 있다.[4)]

중국법은 이러한 입양에 관한 내용을 2001년 개정 혼인법 안에 2개의 규정을 두고 있으며, 구체적인 내용에 관해서는 독립된 법률을 제정하여 규율해 오고 있다.[5)] '입양법'[6)]은 모두 6개장 34개조로 구성되어 있다. 이 법은 1992년 4월 1일부터 시행되어 오다가 1998년 11월 4일에 전국인민대회 상무위원회에서 개정되어 1999년 4월 1일부터 현재까지 시행되고 있다. 이 개정된 입양법이 바로 중국에 있어서 입양관계를 규율하는 주요 법규범이다.

중국에서는 입양이라는 법률행위의 특징과 작용을 자세히 이해하고 입양법의 기본내용을 파악함으로써 공민의 혼인가정 권익을 전면적으로 보호하는 것을 매우 중요한 문제로 보고 있다.[7)]

3. 입양의 법률적 특징

첫째, 입양은 민사법률행위로서 요식행위이다.

입양법 제25조에 의하면 입양행위는 민사법률행위의 일종에 속하는 것한다. 따라서 입양행위에는 일반민사법률행위에 관한 규정인 민법통칙 제55조[8]와 입양법의 규정이 동시에 적용된다.

둘째, 입양은 친족신분과 그 권리의무관계를 변경하는 행위이다.

입양은 그 본질상 혼인이나 이혼과 동일한 성질을 가지는 것으로서 공민에게 일종의 '신분'을 창설하거나 소멸시키는 법률행위이다. 그런데 이러한 창설 또는 소멸이 주된 것은 바로 일종의 부모자녀관계이다.[9]

자연혈족관계는 '출생'이라는 객관적 사실에 기초하여 발생하지만, 입양은 바로 당사자의 법률행위에 기초하여 발생하는 것이다. 입양은 자연혈족관계가 없는 입양인과 피입양인 사이에 자연혈족과 유사한 권리의무를 발생시키는 유일한 법률사실로서 당사자가 법률에 규정된 조건과 절차에 따라 하는 의사표시를 구성요소로 하는 특수한 민사법률행위이다.[10]

입양의 목적과 법률적 효과는 양부모·양자녀관계를 형성하고 입양인과 피입양인 사이에 '친족'이라는 신분관계와 그에 상응하는 권리의무를 발생시키고, 동시에 피입양인과 그 생부모 및 그 근친 사이의 권리의무관계를 소멸시키는 것이다. 그러므로 입양은 본질상 신분행위에 속하는 것이다.[11]

셋째, 입양관계는 소멸이 가능한 법률행위이다.

법정혈족관계를 발생시키는 입양과 출생이라는 사실에 의하여 생기는 자연혈족은 그것을 인위적으로 해소시킬 수 있는지 여부에 따라 법률상 구별된다. 입양은 자연적인 것이 아니라 법에 의하여 형성된 인위적인 관계이다. 입양이 성립한 후 피입양인과 입양인 및 그 근친 사이에는 그의 생부모와 그의 근친 사이와 같은 서로 동일한 권리의무관계가 발생한다.[12] 이러한 법정혈족은 법률행위에 의하여 발생할 수 있고, 또한 법률행위에 의하여 소멸할 수 있는 것이다. 그렇지만 자연혈족 사이의 혈연관계는 인위적으로 소멸시킬 수 없다.[13]

Ⅱ. 입양법의 기본원칙

1. 피입양인 유리의 원칙

이 원칙은 반드시 피입양인의 양육과 건강한 성장에 유리하게 입양관계를 확립하여야 한다는 의미이다. 이 원칙은 입양법이 제2조에서 규정하고 있는 입양에 관한 가장 중요한 원칙[14]으로서 그 입법 취지는 바로 미성년자의 이익을 보호하기 위한 것이다.[15] 또한 입양법은 이 원칙을 확인하는 구체적인 조문들을 마련해 두고 있다.[16]

어느 정도가 되어야 피입양인에게 유리한가에 대해서는 획일적으로 말할 수는 없고, 피입양인의 여러 가지 상황에 근거하여,

물질적인 생활조건에서부터 정신적 상태나 교육정도에 이르기까지 종합적으로 고려하여 판단하여야 할 것이다.[17] 따라서 결국 양자의 심신건강 발전의 시각에서 전면적인 고찰을 진행하여야 한다는 것이다.[18]

2. 평등자원의 원칙

이 원칙은 입양관계의 성립이 반드시 당사자 각자의 법률적 지위가 평등한 기초 위에서 스스로 사람의 권리의무관계를 변경하는 입양의 합의를 이루어야 한다는 것을 가리키는 것이다. 입양은 사람의 권리의무관계를 변경하는 중요한 민사법률행위이다.[19]

이 원칙에 의거하여 입양관계에 있어서 입양인,[20] 피입양인,[21] 송양인[22] 세 당사자의 법률상 지위는 평등하며, 임의로 어느 일방이 다른 입양당사자를 능가하는 것은 허용하지 아니하며, 또한 법률상 지위가 불평등한 기초 위에서 입양행위를 하는 것도 허용하지 아니한다.[23]

그동안 중국의 입양법은 입양관계의 성립과 해제에 있어서 시종일관 이 원칙을 관철하여 왔다.[24] 그 구체적인 내용을 보면 입양법 제11조에서 입양인의 입양과 송양인의 송양은 마땅히 쌍방 자원(自願)이어야 하며, 만 10세 이상인 미성년자를 입양하는 경우에는 피입양인의 동의를 얻도록 하고 있으며, 제10조에서는 부모가 그 자녀를 양자로 보내는 경우에는 쌍방이 공동으로 하도록 하고, 배우자 있는 자가 자녀를 입양하는 경우에는 부부가 공동으로 입양하도록 규정하고 있다. 또한 동법은 제25조에서 미성년자의 이익을 보호하기 위하여 피입양인이 미성년인 동안에는 입양인은 입양관계를 해제할 수 없다는 규정을 두고 있다.[25)]

3. 정당한 입양목적이 있을 것

이 원칙이 가리키는 것은 입양인이 자녀를 입양하거나 송양인이 자녀를 입양시키는 경우 모두 반드시 법에 따라 입양절차를 이행하여야 하고, 새로운 부모자녀관계의 설정은 피입양인의 양육과 교육에 유리하도록 출발하여야 한다는 의미이다. 따라서 입양행위를 가장하여 아동을 매매하는 등 위법한 범죄행위 또는 입양행위를 가장하여 현행 법률정책을 회피하기 위한 정당하지 못한 목적을 이루고자 하는 것은 허가할 수 없으며, 또한 입양을 가장하여 사회윤리와 도덕에 위배되는 행위 역시 허가할 수 없다.

이 원칙과 관련하여 현행 입양법은 제20조에서 '인신매매 또는 양친의 명의를 빌려 아동을 매매하는 것은 엄중히 금지한다'라는 명문의 규정을 두고 있으며, 제31조 제3항에서는 친자녀를 매매하는 경우에는 규정에 따라 행정처벌뿐만 아니라 형사책임까지 추구한다고 규정하고 있다.[26)] 이 밖에도 입양법 제9조에서는 배우자가 없는 남성이 여성을 입양하는 경우 입양인과 피입양인의 연령차이가 40세 이상이어야 한다는 규정을 두고 있는데, 이 규정은 중국의 전통적인 풍속과 관습 및 윤리도덕에 위배되는 입양행위를 금지하기 위한 입법적 조치이다.[27)]

4. 자녀의 출산·양육원칙에 유리할 것

현재 중국은 거대한 인구증가의 압력 때문에 이를 완화하기 위하여 계획적인 자녀의 출산·양육정책을 시행하고 있다.[28] 이것은 중국의 기본국책으로서 장차 일종의 '의제혈친관계'를 생기게 하는 입양은 법률적 효력이라는 측면에서 본다면 2001년 개정 혼인법의 '부모자녀 사이의 권리의무에 관한 규정들'은 양부모자녀관계에서도 그대로 적용되는 것이다. 그렇기 때문에 입양행위와 계획적인 출산·양육은 밀접한 관계에 있게 된다. 이러한 계획적인 출산·양육정책을 전면적으로 관철하기 위하여 입양법은 총칙에서 '입양은 출산계획의 법률, 법규를 위배해서는 안 된다'(입양법 제3조)는 명문의 규정을 두고 있다.

이 원칙에 의하면 이미 자녀가 있는 사람은 다시 자녀를 입양할 수 없으며, 다시 입양을 이용하여 여러 자녀를 둘 수가 없다.[29] 그리고 생부모가 송양인으로 되는 경우에 대해서는 자녀초과출산으로 인한 처벌을 도피하기 위하여 사전에 자녀를 타인에게 입양시킨 후에 다시 자녀가 없게 되었다는 이유로 자녀를 출산하지 못하도록 하고 있다. 사람들이 법률과 정책상의 공백을 파고드는 것을 방지하기 위하여 입양법은 제18조에서 '입양 보낼 부모가 자녀를 입양 보낸 것을 이유로 출산계획 규정을 위반하고 자녀를 다시 출산해서는 안 된다'라는 규정을 두어 그 입장을 명확히 밝히고 있다.[30]

5. 입양비밀의 존중과 보호의 원칙

이것은 가정의 온정과 화목을 유지하기 위하여 입양당사자의 사적인 권리를 보호하고, 입양인과 송양인이 입양의 비밀을 지키도록 요구하는 경우에는 법률에 정해진 사회공익적 특별한 경우를 제외하고는 어떠한 경우에도 개인과 조직 모두 입양에 관련된 비밀을 누설하여서는 아니된다는 원칙이다. 상대방 당사자의 의사에 위반하여 고의로 입양의 비밀을 누설한 입양 당사자에 대해서는 그 정황과 결과에 비추어 상응한 민사책임을 추구한다. 입양법은 제22조에서 '양친과 친부모가 입양사실을 비밀로 보호해 줄 것을 요구할 경우, 타인은 그 요구를 존중하여, 누설해서는 아니된다'는 명문의 규정을 두고 있다. 이를 위반하여 입양 당사자가 고의로 입양에 관한 비밀을 누설한 경우에는 처벌을 받는 것은 물론이고, 〈민법통칙〉과 최고인민법원의 〈공민의 사생활보호를 위한 규정〉에 의거하여 그에 따른 상응한 민사책임을 져야 한다.[31)]

Ⅲ. 입양의 성립

입양은 입양인, 송양인 및 피입양인 사이의 개인계약에 기초하여 성립하고, 그에 따라 신분권과 재산권에 일련의 변경을 가져온다. 입양행위가 그 법률효과를 발생하려면 반드시 입양법이 규정하고 있는 요건을 준수하여야 하고, 일정한 절차를 이행하여야 한다. 이하에서는 중국의 입양법이 입양인, 피입양인, 송양인의 자격에 대하여 어떠한 규정을 두고 있는가, 어떻게 입양절차를 이행하여야 하는가 등의 문제를 중심으로 우리 입양법의 체계에 따라 고찰하고자 한다.

1. 입양의 성립요건

(1) 피입양인의 요건

입양법 제4조에 의하면 통상적인 상황에서 피입양인은 반드시 첫째, 연령이 14세 미만일 것, 둘째, 생부모가 모두 사망한 고아[32]; 생부모를 찾지 못한 기영(棄嬰)과 기아[33]; 생부모가 부양능력이 없는 특별히 곤란한 상황의 자녀[34]이거나 일 것 등 첫째와 둘째의 두 가지 요건을 동시에 갖추어야 한다.[35]

(2) 입양인의 요건

입양법 제6조와 기타 관련규정에 의하면 일반적으로 입양인은 다음에 기술하는 요건을 동시에 갖추어야 한다.

첫째, 자녀가 없을 것.

둘째, 피입양인을 양육하고 교육할 능력이 있을 것.

셋째, 의학상 자녀의 입양에 마땅하지 못하다고 판명된 질병이 없을 것.

넷째, 연령이 만 30세 이상일 것.[36]

다섯째, 배우자가 있는 경우 부부가 공동으로 입양할 것.

⑶ 송양인의 요건

이것은 세 경우로 나누어 볼 수 있다. 첫째, 생부모가 송양인이 되는 경우, 둘째, 부모 이외의 감호인[37]이 송양인이 되는 경우, 셋째, 사회복지기관이 송양인이 되는 경우 등이다. 이하에서 차례대로 살펴보도록 하겠다.

① 생부모가 송양인인 경우

입양법은 제10조와 기타 관련규정에 의하면 일반적 상황에서 생부모가 송양인이 되기 위해서는 다음의 요건을 준수하여야 한다.

첫째, 생부모가 특별히 곤란한 사정이 있고 모두 자녀를 양육할 능력이 없어야 한다. 중국에 있어서 미성년자녀를 양육하는 것은 부모 쌍방의 법정의무이다. 일반적인 경우 부모 일방이라도 양육능력이 있기만 하면 입양을 통하여 자녀를 양육할 의무를 이전하는 것은 허가할 수 없다. 즉 설사 비록 부모의 일방이 양육능력이 없더라도 양육능력이 있는 일방의 양육의무를 면제하여 자녀를 타인에게 입양시킬 권리는 없다.

둘째, 생부모가 자녀를 입양시킬 경우 반드시 쌍방이 공동으로 입양시켜야 한다. 일반적으로 생부모 중 일방이 단독으로 자녀를 입양시키는 것은 허가되지 아니한다. 혼인외자녀에 대하여도 또한 그 생부모가 공동으로 입양시켜야 한다.[38]

셋째, 배우자 일방이 사망한 후에 만일 다른 일방이 미성년자녀를 입양시킬 것을 요구하면 사망한 일방의 부모에게 우선적으로 양육할 권리가 있으며, 입양은 반드시 미리 사망한 일방의 부모 동의를 구하여야 한다. 만일 그들이 희망하고 같이 당해 자녀를 양육할 능력이 있는 때에는 다른 일방은 그를 다른 곳에 입양시킬 수 없다.

② 부모 이외의 후견인이 송양인이 되는 경우

이에 관하여 입양법은 제16조에서 규정하고 있다. 즉 미성년자의 부모가 모두 사망하였거나 감호능력을 상실한 상황에서 당해 미성년자의 조부모, 외조부모, 성년인 형·누나 및 친밀한 관계가 있는 기타 친족·친구는 미성년자의 후견을 담당할 수 있다. 그러나 앞에서 언급한 후견인이 없는 경우에는 미성년자의 부 또는 모의 소재단위 또는 미성년자의 주소지의 거민위원회, 촌민위원회 또는 민정부문이 후견인을 담당한다. 이들 공민 또는 조직은 후견을 담당하는 기간 동안 다음의 두 가지 요건을 갖춘 경우에는 피후견미성년자를 법에 따라 입양시킬 수 있다.

첫째, 미성년자의 부모가 모두 사망한 조건에서 당해 미성년자의 후견인이 그를 입양시킬 것을 요구하고 반드시 양육의무자의 동의가 있어야 한다.[39]

둘째, 당해 미성년자의 부모가 모두 완전한 행위능력을 갖추지 못한 때에는 그 미성년자의 후견인은 그를 입양시킬 수 없다.[40]

③ 사회복지기관[41]이 송양인이 되는 경우

중국에서는 일정한 사회복지기관이 아니면 어떠한 단체라도 기아나 고아를 입양시킬 수 없다. 따라서 공민이 기아나 고아를 습득한 경우 자신이 마음대로 그를 입양할 수 없고, 당연히 그 지역의 사회복지기관이 양육을 받아들여야 한다. 만일 입양인이 법정 조건에 부합하고 자원하여 그 기아나 고아를 입양하고자 하는 경우에는 양육을 맡은 사회복지기관이 송양인이 되어서 입양의 법정 절차를 처리하여야 한다.

(4) 입양당사자의 일치된 동의

입양은 반드시 입양에 관계된 각 당사자의 일치된 동의를 얻어야 한다. 배우자 있는 자가 자녀를 입양하는 경우 반드시 그 배우자의 동의를 얻어야 한다.[42] 또한 만 10세 이상의 미성년자를 입양하는 경우에는 당연히 피입양인의 동의를 얻어야 한다. 생부모가 이혼한 후에 일방이 자녀를 입양시킬 것을 요구하는 경우에도 마찬가지로 반드시 다른 일방의 동의를 얻어야 한다.

2. 입양의 성립절차

입양은 대단히 중요한 민사법률행위이므로 사회 여러 방면의 이익과 관련을 맺고 있다. 그렇기 때문에 입양의 성립은 반드시 법률에 규정된 절차에 따라서 이행되어야 하는 것이다. 제정 당시의 입양법 제15조는 '친부모를 찾지 못한 고아와 기아를 입양하거나 사회복리기구에서 부양한 고아를 입양할 경우에는 민정 부서에 등기하여야 한다. 전항의 규정을 제외한 입양은 양친과 친부모가 입양에 대한 본 규정에 따라 입양 조건을 서면으로 협의하여야 하고 공증하여야 한다'고 하여 중국인 사이에서 입양의 성립은 협의, 등기, 공증 등 세 가지 다른 절차를 규정하고 있다. 또한 입양법의 정확한 시행을 보증하고 입양이 법에 따른 성립을 보호하기 위하여, 1992년 4월 1일 민정부에서 발포한 '입양등기처리에 관한 약간의 규정'에서 입양등기처리의 방법과 절차를 규정하여 종류가 같지 아니한 절차를 더욱 자세히 하였다. 그러나 1999년 개정 입양법은 제15조에서 협의에 의하여 성립되는 입양절차를 삭제하여 현재는 두 가지만 규정하고 있다. 다만 당사자의 협의일치에 의해서 입양이 성립할 수 없는 때에는 여전히 반드시 입양등기를 거치도록 하고 있다.[43] 다음에서 그 둘에 관하여 차례대로 살펴보도록 한다.

(1) 행정등기절차

1999년 개정 입양법 제15조는 다음과 같이 명확하게 규정하고 있다. 즉 제1항은 '입양은 반드시 현급 이상 인민정부 민정부문에 등기하여야 한다', 제2항은 '생부모를 찾을 수 없는 기영(棄嬰)과 아동을 입양하는 경우 등기를 처리하는 민정부문은 반드시 등기를 하기 전에 공고를 하여야 한다'라는 규정이다.

이들 규정에 따르면 생부모를 찾을 수 없는 棄嬰·아동 및 사회복지기관이 양육하고 있는 고아를 입양할 필요가 있는 경우에는 반드시 민정부문은 입양등기를 신청하여야 한다. 민정부문은 법에 따라 입양인의 조건에 대해서 심사하여 규정에 부합하는 경우에는 일정한 기간동안 공고를 한다. 공고기간이 만료한 이후에 당해 아동의 인수를 주장하거나 이의를 제출하는 사람이 없는 때에는 등

기하여 입양증서를 발급하여 주고 비로소 입양의 성립을 알린다.[44]

이러한 행정등기절차를 규정한 목적은 입양을 정부직능부문의 직접적 감독 아래 두고 더욱이 성립을 편리하게 하고 각종 관리문서[45]를 완비하도록 함으로써 더욱더 피입양인과 입양인의 합법적인 권리와 이익을 전면적으로 보호하기 위함이다.[46]

한편 개정 입양법은 이러한 조건을 완화하여 당사자가 자기선택을 하는 때에는 반드시 절차를 거치지 아니하여도 되는 예외를 인정하고 있다. 즉 동조 제3항은 '입양 당사자가 입양협의를 체결하기를 원하는 경우 입양협의를 체결할 수 있다'고 규정하고 있다.[47]

중국 민정부의 관련규정의 요구에 의하면 일반적인 입양은 원칙적으로 모두 서면으로 된 협의서가 있어야 한다. 그것은 입양 이후에 발생할지 모를 분쟁을 막기 위해서이다. 입양협의서에는 적어도 입양 당사자의 성명, 신분, 피입양인의 성별, 연령, 건강상태 등이 기재되어 있어야 한다.[48]

(2) 공증절차

이에 관해서 입양법은 제15조 제4항에서 규정하고 있다. 즉 입양인과 송양인은 서면으로 입양의 협의를 한 후에, 공증기관은 입양의 공증을 처리할 것인지 여부를 당사자가 자원하여 협상이 확정되면 그에 의해서 하고, 만일 입양 당사자 각자 또는 일방이 입양공증의 처리를 요구하는 경우에는 당연히 입양공증을 처리하여야 한다.

그렇지만 현실 생활에 있어서는 이런저런 원인으로 일부 입양인이 필요적 절차를 거치지 아니하고 타인의 자녀를 입양하여 왔다. 이러한 행위에 대하여 최고인민법원은 마땅히 구별하여 달리 처리하여 왔다. 즉 입양법이 시행되기 이전에 데려온 경우에 대해서는 당시의 관련 법규에 따라 인정 여부를 결정하였다. 다만 이러한 경우에는 몇 가지 요건을 동시에 갖추어야 사실상 입양으로 인정되어서 그 요건을 구비한 것만 입양의 효력을 승인하였다. 세 가지 요건은 다음과 같다. 첫째, 쌍방 사이에 실제로 양육과 부조한다는 객관적 사실이 존재하고 사실상 양육관계가 형성되었을 것, 둘째, 대외적으로 쌍방이 부모와 자녀라고 서로 칭하고 친지들이 역시 타인에게 양부모관계가 있다는 것을 인정하며, 객관적 사실로 나타난 입양과 송양하는 쌍방 사이에 명확한 입양의 합의가 있을 것, 셋째, 입양된 아이와 그 생부모의 권리의무관계가 실제로 이미 소멸되었을 것 등이다. 한편 입양법이 시행된 이후에는 당사자가 법정 절차를 밟지 아니하고 타인의 자녀를 데려온 경우 현행 입양법의 규정에 비추어 볼 때 다시 사실상 입양의 효력을 인정하지 아니한다.[49)]

Ⅳ. 입양의 효과

중국 입양법은 제23조 제1항 제1문에서 '입양 관계가 성립한 날로부터 양친과 양자 사이의 권리의무관계에는 부모와 자녀 사이의 관계에 대한 법규정이 적용된다'고 규정하고, 동항 제2문에서는 '양자와 양부모의 근친속 사이의 권리의무관계는 자녀와 부모의 근친속 사이의 관계에 관한 법규정이 적용된다'고 하며, 그리고 제2항에서는 '양자와 친부모 및 그 근친속 사이의 권리의무관계는 입양의 성립에 의하여 없어진다'라고 규정하여 입양으로 인한 양자녀와 양부모 및 생부모 등 사이에 있어서 법률관계의 변동이 어떠한가에 관한 문제에 대해서 그 입장을 명확히 밝히고 있다. 다음에서 입양의 법률효과에 관하여 차례대로 살펴보도록 하겠다.

1. 양부모와 양자녀 사이 생부모자녀의 권리의무관계의 발생

입양이 성립한 이후에 양부모와 양자녀 사이에는 의제적인 직계혈족관계[50]가 생겨나며, 그들 사이의 권리와 의무는 자연혈족인 부모자녀관계에서와 서로 동일하고, 부모자녀관계에 관한 법규정이 적용된다.

양부모는 독립된 생활이 불가능한 양자녀에 대해서 양육하고 교육할 의무가 있으며, 동시에 미성년인 양자녀를 감독하고 보호할 권리와 의무가 있다.[51] 또한 양자녀와 양부모는 서로 유산을 상속할 권리가 있다.[52]

입양법 제24조는 '양자는 양부 또는 양모의 성을 따를 수 있고 당사자 협상이 이루어질 경우, 본래의 성을 유지할 수도 있다'고 규정하고 있다. 여기서 입양의 효력이 친족신분관계의 여러 방면에서 나타남을 알 수 있다.[53]

입양법 제16조에서 '입양이 성립한 후에 공안부문[54]은 관련규정에 따라서 피입양인을 위해 호구등기[55]를 한다'고 규정하고 있는데, 이렇게 함으로써 입양의 근본적인 목적을 실현하고, 피입양자로 하여금 양부모와 공동생활을 할 수 있게 된다.

2. 양자녀와 양부모의 근친 사이 법정친족관계의 형성

양자녀와 양부모의 근친 사이에는 그에 상응하는 법정혈족관계가 형성되고, 그들 사이의 권리의무에는 자녀와 부모의 근친관계에 관한 법규정이 적용된다.

해당 양자녀와 양부모 사이에 입양이 성립된 때에 양자녀와 양부모의 부모 사이에는 법정조손관계가 형성되며, 양부모의 기타 권리의무가 있는 자녀[56]와는 양형제자매관계가 형성된다. 일정한 조건을 갖추면 그들 사이에는 부양, 후견, 상속 등에서 권리의무가 발생한다.[57]

3. 양자녀와 생부모 사이 권리의무관계의 소멸

입양이 성립된 후에 양자녀는 즉시 생부모와 관계가 단절되어 양부모의 자녀로 된다.[58] 따라서 양자녀와 생부모 사이의 권리의무는 소멸되고, 상호간에는 부양 등의 의무를 다시는 부담하지 아니하게 될 뿐만 아니라 또한 상속 등의 권리도 다시는 누릴 수 없게 된다. 요즘 중국의 현실은 입양 당사자가 입양의 성립에 있어서 스스로 입양협상에 동의한 후에도 양자녀와 생부모 사이에 부분적인 권리의무관계가 계속 남아 있는 일이 있다. 이것은 이른바 '불완전입양'으로서 국가의 법률에 의해서 인정되고 있다. 민간에서 이루어지는 이러한 입양에 대해서 입양법의 기본원칙에 위배되지만 않는다면 당사자의 선택을 존중하여 그 협의의 효력을 인정하고 있다. 다만 만일 이로 인하여 피입양인의 건강한 성장에 불리하게 되는 경우에는 이러한 약정의 법률적 효력은 법에 따라서 부정되어야 하며, 양자녀와 양부모 사이의 권리의무관계는 소멸하는 것이 원칙이다.[59]

4. 양자녀와 그 생부모의 근친 사이 권리의무의 소멸

양자녀와 생부모의 근친 사이의 권리의무관계는 입양의 성립으로 인하여 소멸된다. 이것은 양자녀와 생조부모 및 생외조부모 사이, 자연혈족의 형제자매 사이의 권리의무관계도 소멸되어 상호간에는 더 이상 부양 등의 의무를 부담하지 않게 되며, 또한 상속 등의 권리 역시 누릴 수 없게 되는 것이다. 그러나 법정권리의무는 소멸될 수 있지만, 자연혈족관계는 인위적으로 소멸시킬 수 없는 기본사실이므로 양자녀와 그 생부모의 근친 사이는 여전히 혼인의 장애는 남게 된다.[60]

1) 우리 가족법은 1990년 개정으로 마침내 이 단계에 이른 것으로 평가받고 있다. 그러나 1990년 개정법은 그 실제적인 내용을 보면 단지 '爲家養子' 또는 '爲親養子'를 위한 듯한 몇몇 규정들을 삭제하는 데 그치는 소극적인 개정이었을 뿐 명실상부한 위자양자로 나아가기 위한 적극적인 법의 개정은 없었다. 우리 입양법이 발전하기 위해서는 보다 적극적인 법의 개정과 관련법규의 정비가 필요하다.

2) 우리 민법은 2005년 개정법에서 제4편 제2절에 '제4관 친양자'를 신설함으로써 완전양자제도를 도입하게 되었다.

3) 약자의 보호를 중시하는 이러한 중국법의 태도는 비단 입양에서뿐만이 아니라 혼인이나 이혼의 경우에 있어서도 마찬가지이다.

4) 夏吟蘭, 婚姻家庭與繼承法學原理(中國政法大學出版社, 1999), 252면.

5) 한국의 경우 입법 초기부터 줄곧 판덱텐체계에 따라 '民法'이라는 종합법전 속의 제4편에서 규율하고 있다. 그리고 북한의 경우는 재산관계를 규율하는 민법과 별도로 1990년에 '가족법'이라는 독립된 법률을 제정 · 시행하여 그 속에서 입양에 관한 내용을 규율하고 있으며, 1993년에 제1차 개정된 바 있다. 이러한 점에서 중국과 북한은 같은 사회주의법체계이면서 입양에 관해서 그 법체계를 달리하고 있다.

6) 원어로는 '收養法'이라고 부르고 있으나 이 글에서는 우리법의 명칭으로 적는다.

7) 教育部高等教育司組, 婚姻家庭繼承法(法律出版社, 2000), 154면.

8) 民法通則 제55조는 다음과 같다.
민사법률행위는 다음 조건을 구비해야 한다. (1) 행위자가 상응하는 민사상 행위능력을 구비해야 한다. (2) 의사표시가 진실하여야 한다. (3) 법률 또는 사회공공이익에 위반되지 않아야 한다.

9) 당사자가 자기 의지에 따라 임의로 입양행위를 결정할 수 없는 것은 이러한 이유가 있기 때문이다.

10) 중국에 있어서 이론상으로 민사법률행위는 그 효과의 내용 및 성질상 동일하지 아니하므로 재산행위와 人身行爲로 구분된다. 이 인신행위는 다시 인격행위와 신분행위로 나뉘어진다. 이 중에서 신분행위는 신분관계의 변동을 발생시키는 행위이다.

11) 教育部高等教育司組, 앞의 책, 157면.

12) 중국 가족법이론상 이것을 '擬制血親' 또는 '法定血親'이라고 부르고 있는데, 우리 가족법상 '法定血族'에 해당한다. 이 법에서는 후자를 택하여 '법정혈족'이라고 쓰기로 한다.

13) 教育部高等教育司組, 앞의 책, 158면.

14) 입양법 제2조 : 收養應當有利於被收養的未成年人的撫養, 成長, 保護被收養人和收養人的合法權益, 遵守平等自願的原則, 幷不得違背社會公德.

15) 중국에 있어서 이 원칙은 入養法이 반포되기 이전에도 줄곧 판례에 의하여 견지되어 온 중요한 원칙이었다. 이에 관하여 자세한 것은 陳智慧 · 李學蘭, 婚姻, 收養, 監護與繼承(復旦大學出版社, 1997), 224면 참조.

16) 이 원칙을 보장하기 위하여 입양법은 제4조, 제6조, 제11조, 제25조에서 피입양인, 입양인 및 송양인의 자격조건 등에 관하여 구체적으로 규정하고 있다.

17) 일반적으로는 입양의 성립 이후 피입양인의 물질적 조건이 정도는 다르지만 다들 개선되었다고 한다거나 또는 사람의 성장에는 의식의 좋고 나쁨이 관건이 아니라 양호한 가정의 화목관계, 적당한 교육방식 등이 중요하다고 말한다(陳智慧 · 李學蘭, 앞의 책, 224면 참조).

18) 陳智慧 · 李學蘭, 앞의 책, 225면.

19) 입양행위는 신분관계와 그로 인한 재산관계의 변경에까지 미치기 때문에 민법이 규율하는 범주에 속하는 것이다.

20) 입양이 유효하게 성립한다면 바로 우리 가족법상 '양부모' 또는 '양친'이 된다. 그렇지만 이 글에서는 그대로 '입양인'이라고 쓴다.

21) 우리 가족법에서는 이를 '양자녀로 될 자' 또는 바로 '양자녀'로 부르고 있으나, 이 글에서는, 아직 입양이 유효하게 성립완료된 상태가 아니므로, '피입양인'이라는 원어를 그대로 사용한다.

22) 우리 가족법상으로는 '친부모' 또는 '생부모'가 되겠지만, 양자를 보내는 사람이 반드시 친부모나 생부모는 아니기 때문에 이 역시 '송양인'이라는 원어를 그대로 표현한다.

23) 陳智慧 · 李學蘭, 앞의 책, 225면.

24) 입양법 제11조 : 收養人收養與送養人送養, 須雙方自願. 收養年滿十周歲以上未成年人的, 應當征得被收養人的同意.

25) 다만 이러한 경우 입양인과 송양인이 입양관계를 해제하기로 협의한 때에는 예외적으로 허락하였다.

26) 입양법 제31조 : ① 借收養名義拐賣兒童的, 依法追究刑事責任. ② 遺棄嬰兒的, 由公安部門處以罰款; 構成犯罪的, 依法追究刑事責任. ③ 出賣親生子女的, 由公安部門沒收非法所得, 幷以罰款; 構成犯罪的, 依法追究刑事責任.

27) 陳智慧 · 李學蘭, 앞의 책, 226면.

28) 이 점에서는 북한의 입장 역시 마찬가지로 볼 수 있다.

29) 입양법은 입양인의 조건으로서 첫째, 35세 이상이면서, 둘째, 자녀가 없을

것 등을 규정하고 있다.

30) 현재 중국 절대 다수의 省, 自治區, 直轄區都에서는 계획적인 출산·양육에 관한 條例를 제정·반포하고 있다. 이러한 사실을 통해서 입양행위에는 반드시 계획적인 출산·양육에 관한 법률이나 법규를 위배하지 아니하여야 한다는 것이 그 전제가 되고 있음을 알 수 있다.

31) 教育部高等教育司組, 앞의 책, 161면.

32) 여기서 '고아'란 부모가 이미 사망하였거나 또는 사망선고를 받은 아동을 말한다.

33) 여기서 '棄嬰'과 '기아'란 부모에게서 버려졌거나 생부모를 찾을 수 없는 영아와 아동을 말한다.

34) 여기서 '생부모가 부양능력이 없는 특별히 곤란한 상황의 자녀'란 생부모가 부상, 병, 불구 또는 경제적 곤란 등의 원인으로 자기자녀를 양육할 능력이 없는 경우를 말한다.

35) 입양법 제4조 : 아래 각 호의 14세 미만의 미성년자는 입양될 수 있다. 1. 부모를 잃은 고아, 2. 생부모를 조사하여도 찾지 못한 기아와 아동, 3. 생부모가 부양할 수 없는 특별히 곤란한 자녀.

36) 1998년 개정 전에는 만 35세 이상일 것이 요건이었다.

37) 우리의 후견인에 해당되는 것으로 생각된다.

38) 다만 생부모 일방이 행방불명이거나 찾을 수 없는 경우에는 단독으로 입양시킬 수 있다. 그렇지만 이러한 경우에도 반드시 적당한 조사와 통지의 형식을 거쳐야 한다.

39) 양육의무가 있는 조부모, 외조부모, 성년인 형·누나가 입양에 동의하지 아니하고 후견인 역시 후견업무를 계속 이행할 의사가 없는 때에는 당연히 입양법 제13조의 규정에 비추어 후견인을 변경하여야 한다.

40) 다만 부모가 그 미성년자에 중대한 위해성(危害性)이 있거나 자녀의 건강한 성장을 위협할 가능성이 있는 때에는 후견인이 그를 입양시키는 것을 허가한다.

41) 여기서 '사회복지기관'이란 일반적으로 아동복지원 또는 건강회복원 등이 민정부문에 의해 설립되어, 생부모나 후견인을 찾을 수 없는 기아나 고아를 전문적으로 수용하여 일시적으로 양육하는 사회조직을 말한다.

42) 다만 배우자 일방이 행위능력을 상실한 경우에는 행위능력 있는 일방의 동의만 있어도 가능하다.

43) 教育部高等教育司組, 앞의 책, 168면.

44) 教育部高等教育司組, 앞의 책, 168면.

45) 이 관리문서를 '檔案'이라고 하는데 '분류하여 보관하는 공문서'를 이르는 말이다.

46) 이러한 입양등기를 처리하는 기구는 현급 이상의 민정부문 및 그 派出設立機構이다.

47) 중국에 있어서도 역시 입양은 '신분행위'라고 보고 있기 때문에 입양은 반드시 쌍방 당사자 본인이 스스로 진행하여야 하며, 타인이 대리할 수 없다.

48) 일반적으로 입양인은 부모가 그 자녀에 대하여 부담하는 각종 의무를 이행할 것이며, 양자녀를 학대하지 아니하고 유기하지 아니하겠다는 등의 내용을 분명히 할 것이 요구된다. 그 밖에 협의의 성립일을 각 당사자가 직접 서명하고, 만일 증인이 있는 경우에는 마찬가지로 서명이 요구된다.

49) 教育部高等教育司組, 앞의 책, 169면.

50) 이것은 우리 민법상 '법정혈족관계'에 해당하는 것이다.

51) 한편 성년인 양자녀는 양부모에 대해서 부양할 의무를 부담한다.

52) 이때 양부모와 양자녀는 서로 제1순위의 법정상속인이다.

53) 한편 다른 민족 사이의 입양의 경우에는 관련규정에 의하면 미성년인 양자녀의 민족이 어디냐에 따라서 그 양부 또는 양모의 민족으로 바꿀 수 있다.

54) 우리의 '경찰'에 해당하는 것인데 여기서는 그대로 표기한다.

55) 여기서 '戶口'라는 것은 과거 우리의 '호적'과 유사한 제도이지만, 우리의 '주민등록'까지 포괄하는 보다 넓은 개념으로 볼 수 있다.

56) 예를 들면, 혼인외 자녀가 이에 해당된다.

57) 그 밖에도 양자녀와 양부모의 형제자매 사이에서도 의제적 방계혈족관계가 형성된다.

58) 이로써 볼 때 중국은 이른바 '완전양자제도'를 채택하고 있는 것으로 보인다.

59) 教育部高等教育司組, 앞의 책, 171면.

60) 教育部高等教育司組, 앞의 책, 171면.

제 6 장

부 양

Ⅰ. 개 설

Ⅱ. 중국 가족법상 부양관계

Ⅲ. 부양의 순서

Ⅳ. 부양의 정도, 방식과 변경

제 6 장

부 양

Ⅰ. 개 설

1. 부양의 의의

(1) 부양의 개념

부양(부조)이란 자연적 또는 사회적 원인 등으로 인하여 자기 혼자 힘만으로는 독립적인 생활을 꾸려나갈 수 없어서 생존권을 위협받는 자에 대하여 가족과 같은 개인이나 국가 등이 경제적, 정신적, 신체적 원조를 하는 것이다.[1)]

오늘날 미성년, 고령, 장애, 질병, 실업 등으로 인하여 경제적으로 자립할 수 없는 사람(요부양자)을 누가 원조하여야 하는가? 요부양자에 대한 다양한 부양은 사적 부양과 공적 부조로 나뉠 수 있는데, 현대의 많은 국가들이 정도의 차이는 있지만 요부양자에 대한 부양은 개인과 가족의 사적 부양에서 국가와 지방자치단체가 재정적 책임을 지는 공적 부조로 그 중심이 옮겨가고 있으며,[2)] 국가적 부양의 보장을 위하여 각종 법률과 사회보장제도가 정비되고 있다.[3] 우리 헌법은 제34조 제5항에서 "생활능력이 없는 국민은 법률이 정하는 바에 의하여 국가의 보호를 받는다"라고 선언하고 있다.[4]

그러나 이러한 헌법 정신은 국민에게 구체적 권리를 인정한 것이라기보다는 국가가 국민의 기본적 인권인 생존권의 보장을 위하여 노력하여야 함을 천명한 것이라고 할 것이어서 국민이 국가에 대하여 구체적인 권리를 가진다고 볼 수는 없고, 다만 입법의 기준방침을 규정한 것으로 보아야 할 것이다.[5] 우리 현행법상 부양은 혼인과 혈연에 의한 부양관계로서 제1차적 부양(부부 사이의 부양, 부모의 자녀에 대한 부양의무)과 제2차적 부양(민법 제974조의 부양관계)으로 나누는 것이 일반적인 견해이다.[6] 우리 법 역시 사적 부양과 공적 부조의 적용범위에 대하여 논란이 있으며, 이혼 후의 부부 사이의 부양의무 여부[7]도 일부 학자 사이에서 논의되고 있다. 우리 법은 민법상 사적 부양이 국민기초생활보장법상 공적 부조보다 우선하는 것으로 해석되고 있다.[8] 민법상 사적 부양과 국민기초생활보장법상 공적 부조는 부양의 정도 및 방법에 있어서도 차이가 있다. 전자는 자율적이지만 후자는 일률적[9]이다.

⑵ 중국법상 부양의 종류

중국 가족법에서는 부양을 일정한 친족 사이에서 공양하고 부조하는 법정의무로 규정하고 있다. 부양은 권리와 의무 양면을 지닌 것으로서 부양을 받는 자가 권리자로 되고, 부양을 이행할 책임이 있는 자가 의무자로 된다.

중국 가족법상 부양은 크게 다섯 가지로 나누어 볼 수 있다.[10)]

첫째, 부모의 미성년자녀(혼인중 자녀, 비혼인중 자녀, 인공수정자녀, 양자녀, 부양관계 있는 계자녀를 포함함)에 대한 부양의무이다.[11)] 이 의무는 친권의 내용으로서 면제할 수 없는 것이다. 중국 가족법에서는 이를 '무양(撫養)'이라고 부르고, 이것은 무조건적인 의무이다.

둘째, 자녀의 부모(생부모, 인공수정시술을 한 부모, 양부모, 부양관계 있는 계부모를 포함함)에 대한 공양과 부조의무이다. 연로한 부모에 대한 부양은 금전적 공양뿐만 아니라 정신적·신체적 고려와 부조를 포함한다. 중국 가족법에서는 이를 '섬양(贍養)'이라고 부른다. 이 의무는 유조건적이지만, 면제할 수는 없다.

셋째, 부부 사이의 부양이다. 이것 역시 경제적인 공양과 정신적·체력적인 부조를 포함하는 것이다. 중국 가족법에서는 이를 '부양(扶養)'이라고 부른다. 부부 사이의 부양의무는 반드시 이행하여야 하며, 무조건적이고 면제할 수 없다.

넷째, 형제자매 사이의 부양이다. 이것 역시 경제적 공양과 정신적·체력적인 부조를 포함한다. 중국 가족법에서는 이를 '부양(扶養)'이라고 부르며, 유조건적인 것이다.

다섯째, 직계 또는 방계의 존비속 사이, 직계인척 사이(예컨대 조손 사이, 백숙부·고모·외숙·이모와 조카·생질(남편 누이의 자녀) 사이, 시부모와 며느리 사이, 장인장모와 사위 사이 등)의 부양이다. 중국 가족법에서는 이를 '무양(撫養)' 또는 '섬양(贍養)'이라고 부르며, 유조건적인 것이다.

이처럼 부양의 의미에는 경제적인 공양(부양)도 있고, 정신적·

체력적인 부양도 있음을 알 수 있다.[12)] 중국 가족법상 부양은 일정한 친족관계가 법률상 성립한 이후의 법률효과로서 노인과 유아, 병자와 불구자, 곤궁한 자 등의 생활을 보장하고, 가정관계를 안정시키며, 사회안정과 문명발전의 요구를 촉진시키는 것으로 해석되고 있다.[13)]

(3) 중국 부양법의 문제

중국은 몇 가지 부양의 기본제도에 관하여 규정이 없거나 매우 불명확하다. 2001년 개정 혼인법은 부양에 관하여 주로 다음과 같은 점에서 부족하다는 지적이다.

첫째, 부양의무가 근친 사이에서 동일하지 않은 신분관계로 인하여 무양(撫養), 부양(扶養), 섬양(贍養)으로 구별하여 사용하고 동일하지 않은 부양의무를 규정하는 것은 내용상에 있어서 중복, 장황, 복잡하고 매우 불명확하다.

둘째, 부양관계발생의 요건이 동일하지 않은 친족관계에 의하여 동일하지 않은 요건을 규정하는 것은 지나치게 복잡하여 집행이 쉽지 않다. 예컨대, 조부모 · 외조부모의 손자녀 · 외손자녀에 대한 '무양'의무와 손자녀 · 외손자녀의 조부모 · 외조부모에 대한 '섬양'의무 및 형제자매 사이의 부양의무발생의 요건이 지나치게 장황하게 규정되어 있다.

셋째, 친족 사이의 부양에 관하여 혼인법은 '무양', '섬양', '부양'으로 구체화하면서 형법과 상속법에서는 주로 '부양'이라는 표현을 사용하고 있을 뿐이다. 총칭으로서의 부양과 구체적인 부양이라는 용어는 종종 혼란을 야기하기 쉽고, 번역할 때에도 쉽게 여러 가지로 해석될 수 있다.

2. 부양의 성질

중국 혼인법상 부양은 일정한 범위의 친족 사이에서 성립하는 사법상 법정의무이다. 이것은 공법상의 국가부조 및 사회부조와 서로 구별되는 것이다. 중국 헌법은 제45조[14]에서 '중국 국민은 연로, 질병 또는 노동능력을 상실한 상황 하에서 국가와 사회로부터 물질적 지원을 받을 권리가 있다'라고 규정하고 있다. 이 헌법 규정에 근거하여 국가는 재해구제, 빈곤구제를 강구하고 있다. 기업에서는 상해배상과 사회보험제도를, 국가에서는 의료위생보험제도 등을 두고 있는데 이것은 모두 공법상 부양이다. 공법상 부양은 국민의 권리로서 국가와 사회가 이행할 의무이다. 그러므로 부양은 모든 가정과 모든 개인의 친족 사이에 상호 부담하는 경제상 공양과 정신상, 체력상 부조이다.[15]

이러한 사법상 부양은 일정한 친족관계를 전제로 하며,[16] 부양관계는 당사자의 일정한 신분관계에 기초하여 발생한다.[17] 부양청구권은 친족법상 권리로서 일신전속권이며, 부양의무의 이행기간 내에 행사자만이 향유하는 전속권이다. 그러므로 상속, 처분, 압류 또는 상계할 수 없다.[18]

3. 부양의 일반적 유형

(1) 생활유지적 부양의무

이것은 제1차적 부양의무라고 하는 것로서 상대방을 부양하는 것이 당해 신분관계의 본질적·불가결의 요소를 이루는 것을 말한다. 즉 상대방의 생활을 유지하여 주는 것이 곧 자기생활의 유지를 뜻하는 경우이다. 부부 사이, 부모와 미성년 자녀 사이의 부양의무가 여기에 속한다. 이러한 부양관계에는 '자기가 사는 권리는 타인을 부양할 의무에 우선한다'는 원칙이 적용되지 않는다. 따라서 부양의 정도도 자기생활과 동등한 정도여야 한다. 한 술의 밥이라도 나누어 먹어야 하는 부양의무로서 '필연적 생활보존의무'이다.

(2) 생활부조적 부양의무

이것은 제2차적 부양의무라고 하는 것으로서 친족 사이에서 일방이 생계불능으로 된 경우 타방이 그 생활을 부조하는 것이다. 즉 상대방을 부양하는 것이 본질적·불가결의 요소가 아니라 우연적·예외적인 경우이다. 형제자매 사이, 기타 친족 사이의 상호부양이 여기에 속한다. 이는 사회보장의 대체물이며 여유가 있으면 도와주라는 관계이다. 따라서 부양의 정도는 자기 지위에 상응하는 생활을 희생함이 없이 급부하는 생활필요비에 국한된다.[19] 나의 배를 채우고 난 뒤에 남는 것을 주는 부양관계이다. 이를 친족부양 또는 협의의 부양이라고 한다.

우리 현행법은 이 두 개념을 구별하지 않고 있다. 다만, 부부 사이의 부양의무는 민법 제826조 제1항에서 규정하고 있으며, 부모와 미성년 자녀 사이의 부양의무는 친권자의 보호·교양의 권리의무(민법 제913조)에 포함되어 있는 것으로 이해되고 있다.[20] 한편 부모와 자녀 사이의 부양의무는 친족 사이의 부양과 함께 규정(민법 제974조 제1호)되어 있는데 이와 같은 입장은 재고되어야 한다는 주장이 유력하다.[21]

(3) 부양의 요건

부양은 일방 당사자가 부양이 필요하고, 그를 부양할 능력이 있는 일정한 친족 사이에서 발생한다. 즉 '부양필요가 있을 것'과 '부양능력이 있을 것'은 부양관계 성립의 두 요건이다. 이에 대하여 두 가지 견해가 있다. 하나는 부모와 미성년자녀 사이의 부양, 성년자녀와 생활이 곤란하거나 노동능력을 상실하여 원조를 필요로 하는 부모 사이에서 부양을 하는 경우에 부양의무자가 부양의무를 이행할 상당한 경제능력을 가져야 하느냐에 대하여 부정적인 입장이다. 이러한 경우에 부양의무자의 생활 여유 여부를 막론하고 능력을 다하여 자기 생활수준을 낮추어서라도 부양권리인을 부양할 책임을 부담하여야 한다는 것이다. 다른 하나는 직계혈족과 일정한 친족 사이의 부양에 있어서는 부양의무자가 자기의 가정생활을 유지하고 남는 능력이 있고, 부양권리인이 확실히 부양이 필요한 경우에 부양의무를 이행한다. 따라서 기타 친족 사이의 부양 성립의 요건은 부양의 필요가 있을 것과 부양능력이 있을 것 두 가지이다.[22] 전자는 부양발생의 전제요건으로서 절대적 요건이고,

후자는 상대적 요건이다.[23)]

Ⅱ. 중국 가족법상 부양관계

1949년 중국 정부 수립 후 1950년 혼인법과 1980년 혼인법은 가정성원과 근친 사이의 경로애유(敬老愛幼), 평등적 상호부조의 부양관계로 규정하였다.[24)] 이 규정이 갖는 의미는 첫째, 부모와 노인에 대한 효도와 공경, 어린이에 대한 부양과 관심의 제창은 부모와 자녀의 인격이 평등하다는 것을 바탕으로 하는 상호존중이다. 두 번째는 가정성원 사이의 평등한 상호원조와 부양이다.

혼인법을 비롯하여 최고법원의 사법해석 등에서 규율하고 있는 부양관계의 주요내용은 다음과 같다.

1. 부모와 자녀 사이의 부양

중국에서는 부모가 자녀를 부양하는 것은 '무양(撫養)'이라고 한다. 중국 헌법 제49조에서는 '부모는 미성년자녀를 양육 · 교육할 의무가 있다'[25)]라고 규정하고 있다. 이에 근거하여 2001년 개정 혼인법은 제21조에서 '부모는 자녀에 대하여 양육 · 교육할 의무가 있다' 그리고 '부모가 양육의무를 불이행시에는 미성년인 또는 독립된 생활이 불가능한 자녀는 부모에게 양육비의 지급을 청구할 권리가 있다'라고 규정하고 있다.[26)] 이에 따라서 부모에게는 미성년 자녀를 경제적으로 부양(供養)하고 아울러 일상생활에 있어서도 자녀를 보살피고 배려하며, 자녀의 심신상 건강한 성장을 보증할 것이 요구된다.[27] 이것은 어떠한 경우에도 면제할 수 없는 법정의무로서 부모가 이미 이혼한 경우에도 마찬가지이다.[28] 이와 동시에 혼인법은 독립생활이 불가능한 성년자녀도 양육대상으로 보아 미성년자가 가지는 것과 동일하게 양육권을 갖는 것으로 본다.[29] 부모의 부양의무는 자녀의 연령에 따라 구별된다. 즉 자녀가 18세 미만인 경우에는 무조건적이고, 18세 이상인 경우에는 일정한 조건[30]에 따라 부양의무를 부담한다.

자녀가 부모를 부양하는 것은 '섬양(贍養)'이라고 한다.[31] 이 역시 헌법 제49조에서 '성년자녀는 부모를 섬양·부조할 의무가 있다'[32]라고 규정하고 있다. 이에 근거하여 2001년 개정 혼인법은 제21조에서 '자녀는 부모에 대하여 섬양·부조할 의무가 있다(제1항)' 그리고 '자녀가 부모에 대한 섬양의무를 이행하지 않는 때에는 노동능력이 없거나 생활이 곤란한 부모는 자녀에게 섬양비의 지급을 청구할 권리가 있다(제3항)'라고 규정하고 있다. 이에 따라서 성년자녀가 부모에 대하여 부담하는 물질적인 공양과 부조는 무조건적인 것이 아니라 다음과 같은 조건을 갖추어야 한다.[33] 첫째, 부모가 노동능력이 없거나 생활이 곤란할 것, 둘째, 성년자녀가 독립생활을 할 수 있고 부양능력이 있을 것 등이다. 그러므로 노동능력이 있거나 생활이 곤란하지 않은 부모에 대하여는 자녀가 스스로 효심에서 우러나 부모를 부조할 것을 권유할 뿐 강제하지는 않는다. 부양의무의 내용은 경제적인 공양, 생활상·체력상 뒷바라지와 지원 및 정신상 존경·위자·관심 등을 포함하는 것이다. 실제로 자녀가 2인 이상인 때에는 각자의 조건에 따라서 분담내용을 협의하여야 한다. 부양의 방식은 같은 집에 살면서 직접 부양하는 것도 가능하고, 따로 살며 항상 연락·탐망하면서 생활의 조건과 생활비를 제공하는 것도 가능하다. 부양은 부모가 사망할 때까지 무기한적인 것이다. 자녀가 부모를 학대·유기하는 때에는 훈계나 행정처벌을 할 수 있고, 상황이 심각한 경우에는 형법(제260조와 제261조)에 의하여 형사책임을 추궁할 수도 있다.[34)]

자녀에 대한 부모의 부양의무는 그들이 이혼을 하더라도 계속 부담하여야 하는 의무이다. 이에 대하여 2001년 개정 혼인법은 부모가 이혼한 후에도 자녀에 대하여 부양 및 교육의 권리의무가 있다는 명문의 규정을 두고 있다(동법 제36조 제2항).[35)] 이혼한 부모의 일방이 자녀를 부양하는 경우에는 다른 일방은 자녀양육에 필요한 생활비와 교육비의 일부 또는 전부를 부담하도록 규정하고 있다(동법 제37조).[36)]

2. 부부 사이의 부양

2001년 개정 혼인법은 제20조에서 '부부는 서로 부양할 의무가 있다. 일방이 부양의무를 이행하지 않는 때에는 부양이 필요한 일방은 상대방에 대하여 부양비의 지급을 청구할 권리가 있다'라고 규정하고 있다. 부부 사이의 부양의무는 일방이 그 배우자에 대하여 생활공양책임을 부담하는 법률관계이다.[37)] 이 규정에 의한 부부 사이의 부양의무는 다음과 같은 특징이 있다.

첫째, 부부 사이의 부양의무는 부부의 혼인의 효력으로부터 발생하는 것이고,[38] 부부 사이의 공동생활의 유지는 혼인의 필연적인 요구이다. 이것은 일반적으로 부부의 공동생활 중에서 실현된다.

둘째, 부부 사이의 상호부양은 의무이자 권리이다. 부부는 모두 상대방을 부양할 의무가 있고, 또한 모두 상대방에 대하여 부양을 받고 요구할 권리가 있다.

셋째, 부부 상호의 부양의무는 법률상 강제되는 것이다.[39] 이 부양의무는 있어도 되고 없어도 되는 것이 아니라 반드시 이행하여야 하는 것이다. 이행하지 않으면 요부양자는 상대방에 대하여 부양책임을 지도록 요구할 권리가 있다. 부양을 둘러싼 분쟁이 발생할 경우에는 유관기관의 조정을 거치거나 직접 법원에 제소할 수 있다. 이때 법원은 조정으로 해결하거나 판결로써 부양의무자의 부양이행을 강제할 수 있다. 만일 부양의무자가 부양의무의 이행을 거부하는 것이 상황이 심각하면 범죄로 되어 형사책임을 져야 한다.[40]

3. 조손(외조손 포함) 사이의 부양

'조손'은 조부모와 손자녀, 외조부모와 외손자녀를 모두 포함하는 것으로서 세대를 건너뛴 직계혈족인 친족관계이다. 조손 사이의 부양의무에 관하여 2001년 개정 혼인법은 제28조에서 '부담능력이 있는 조부모, 외조부모는 부모가 이미 사망하였거나 부양할 능력이 없는 미성년인 손자녀, 외손자녀에 대하여 부양할 의무가 있다. 부담능력이 있는 손자녀, 외손자녀는 자녀가 이미 사망하였거나[41] 자녀가 섬양할 능력이 없는 조부모, 외조부모에 대하여 섬양할 의무가 있다'라고 규정하고 있다. 이 규정은 최고법원의 해석[42]을 수용한 것이다.

이러한 조손 사이의 부양의무는 무조건적인 것이 아니라 일정한 조건을 갖춘 경우에 한하여 발생한다.[43] 첫째, 부담능력 있는 조·손만이 부양의무를 부담한다. 둘째, 피부양인이 확실히 부양인의 부양을 필요로 한다. 셋째, 피부양인의 부모 또는 자녀가 사망하였거나 부양능력이 없을 것이다. 이러한 조건에 부합하지 않는 조손 사이에서는 법정부양의무는 발생하지 않으며, 스스로 이행할 것을 권할 수는 있으나 조건을 더 강화할 수는 없다.

4. 형제자매 사이의 부양

여기서 말하는 '형제자매'에는 동복의 형제자매, 동부이모의 형제자매, 동모이부의 형제자매, 양형제자매와 계형제자매를 포함한다.[44] 이 중에는 혈연관계가 있는 형제자매도 있고, 없는 형제자매도 있다. 형제자매 사이의 부양의무에 관하여 2001년 개정 혼인법은 제29조에서 '부담능력 있는 형·누나는 부모가 이미 사망하였거나 부모가 부양할 수 없는 경우에는 미성년인 동생에 대하여 부양할 의무가 있다. 형·누나의 부양으로 성장하여 부담능력이 생긴 동생은 노동능력이 없거나 생활근거가 없는 형·누나에 대하여 부양할 의무가 있다'라고 규정하고 있다.[45] 이 조문은 '형·누나의 부양으로 성장하여 부담능력이 생긴 동생은 노동능력을 상실하거나 고독하여 의지할 데 없는 형·누나에 대하여 부양할 의무가 있다’라는 최고법원의 보충해석[46]에 근거한 것이다.

이러한 형제자매 사이의 부양의무 역시 무조건적인 것이 아니라 다음과 같이 일정한 조건이 있는 경우에만 발생하는 것이다. 즉 형·누나가 동생에 대하여 부양의무가 발생하는 조건은 동생이 확실하게 부양이 필요하고 또 타인의 부양이 없을 것, 그리고 형·누나가 부담능력이 있고 부모가 이미 사망하였거나 부양할 힘이 없을 것 등이다. 반면에 동생이 형·누나에 대하여 부양의무가 발생하는 조건은 형·누나가 노동능력을 상실하였거나 의지할 곳이 없어서 부양이 필요할 것, 그리고 동생이 부담능력이 있고 형·누나가 일찍이 동생을 부양한 경우 등이다.[47]

형제자매 사이의 부양의무에 관한 법률규정은 혼인중 태어난 친형제 사이에서는 확정적이고, 기타 유형의 형제자매 사이의 부양의무는 앞에서 언급한 조건에 부합하는 경우에만 모두 부양의 권리의무가 발생한다.[48]

5. 시부모와 며느리, 장인장모와 사위 사이의 부양

이들 사이의 부양은 당사자의 선택에 맡기는 것이고, 원하지 않으면 부양을 강제할 수는 없다.

시부모와 며느리 사이에 있어서 며느리가 시부모에 대하여 주요한 부양의무를 다함으로써 사실상 부양관계가 형성된 경우에는 서로 학대와 차별대우 또는 유기하지 않도록 한 법규정을 준수하여야 한다. 이러한 며느리를 위하여 중국 상속법 제12조,[49] 부녀권익보장법 제34조[50]와 제35조[51]에서는 유처인 며느리를 제1순위의 법정상속인으로 규정하고 있다.

장인장모와 사위 사이의 부양에 대하여는 2001년 개정 혼인법 제9조[52]를 근거로 하여, 부부 쌍방이 부가 처의 가정성원이 되기로 약정한 경우에는 장인장모와 사위가 공동으로 거주하고, 가정성원 사이에 학대, 차별대우 및 유기를 하지 않도록 한 법규정을 준수하여야 한다. 그러나 동거하지 않는 경우에는 권리의무가 없는 것이 보통이다. 사위가 장인장모에 대하여 주요한 부양의무를 다함으로써 사실상 부양관계가 형성된 경우에는 상속법 제12조에 근거하여 유처인 며느리가 제1순위의 상속인으로 될 수 있다.[53]

Ⅲ. 부양의 순서

부양의무자 또는 부양권리자가 1인뿐이라면 부양의 순서에 관한 문제는 발생하지 않는다. 부양의 순서는 부양의무자 또는 부양권리자가 여러 명인 때에 부양의무의 이행을 확정 또는 부양권리자의 선후 순위를 결정하는 것이다.

부양의 순위는 나라마다 다르며, 그 나라의 풍속과 문화에 따라서 결정된다.

1. 부양의무자의 순서

부양의무자의 순서에 관한 입법례는 대체로 세 가지로 구분할 수 있다.

첫째는 개괄주의 방식을 취하는 경우이다. 이것은 단지 원칙 규정만 두는 방식이다. 즉 부양의무자의 순서를 당사자들의 협의에 의하도록 하고, 협의가 성립하지 않거나 협의가 불가능한 때에는 가정법원이 정하도록 하는 것이다. 우리나라(민법 제976조 제1항)와 일본(민법 제878조) 등이 취하는 방식이다.

둘째는 열거주의 방식을 취하는 경우이다. 이것은 부양의무자의 순서에 대하여 구체적으로 명확하게 규정하는 방식이다. 독일의 경우 부양의무자의 구별에 관하여 명확하게 규정하고 있는데 직계비속이 직계존속보다 우선하여 부양의무를 부담한다. 즉 직계비속 사이와 직계존속 사이에서는 근친자가 원친자보다 우선하여 부양의무를 부담하고, 같은 촌수의 친족이 여러 명인 때에는 그들의 수입과 재산상황을 고려하여 의무를 분담한다.[54)]

셋째는 법률에 명문의 규정이 없는 경우이다. 이것은 프랑스와 구 소련 등의 국가에서 취한 방식으로서 부양의무자가 여러 명인 때에 부양의무의 이행은 주로 재력이나 구체적 상황에 따라서 당사자들이 스스로 부양부담의 협의를 하거나 법원의 결정에 의한다.

2. 부양권리자의 순서

부양순서에 있어서 대부분의 국가는 의무자와 권리자의 순서를 모두 규정하고 있지만, 일부 국가는 부양의무자의 순서만 규정하고 부양권리자의 순서는 규정하고 있지 않기도 하다. 양쪽 다 규정하고 있는 국가들의 입법례는 크게 두 가지로 구분된다.

첫째, 개괄주의 방식을 취하는 입법례다. 이 방식은 부양권리자의 순서에 대하여 원칙만 규정하고 있을 뿐이다. 우리나라와 일본이 취하고 있는 방식이다. 부양권리자가 여럿이어서 부양의무자의 경제능력이 전체를 부양하기에 부족한 때에는 부양받을 자의 순서를 협의에 의하도록 하고, 협의가 성립하지 않거나 성립이 불가능한 때에는 가정법원에서 확정한다.

둘째, 열거주의 방식을 취하는 입법례다. 이 방식은 부양권리자의 순서를 명확히 규정하고 있다. 독일, 대만 등이 취하는 방식이다. 독일 민법상으로는 빈곤자가 여럿이어서 부양의무자가 전체를 부양할 능력이 없는 때에는 미성년인 미혼자녀를 다른 자녀보다 우선하고, 자녀는 다른 비속(직계 및 방계)보다 우선하고, 비속은 존속보다 우선하고, 존속 중에서는 근친이 원친보다 우선한다. 배우자는 미성년인 미혼자녀와는 서로 동등하고, 다른 자녀와 기타 친족보다는 우선한다. 만일 이혼하거나 혼인이 취소되는 때에는 성년자녀 또는 혼인한 자녀보다 배우자가 우선한다.[55] 반면에 대만의 경우에는 아직 유교적 전통이 남아 있어서 그런지 직계비속보다 직계존속을 우선하고 있다는 점에서 독일과는 다르다. 그렇지만 근친자가 원친자보다 우선한다는 점에서는 같고, 같은 촌수인 부양권리자가 여럿인 때에는 필요한 정도를 참작하여 부양한다.[56]

3. 부양의 순위

현행 중국 가족법(혼인법 및 관련 법령)에는 부양의 순서에 관한 명확한 규정이 없다.[57] 따라서 부양의무자나 부양권리자가 여럿인 때에는 당사자의 협의에 의하여 순서를 결정하고, 협의가 성립하지 않거나 성립이 불가능한 경우에는 법원에 의하여 확정할 수밖에 없다.[58] 아래에서는 중국 가족법학계의 원로인 인민대학교 楊大文 교수의 입법안을 소개한다. 양 교수는 2001년 개정 혼인법에 '부양'의 장을 두어야 한다는 것을 전제로 부양의 순서에 관한 규정을 제시한 바 있다.

제1조 부양의무자가 여러 명인 때에는 아래에 열거된 순서에 의하여 부양의무를 이행할 자를 결정하여야 한다.

① 직계비속

② 직계존속

③ 형제자매

④ 며느리, 사위 (같은 곳에서 공동생활하는 경우에 한함)

⑤ 부부(배우자)의 부모 (같은 곳에서 공동생활하는 경우에 한함[59])

⑥ 만일 부양범위가 3촌인 방계혈족까지 확대된다면 조카 · 외조카, 백부 · 숙부 · 고모 · 외숙 · 이모도 포함한다.

제2조 부양권리자가 여러 명이어서 부양의무자의 경제능력이 그 전체를 부양하기에 부족한 때에는 아래 순서에 의하여 부양받을 자를 결정하여야 한다.

① 직계비속

② 직계존속

③ 형제자매

④ 부부(배우자)의 부모 (같은 곳에서 공동생활하는 경우에 한함)

⑤ 며느리, 사위 (같은 곳에서 공동생활하는 경우에 한함)

⑥ 만일 부양범위가 확대된다면 백부 · 숙부 · 고모 · 외숙 · 이모, 조

카 · 외조카도 포함한다.

제3조 동일순서인 부양의무자가 여러 명인 때에는 부양의무자의 협의에 의하여 부양의무를 이행할 자를 정한다. 협의가 성립하지 아니하거나 협상이 불가능한 때에는 법원이 여러 명의 경제사정에 따라서 부양의무를 공동부담하게 하거나 일부가 부양의무를 부담하도록 결정한다.

제4조 동일순서인 부양권리자가 여러 명이어서 부양의무자의 경제능력이 그 전체를 부양하기에 부족한 때에는 경제사정이 가장 곤란하고 부조가 가장 필요한 자를 우선 부양하여야 한다.

제5조 부부 사이 및 부모의 미성년 자녀에 대한 부양의무는 우선의무이므로 배우자와 미성년 자녀는 부양을 받을 우선권리자로 된다.

위 양 교수의 입법안은 현행 우리 민법은 물론 부양 및 그 순서에 관한 각국의 입법례와 비교할 때 큰 틀에서는 차이가 없어 보인다. 이러한 사실은 부양에 있어서만큼은 국가를 막론하고 유사한 입법형태를 취하고 있음을 방증하는 것이라고 하겠다. 다만 구체적인 내용에 있어서는 우리 민법 제974조의 태도와 비교해 볼 때 몇 가지 차이가 있다. 먼저 법안 제1조를 보면 제1항과 제2항은 차이가 없어 보인다. 그러나 형제자매의 경우 우리 민법은 생계를 같이 할 것(제3호)을 요건으로 하고 있는 데 반하여 법안(제3항)은 공동생활을 요건으로 하지 않고 있으며, 며느리와 상위의 경우 우리 민법(제1호)은 생계를 같이 하지 않더라도 부양의무가 있는 데 반하여 법안(제5항)은 공동생활을 요건으로 규정하고 있다. 또한 우리 민법은 직계혈족의 배우자 사이에도 부양의무를 인정하고 있으나 법안 제1조에는 그에 관한 내용이 없다. 기타 법안 제3조, 제4조 및 제5조의 입법태도는 우리 민법의 입장과 대동소이하다.

Ⅳ. 부양의 정도, 방식과 변경

1. 부양의 정도

부양의 정도는 부양권리자의 요구와 부양의무자의 경제적 능력이라는 두 조건이 상대적으로 균형을 이루어 결정된다. 대부분 국가의 입법례에서는 부양의 정도를 부양권리자의 필요와 부양의무자의 경제능력 및 신분에 의하여 결정하고 있다.[60] '부양의 요구'란 정당하게 요구할 수 있는 한계를 말한다. 만일 부양권리자가 지나치게 높게 부양을 요구한다면 부양의무자가 정말 부유하여야 하므로 이것은 부당하고 합법적이지 못하다. 다만 정당한 부양요구는 옷이나 식비 등에 한정되는 것이 아니라 생활에 필요한 비용 전부를 포함하는 것이다.[61]

2001년 개정 혼인법은 부양의 정도에 대하여 구체적인 규정을 두고 있지 않아서 부양집행을 하는 데 곤란을 겪고 있다.

부부 사이 및 부모자녀 사이의 부양정도는 피부양인에게 생활에 필요한 비용 전부(기초적 생활비, 교육받을 자의 교육비와 직업훈련비, 환자의 의료비용 등을 포함함)를 제공하는 것을 포함하고,[62] 또한 필수적인 정신 및 체력상 부조를 포함한다. 예컨대 자녀가 대학에 갈 능력이 있는 경우에 이미 성년연령을 초과하였더라도 부모는 생활비를 제공하고 교육비를 부담하는 부양을 계속하여야 한다.

부부 사이의 구체적인 부양비용과 부조정도는 부부가 동거하는 때에는 부부는 공동생활을 하는 동안에 부양의무를 이행한다. 기타의 경우에는 부양의무자와 부양권리자의 협의로 결정한다.[63] 협의가 성립하지 않거나 협의가 불가능한 때에는 법원이 부양권리자의 요구와 부양의무자의 자력 및 기타 사정을 고려하여 결정한다.

기타 직계혈족 사이, 방계형제자매 등, 직계인척 사이의 부양정도는 부양권리자의 요구와 부양의무자의 능력에 의하여 협의를 거쳐 결정한다. 협의가 성립하지 않거나 협의가 불가능한 경우에는 부양권리자는 법원이 권리자의 요구와 의무자의 자력 및 기타 사정을 고려하여 정해줄 것을 요구할 수 있다.[64]

2. 부양의 방식

일반적으로 부양방식은 두 가지로 대별된다. 첫째는 공동생활부양이다. 즉 피부양인이 부양의무자와 같은 곳에 살면서 직접 부양하는 것이다. 둘째는 정기적으로 부양료를 지급하거나 현물로 부양하는 것으로서 여기에는 정기적인 체력상 부조, 정신상 탐망과 위자를 포함한다.

부부 사이 및 부모와 자녀 사이의 부양에서는 공동생활을 하면서 부양하는 것이 일반적이며, 기타 친족 사이에서는 부양료와 일정 부조를 제공하는 것이 일반적이다. 어떤 종류의 부양을 할 것인가는 당사자의 협의에 따르고 협의가 성립하지 못한 때에는 법원에 의하여 확정된다.

2001년 개정 혼인법은 부양방식에 관한 전문규정을 두고 있지 않다. 다만 부양의무를 이행하지 않은 의무자에 대하여 권리자가 그 의무의 이행을 청구할 수 있는 권리가 있다는 규정뿐이다. 동시에 최고인민법원의 사법해석과 회답에서 몇 가지 규정을 만들었다.[65] 중국에서는 부양방식에 관하여 두 종류의 부양형식을 담은 규정이 입법 중이다. 즉 첫째는, 장차 부양을 받을 권리자를 다시 집으로 맞이하여 공동생활을 하면서 부양하는 것이다. 둘째는, 정기적으로 부양비, 문안, 부조를 제공하고, 아울러 협의방식으로써 정기적 기한, 부양료의 액수 및 급부방법을 명기하는 것이다. 만일 협의가 성립하지 않거나 성립이 불가능한 때에는 법원이 당사자 쌍방의 사정에 따라서 결정하고, 부양비의 재촉방법을 명확하게 규정하여야 한다. 공동생활이든 부양비 지급이든 막론하고, 만일 부양의무를 이행하지 않으면 법원은 당사자 쌍방의 사정에 따라서 조정 또는 판결을 하고, 의무자의 부양의무의 이행책임을 명할 수 있다.

3. 부양의 변경

(1) 부양변경에 관한 혼인법의 규정

부양의 변경이란 부양의무자, 부양권리자의 순서, 부양정도와 방법 등의 변경을 가리킨다. 부양당사자 일방 또는 쌍방이 경제나 생활사정에 변화가 발생한 때에는 당사자 쌍방은 원래의 부양협의 또는 판결의 변경을 청구할 권리가 있다. 변경요구를 하려면 반드시 원래의 부양사정에서 새로운 변화가 발생할 것이 조건이며, 변화가 없으면 변경요구를 제출할 수 없다. 변경청구의 내용은 원래 부양협의에 다른 부양료의 증가, 감소 또는 면제 등을 포함하는 것이다.

중국 혼인법에는 부양의 변경에 관한 구체적인 규정이 없다. 다만 제20조와 제21조에서 부부 사이, 부모와 자녀 사이의 부양의무에 관한 조항 안에서 부양권리자가 부양의무자에 대하여 부양료의 급부를 요구할 권리가 있다고 막연하게 규정하고 있을 뿐이다. 그러므로 다음과 같이 명확하게 규정하여야 한다. 부양 당사자 일방 또는 쌍방이 경제나 생활사정에 변화가 발생한 때에는 당사자 쌍방은 모두 원래의 부양순서, 부양협의 또는 판결의 변경을 청구할 권리가 있다. 원래의 것이 협의에 의한 것이었으면 협의방식으로써 변경할 수 있고, 협의가 성립하지 않거나 협의할 수 없는 경우에는 법원에 심판을 청구할 수 있다. 경제나 생활사정에 변화가 있는지의 구체적인 해석은 다음과 같은 사항을 기준으로 삼는다. 첫째, 사회경제변화, 생활필수품비용의 제고로 원래 정한 부양료의 액수가 현저하게 부족한 경우, 둘째, 피부양인이 중병이어서 의료비용이 증가하여 임시필요 부양료가 증가한 경우, 셋째, 특수한 사정으로 인하여 부양방식의 변경이 필요한 경우, 넷째, 중대한 사유로 인하여 부양의무자가 부양의무의 부담을 계속할 수 없고, 그로 인하여 그 부양부담의 면제나 감경이 발생한 경우, 다섯째, 부양순서, 정도 및 방법을 변경할 필요가 있는 기타 중대한 사유가 발생한 때 등이다.

(2) 부양의무의 소멸

부양의무의 소멸은 일정한 법정원인이 발생하거나 일정한 사정 하에서 당사자 사이의 부양의무를 정지하는 것이다. 일반적으로 부양의무의 소멸원인은 다음 세 가지로 구분되고 있다.

첫째, 당사자의 사망이다. 부양권리자이든 부양의무자이든 어느 일방이 사망하면 부양은 바로 정지된다.

둘째, 당사자의 신분해제이다. 부양의무는 일정한 신분관계에 의하여 발생하는 것으로서 이러한 신분관계가 소멸한 때에는 그에 따라서 부양의무관계도 해제된다. 만일 부부가 이혼하면 인척관계가 소멸됨에 따라서 부양의무관계도 그에 따라서 소멸한다.[66]

셋째, 부양요건의 소멸이다. 부양권리자의 변경이 필요하거나 부양 재청구를 않는 경우 또는 부양의무자가 부양능력을 완전히 상실하거나 자녀가 이미 성년이 되어서 독립생활을 하는 경우에는 그에 따라서 부양관계가 해제된다.[67]

부양요건의 소멸은 당사자의 사망, 당사자의 신분해제와 비교하면 상대적인 소멸원인이다. 왜냐하면 부양관계의 변화를 야기하는 사정은 일정한 조건 하에서 다시 나타날 수 있어서 부양의무관계를 다시 발생시키거나 회복시킬 수 있기 때문이다.[68]

중국 혼인법은 부양의 변경, 소멸 및 기한 등의 문제에 대하여 매우 불완전하며, 대부분의 분규를 〈사법해석〉으로 처리한다.[69] 그러나 현재 일부 사법해석은 사실상 이미 사법해석의 범위를 뛰

어넘어 그 합당한 권한을 초월하였다. 그래서 부양의무의 소멸문제에 대한 명확한 규정을 도출하여 부양제도를 하루빨리 완비할 필요가 있다. 규정은 당연히 '부양권리자가 사망한 때 또는 당사자의 신분관계가 해제된 때에는 부양의무는 소멸한다' 그리고 '부양요건(부양의 필요성과 가능성)이 소멸한 때에는 그에 따라서 부양관계가 해제된다. 다만 부양의무는 부양요건의 재발생에 의하여 다시 회복될 수 있으며, 부양받을 권리는 양도 및 처분할 수 없다'라고 규정되어야 한다.[70)]

1) 신영호, 로스쿨 가족법강의(세창출판사, 2010), 254면; 박동섭, 친족상속법(박영사, 2009), 425면; 김주수·김상용, 친족·상속법(법문사, 2008), 445면; 오시영, 친족상속법(학현사, 2006), 396면; 內田 貴, 民法Ⅳ－親族·相續(補訂版)(東京大學出版會, 2007), 291면.

2) 일본에서 공적 부조란 다른 수단에 의해서는 생활할 수 없는 사람을 국가나 지방자치단체가 원조하는 제도이다(二宮周平, 家族法(新世社, 2002), 188면). 일본의 공적 부조의 중심은 생활보호법이다. 법은 '건강하게 문화적인 생활수준을 유지하는 것이 불가능한 사람에 대하여 무차별적으로 평등하게 국가가 보호를 한다'라고 규정하고 있다.

3) 우리 법은 부부 사이의 부양에 대하여는 민법 제826조 제1항에서, 친족 사이의 부양(직계혈족 및 그 배우자 사이의 부양과 생계를 같이 하는 기타 친족 사이의 부양)에 대하여는 제974조에서 규정하고 있다. 여기서 '생계를 같이 하는'의 구체적 의미가 무엇인가에 대하여 해석상 다툼의 여지가 있다. 또한 최근에는 성년인 자녀에 대해서도 일정한 시기까지 부모의 부양의무를 인정하자는 주장(입법례로는 독일 민법 제1603조 제2항 제2문이 거론된다)이 제기되기도 한다. 중국 혼인법은 성년자녀에 대한 부모의 부양의무는 미성년자녀에 대한 것처럼 무조건적인 것이 아니라 노동능력이 없거나 생활유지가 불가능한 원인이 있는 경우에만 부담하는 조건적인 것으로 보고 있다(法律出版社法規中心, 中華人民共和國 婚姻法(注解版)(法律出版社, 2009), 68면).

4) 일본 헌법도 '국민의 생존권과 국가의 생존권보장의무를 규정하고 있다(제25조). 이 규정의 해석에 대하여는 다툼이 있지만, 국가가 국민에 대하여 생존권을 보장하는 것으로 됨에 따라서 근친자의 부양은 절대적인 것이 아니게 되었다는 것은 확실하다고 한다(二宮周平, 家族法, 188면).

5) 오시영, 앞의 책, 396면.

6) 최근에는 비혈연, 비혼인관계에 있는 가족의 부양에 대한 논의도 있다.

7) 이 점에 대하여는 독일 민법 제1569조 단서가 입법례로 거론되기도 한다.

8) 국민기초생활보장법(1999. 9. 7. 제정되었고, 가장 최근 개정은 2017년 12월 12일부터 시행되고 있다) 제3조 제2항에서 사적 부양이 우선한다고 규정하고 있다. 일본 역시 민법상 부양의무자의 부양과 기타 법률에 의한 부양이 생활보호법상 부조보다 우선해서 행해진다. 결국 공적 부조는 어디까지나 보충적인 것이고, 자기책임과 사적 부양이 우선하는 것으로 보고 있다(二宮周平, 앞의 책, 189면; 內田 貴, 앞의 책, 291면, 297면).

9) 동법 제4조(급여의 기준 등) ① 이 법에 따른 급여는 건강하고 문화적인 최저생활을 유지할 수 있는 것이어야 한다. ② 이 법에 따른 급여의 기준

은 보건복지부장관이 수급자의 연령, 가구 규모, 거주지역, 그 밖의 생활여건 등을 고려하여 급여의 종류별로 정한다. ③ 보장기관은 이 법에 따른 급여를 개별가구 단위로 실시하되, 특히 필요하다고 인정하는 경우에는 개인 단위로 실시할 수 있다. [전문개정 2012. 2. 1]

10) 우리와 일본의 민법은 민법상 부양을 '부양'이라는 용어로 통일하고 있지만, 중국 혼인법은 부양관계에 따라 용어를 구별하여 사용하고 있다. 그 실질은 모두 넓은 의미의 부양으로 볼 수 있지만, 이 글에서는 이해의 편의상 구별하여 사용한다. 다만 섬양(贍養)의 경우에는 우리식 표현에 근접한 봉양(奉養)이란 용어를 쓰기로 한다.

11) 어떤 학자는 독립생활능력이 없는 성년자녀에 대한 부양의무도 포함하여야 한다고 본다(楊大文, 親屬法(法律出版社, 2007), 291면).

12) 우리의 경우 2013년 7월 1일부터 새로운 후견제도인 성년후견제도가 시행되고 있다. 우리 민법상 피성년후견인은 자신의 신상에 관하여 상태가 허락하는 범위에서 단독으로 결정한다. 그렇지만 성년후견인이 피성년후견인을 치료 등의 목적으로 정신병원이나 그 밖의 다른 장소에 격리하려는 경우에는 가정법원의 허가를 받도록 함으로써 피성년후견인의 신상결정에 대하여 성년후견인이 자의적으로 결정하지 못하도록 하고 있다(민법 제947조의2 제1항, 제2항). 다만 피성년후견인의 신체를 침해하는 의료행위에 대하여 피성년후견인이 동의할 수 없는 경우에는 성년후견인이 그를 대신하여 동의할 수 있도록 규정하고 있다(동조 제3항).

13) 楊大文, 親屬法, 292면.

14) 중국 헌법 제45조 : "中華人民共和國公民在年老, 疾病或者喪失勞動能力的情況下, 有從國家和社會獲得物質幇助的權利" 참조.

15) 楊大文, 親屬法, 292면.

16) 예컨대, 유증과 부양협의에 의하여 발생한 권리의무, 월권행위로 인하여 성립한 부양책임 같은 것은 모두 사법상 부양의무이기는 하지만, 일정한 범위 내의 친족이 아니라면 부양관계에 의하여 발생하는 것이 아니다(楊大文, 親屬法, 292면).

17) 부양의무는 반드시 법정요건을 갖추어야 발생할 수 있다. 그렇지 않을 경우 비록 일정한 범위 내의 친족이 유언이나 계약에 의하여 부양자가 되더라도 그것은 일반채권채무에 속하는 것이지 부양관계가 아니다(楊大文, 親屬法, 292면).

18) 이러한 부양의 성질은 우리와 동일하다고 볼 수 있다.

19) 생활보호의무란 자신의 사회적 신분에 상응하는 생활을 하고 여전히 여력이 있는 한도에서 부양의무를 부담하는 것이다(內田 貴, 앞의 책, 297면).

20) 우리나라에서는 최근 성년자녀의 부양에 대하여 부모의 제1차적 부양의무를 명문화하자는 주장이 제기되고 있다.

21) 신영호, 앞의 책, 256면.

22) 教育部高等教育司組, 婚姻家庭繼承法(法律出版社, 2000), 187면.

23) 楊大文, 親屬法, 295면.

24) 이외에도 최고법원에서 사법해석성 문건을 발포하여 입법적 부족을 보충하였다. 예컨대, 1958년 1월의 〈最高人民法院關於已出嫁女兒贍養父母和媳婦贍養婆婆問題的批復〉, 1979년 11월의 〈最高人民法院關於子女對繼母有無贍養義務的請示的批復〉, 1980년 5월의 〈最高人民法院關於非婚生子女撫養問題的批復〉, 1981년 9월의 〈最高人民法院關於對年老, 無子女的人能否按照婚姻法第23條類推判決有負擔能力的兄弟姐妹承擔撫養義務的復函〉, 1985년 2월의 最高人民法院關於兄妹間扶養問題的批復〉, 1986년 3월의 〈最高人民法院關於繼母與生父離婚後仍有權要求已與其形成撫養關係的繼子女履行贍養義務的批復〉 등이 있다(楊大文, 親屬法, 297면).

25) 중국 헌법 제49조 전문 : 父母有撫養教育未成年子女的義務.

26) 혼인법 제21조와 관계있는 법률규정으로는 憲法 제49조 제3항을 비롯하여 民法通則 제16조 제1항 및 제18조, 未成年人保護法 제10조, 婦女權益保障法 제49조, 老年人權益保障法 제10조, 제11조, 제13조 및 제15조가 있다. 이에 관하여 자세한 것은 中國法制出版社, 中華人民共和國 婚姻法新舊與關聯對照(應用本)(中國法制出版社, 2010), 39~40면. 기타 관련규정으로는 殘疾人保障法 제9조와 제67조, 刑法 제232조와 제261조가 있다(法律出版社法規中心, 앞의 책, 71면).

27) 法律出版社法規中心, 앞의 책, 68면.

28) 中國法制出版社, 앞의 책, 41면; 法律出版社法規中心, 앞의 책, 71면.

29) 楊大文, 家族法, 297면.

30) 18세 이상인 자녀가 독립적인 생활이 불가능하고 부모에게 부양능력이 있는 경우 부모는 그 자녀에게 필요한 부양비를 지급하여야 한다. 〈사법해석1〉 제20조에 의하면 '독립생활이 불가능한 자녀'란 고등학교 이하 단계의 교육을 받고 있거나 노동능력의 전부 또는 일부를 상실한 경우 등으로 인하여 정상적인 생활을 유지할 방법이 없는 성년자녀이다(中國法制出版社, 앞의 책, 41항; 卓冬青, 現代婚姻 · 家庭(法律自助讀本)(廣東旅遊出版社, 1999년), 121면).

31) 우리 민법은 자녀의 부모에 대한 부양의무에 대하여 따로 규정하고 있지 않다. 그러므로 현행법상으로는 제974조의 규정에 따라서 일반 친족 사이의 부양관계로 다룰 수밖에 없을 것이다. 고령화가 급속도로 진행되고 있는 현시점에서 볼 때 고령부모에 대한 자녀(또는 친족)의 부양의무를 어디까지 인정하여야 할 것인가는 매우 중요한 문제로 대두되고 있다(內田 貴, 앞의 책, 296면 이하 참조).

32) 중국 헌법 제49조 후문 : 成年子女有贍養扶助父母的義務.

33) 卓冬青, 앞의 책, 122면.

34) 楊大文, 家族法, 297면.

35) 이에 관하여 자세한 것은 龍翼飛, "中國婚姻家庭法關於父母離婚後的子女撫養制度"(2012.6.), 182면 이하 참조.

36) 이혼 후 자녀부양비의 이행확보에 관한 판례의 태도에 대하여 자세한 것은 龍翼飛, 앞의 논문, 186면 이하 참조.

37) 남편이 집을 소유하고 있는 경우에는 그 집에 처와 자녀를 거주할 수 있도록 제공하여야 하며, 부부는 공동으로 일상생활비용을 부담한다(法律出版社法規中心, 앞의 책, 63면).

38) 그러므로 부부 사이에서 부양을 요구하려면 그 혼인이 합법적인 것이어야 한다(法制出版社, 앞의 책, 38면; 法律出版社法規中心, 앞의 책, 65면).

39) 老年人權益保障法 제16조에서는 혼인법의 규정보다 한발 더 나아가서 고령인 배우자 사이의 상호부양의무에 대하여 규정하고 있다(法制出版社, 앞의 책, 40면 참조).

40) 楊大文, 家族法, 298면; 法律出版社, 앞의 책, 64면; 卓冬青, 앞의 책, 60면.

41) 자녀가 모두 사망한 경우를 뜻한다(中國法制出版社, 앞의 책, 54면).

42) 최고법원의 1983년 8월 30일자 〈關於貫徹執行民事政策法律若幹問題的意見〉에서 이 부양의무를 다음과 같이 확대해석한 바 있다. 이 의견에 따르면 첫째, 부담능력 있는 조부모, 외조부모는 부모 일방이 사망하였고 다른 일방이 부양능력이 없다는 것이 확실한 때, 또는 부모가 모두 부양능력을 상실한 경우에 미성년인 손자녀, 외손자녀에 대하여 부양의무가 있다. 둘째, 부담능력이 있는 손자녀, 외손자녀는 자녀가 이미 사망하였거나 자녀가 부담능력이 없다는 것이 확실한 조부모, 외조부모에 대하여 섬양의무가 있다.

43) 卓冬青, 앞의 책, 162면.

44) 우리 대법원도 상속관계(대법원 1997. 11. 28. 선고 96다5421 판결)에서 뿐만이 아니라 다른 법률관계(대법원 2007. 11. 29. 선고 2007도7062 판결)에서도 형제자매의 개념을 비교적 넓게 해석하고 있다.

45) 형제자매 사이의 부양의무에 관하여 老年人權益保障法 제16조 제2항에서 특별규정을 두고 있다(中國法制出版社, 앞의 책, 55면; 卓冬青, 앞의 책, 164면 참조).

46) 앞에서 언급한 최고법원의 1983년 8월 30일자 〈關於貫徹執行民事政策法律若幹問題的意見〉이다.

47) 卓冬青, 앞의 책, 163면; 楊大文, 家族法, 153면.

48) 法律出版社法規中心, 앞의 책, 96면.

49) 상속법 제12조 : 배우자와 사별하고 시부모와 장인, 장모에 대하여 주된 부양의무를 다한 때에는 제1순위 상속인이 된다.

50) 부녀권익보장법 제34조 : ① 부녀가 갖는 남성과 평등한 재산상속의 권리는 법률의 보호를 받는다. ② 동 순위의 법정상속인 중 부녀를 차별하지 않는다. ③ 배우자와 사별한 부녀는 상속재산을 처분할 권리를 가지며, 누구도 간섭할 수 없다.

51) 부녀권익보장법 제35조 : 배우자와 사별한 부녀가 시부모에 대한 부양의 의무를 다한 경우에는 시부모의 제1순위 법정상속인이 되며 그 상속권으로 인해 자녀의 대위(代位) 상속에 영향을 받지 않는다.

52) 혼인법 제9조 : 결혼등기 후, 남녀 쌍방의 약정에 따라 여자가 남자 측 가정의 구성원으로 될 수 있으며, 남자가 여자 측 가정의 구성원으로 될 수 있다.

53) 현대 중국 혼인법 이전의 시부모와 며느리 사이의 부양에 관한 자세한 내용은 楊大文, 家族法, 299면 이하 참조.

54) 독일의 경우에는 민법상 부양의무자의 순서는 배우자, 직계비속, 직계존속, 근친, 원친 순이며, 촌수가 같은 부양의무자가 여럿인 때에는 수입과 재산상태에 의하여 의무를 분담하도록 규정하고 있다(독일 민법 제1606조). 대만의 경우에는 직계비속, 직계존속, 가장, 형제자매, 가족, 며느리와 사위, 부부의 부모 순이며, 역시 촌수가 가까울수록 우선적으로 의무를 부담하도록 규정하고 있고, 촌수가 같은 부양의무자가 여럿인 때에는 각자의 경제능력에 따라 부양의무를 부담한다(대만 민법 제1115조).

55) 독일 민법상 부양권리자의 순서는 배우자와 미성년인 미혼자녀, 기타 자녀에 우선하는 미성년인 미혼자녀, 기타 직계비속에 우선하는 자녀, 직계존속에 우선하는 직계비속의 순이다(민법 제1609조).

56) 대만 민법상 부양권리자의 순서는 직계존속, 직계비속, 가족, 형제자매, 가장, 부부의 부모, 며느리와 사위의 순이다(대만 민법 제1116조).

57) 教育部高等教育司組, 앞의 책, 186면.

58) 楊大文, 親屬法, 305면.

59) 우리 민법 제974조 제3호의 '생계를 같이 하는 경우에 한한다'라는 규정보다는 좀 더 구체적인 표현이라고 생각된다.

60) 楊大文, 親屬法, 307면.

61) 楊大文, 親屬法, 307면.

62) 〈혼인법 사법해석1〉 제21조는 2001년 개정 혼인법 제21조에서 말하는 자녀부양비에 자녀의 생활비, 교육비, 의료비 등이 포함되는 것으로 해석하고 있다(中國法制出版社, 新編 婚姻家庭 實用法典(中國法制出版社, 2005), 2~15면).

63) 혼인외 자녀를 포함하는 미성년 자녀에 대하여는 할 수 있는 전부를 다하

여야 한다(楊大文, 親屬法, 307면).

64) 楊大文, 親屬法, 308면.

65) 2001년 개정 혼인법 제정 이후 그동안 2001년, 2003년 그리고 2011년까지 세 차례에 걸쳐 최고인민법원의 사법해석이 있었다. 이 책에서는 그 원문(간체)을 한국식 한자(번체)로 바꾸어 부록으로 싣는다.

66) 프랑스, 스위스, 불가리아 등 많은 국가의 법률이 이것을 규정하고 있다(楊大文, 親屬法, 310면).

67) 어떤 국가는 자녀가 독립생활능력이 있으면 부양의무가 정지하고, 어떤 국가는 연령으로 제한하는 규정을 두고 있다(楊大文, 親屬法, 310면).

68) 일본, 쿠바, 페루 등은 부양받을 권리자가 그 권리를 양도하거나 처분하지 못하도록 규정하고 있다. 즉 부양받을 권리를 민법상 일신전속권으로 보고 있다(楊大文, 親屬法, 310면).

69) 다만 제25조에서 혼인외 자녀의 부양·교육비 문제에 관하여 '자녀가 독립생활능력이 있는 때에 정지한다'라고 규정하고 있다.

70) 楊大文, 家族法, 310면.

참고문헌

1. 국내문헌

김성숙, 혼인의 기원－원시사회의 약탈혼(J. F 맥리넌: 나남출판, 1996)

金疇洙 · 金相瑢, 親族 · 相續法 제9판(法文社, 2008)

박동섭, 친족상속법(박영사, 2009)

신영호, 로스쿨 가족법강의(세창출판사, 2010)

吳始映, 親族相續法(학현사, 2006)

장명봉, 2008 최신 북한법령집, 북한법연구회(2008)

최달곤 · 정동호, 고대사회(루이스 헨리 모건: 문화문고, 2000)

강해순, "中國 夫婦財産制의 變遷과 그 動因", 家族法硏究 제25권 2호(통권 제41호, 韓國家族法學會, 2011.7.)

김성숙, "조선시대 혼인법의 주혼자제도에 관한 연구", 家族法硏究 제25권 2호(한국가족법학회, 2011.7.)

이종길, "中國 離婚法制의 特徵－未成年子女 및 女性權益保護를 중심으로－", 家族法硏究 제24권 3호(韓國家族法學會, 2010.11.)

이종길, "中國의 家族關係保護를 위한 婚姻法制에 대한 檢討", 家族法硏究 제22권 2호(韓國家族法學會, 2008.7.)

崔金海, "중국 단독 두 자녀 정책의 출범 배경과 그에 따른 법률문제에 관한 연구", 中國法硏究 第25輯(韓中法學會, 2016.2.)

한기종, "현행 중국 혼인법의 성립과정에 관한 법사적 고찰", 중국법연구 제16권(한중법학회, 2011.12.)

2. 중국 및 일본 문헌

教育部高等教育司组，婚姻家庭继承法(法律出版社，2000)

国务院法制办公室，新编婚姻家庭实用法典(中国法制出版社，2005)

国务院中法制办公室，中华人民共和国 婚姻法－注解与配套－(第四版)(中国法制出版社，2017.6.)

陶毅，婚姻家庭法(高等教育出版社，2007)

马忆南，婚姻家庭法新论(北京大学出版社，2002)

马塬，新婚姻法诠释与案例评释(法律出版社，2001)

马塬，新婚姻法条文释义(人民法院出版社，2002)

法律出版社法规中心，中华人民共和国 婚姻法 配套规定(註解版)(法律出版社,2009)

杨大文，亲属法(法律出版社，2007)

杨大文，婚姻法学(北京大学出版社，1999)

杨立新，家事法(法律出版社，2013.6.)

张海尙，婚姻法(国法制出版社，1999)

朱丹颖，中华人民共和国 婚姻法(中国法制出版社，2010)

中国风俗事典编辑委员会，中国风俗事典,上海辞书出版社(1991)

中华人民共和国 民事法典(法律出版社，2011)

中华人民共和国 婚姻法 新旧与关联对照 应用本(中国法制出版社，2010)

陈智慧 · 李学兰，婚姻，收养，监护与继承(復旦大学出版社，1997)

卓冬青，现代 婚姻·家庭(广东旅游出版社，1999)

夏吟兰，婚姻家庭与继承法学塬理(中国政法大学出版社，1999)

龍翼飞，“中国婚姻家庭法关于父母離婚后的子女抚养制度”，法学論攷 제39집(경북대학교 법학연구원，2012.6.)

杨盛承, "夫妻共同财産的界定及处理", 2009.12.4(http: //www.chinacourt.org/public/detail.php?id=384049&k_title=中华人民共和国婚姻法&k_content=中华人民共和国婚姻法&k_author=)

劉颖, 农村離婚纷纠中财産分割问题的探论, 2009.4.21(http: //www.chinacourt.org/public/detail.php?id=353898&k_title=中华人民共和国婚姻法&k_content=中华人民共和国婚姻法&k_author=)

张璐璐, "我国夫妻共同财産分割制度研究", 2009.4.16(〈http: //www.chinacourt.org/public/detail.php?id=353110&k_title=中华人民共和国婚姻法&k_content=中华人民共和国婚姻法&k_author=_20101013)

內田 貴, 民法Ⅳ－親族 · 相續(補訂版)(東京大學出版會, 2007)

二宮周平, 家族法(新世社, 2002)

3. 인터넷 사이트

http://glaw.scourt.go.kr/wsjo/intesrch/sjo022.dohttp:/www.civillaw.com.cn (대법원 종합법률정보)

http://world.moleg.go.kr/web/main/index.do (법제처 세계법제정보센터)

http://pkulaw.cn/ (北京大學校)

http://law-lib.com/ (法律圖書館)

http://www.civillaw.com.cn/ (民商法律情報)

http://www.gov.cn/fifg (中國政府)

[부록 – 주요 법령]

中華人民共和國 婚姻法[1)]

第一章 總則

第一條 本法是婚姻家庭關系的基本准則.

第二條 ① 實行婚姻自由, 一夫一妻, 男女平等的婚姻制度.

② 保護婦女, 兒童和老人的合法權益.

③ 實行計劃生育.

第三條 ① 禁止包辦, 買賣婚姻和其他幹涉婚姻自由的行爲. 禁止借婚姻索取財物.

② 禁止重婚. 禁止有配偶者與他人同居. 禁止家庭暴力. 禁止家庭成員間的虐待和遺棄.

第四條 夫妻應當互相忠實, 互相尊重;家庭成員間應當敬老愛幼, 互相幫助, 維護平等, 和睦, 文明的婚姻家庭關系.

第二章 結婚

第五條 結婚必須男女雙方完全自願, 不許任何一方對他方加以強迫或任何第三者加以幹涉.

第六條 結婚年齡, 男不得早於二十二周歲, 女不得早於二十周歲. 晚

---

1) 1980年9月10日第五屆全國人民代表大會第三次會議通過, 根據2001年4月28日第九屆全國人民代表大會常務委員會第二十一次會議《關於修改〈中華人民共和國婚姻法〉的決定》修正.

婚晚育應予鼓勵.

第七條 有下列情形之一的, 禁止結婚：

(一) 直系血親和三代以內的旁系血親;

(二) 患有醫學上認爲不應當結婚的疾病.

第八條 要求結婚的男女雙方必須親自到婚姻登記機關進行結婚登記. 符合本法規定的, 予以登記, 發給結婚證. 取得結婚證, 即確立夫妻關系. 未辦理結婚登記的, 應當補辦登記.

第九條 登記結婚後, 根據男女雙方約定, 女方可以成爲男方家庭的成員, 男方可以成爲女方家庭的成員.

第十條 有下列情形之一的, 婚姻無效：

(一) 重婚的;

(二) 有禁止結婚的親屬關系的;

(三) 婚前患有醫學上認爲不應當結婚的疾病, 婚後尚未治愈的;

(四) 未到法定婚齡的.

第十一條 因脅迫結婚的, 受脅迫的一方可以向婚姻登記機關或人民法院請求撤銷該婚姻. 受脅迫的一方撤銷婚姻的請求, 應當自結婚登記之日起一年內提出. 被非法限制人身自由的當事人請求撤銷婚姻的, 應當自恢復人身自由之日起一年內提出.

第十二條 無效或被撤銷的婚姻, 自始無效. 當事人不具有夫妻的權利和義務. 同居期間所得的財產, 由當事人協議處理;協議不成時, 由人民法院根據照顧無過錯方的原則判決. 對重婚導致的婚姻無效的財產處理, 不得侵害合法婚姻當事人的財產權益. 當事人所生的子女, 適用本法有關父母子女的規定.

第三章 家庭關系

第十三條 夫妻在家庭中地位平等.

第十四條 夫妻雙方都有各用自己姓名的權利.

第十五條 夫妻雙方都有參加生產, 工作, 學習和社會活動的自由, 一方不得對他方加以限制或幹涉.

第十六條 夫妻雙方都有實行計劃生育的義務.

第十七條 ① 夫妻在婚姻關系存續期間所得的下列財產, 歸夫妻共同所有:

(一) 工資, 獎金;

(二) 生產, 經營的收益;

(三) 知識產權的收益;

(四) 繼承或贈與所得的財產, 但本法第十八條第三項規定的除外;

(五) 其他應當歸共同所有的財產.

② 夫妻對共同所有的財產, 有平等的處理權.

第十八條 有下列情形之一的, 爲夫妻一方的財產:

(一) 一方的婚前財產;

(二) 一方因身體受到傷害獲得的醫療費, 殘疾人生活補助費等費用;

(三) 遺囑或贈與合同中確定只歸夫或妻一方的財產;

(四) 一方專用的生活用品;

(五) 其他應當歸一方的財產.

第十九條 ① 夫妻可以約定婚姻關系存續期間所得的財產以及婚前財產歸各自所有, 共同所有或部分各自所有, 部分共同所有. 約定應當采用書面形式. 沒有約定或約定不明確的, 適用本法第十七條, 第十八條的規定.

② 夫妻對婚姻關系存續期間所得的財產以及婚前財產的約定, 對雙方具有約束力.

③ 夫妻對婚姻關系存續期間所得的財產約定歸各自所有的, 夫或妻一方對外所負的債務, 第三人知道該約定的, 以夫或妻一方所有的財產清償.

第二十條 ① 夫妻有互相扶養的義務.

② 一方不履行扶養義務時, 需要扶養的一方, 有要求對方付給扶養費的權利.

第二十一條 ① 父母對子女有撫養教育的義務;子女對父母有贍養扶助的義務.

② 父母不履行撫養義務時, 未成年的或不能獨立生活的子女, 有要求父母付給撫養費的權利.

③ 子女不履行贍養義務時, 無勞動能力的或生活困難的父母, 有要求子女付給贍養費的權利.

④ 禁止溺嬰, 棄嬰和其他殘害嬰兒的行爲.

第二十二條 子女可以隨父姓, 可以隨母姓.

第二十三條 父母有保護和教育未成年子女的權利和義務. 在未成年子女對國家, 集體或他人造成損害時, 父母有承擔民事責任的義務.

第二十四條 ① 夫妻有相互繼承遺產的權利.

② 父母和子女有相互繼承遺產的權利.

第二十五條 ① 非婚生子女享有與婚生子女同等的權利, 任何人不得加以危害和歧視.

② 不直接撫養非婚生子女的生父或生母, 應當負擔子女的生活費和教育費, 直至子女能獨立生活爲止.

第二十六條 ① 國家保護合法的收養關系. 養父母和養子女間的權利和義務, 適用本法對父母子女關系的有關規定.

② 養子女和生父母間的權利和義務, 因收養關系的成立而消除.

第二十七條 ① 繼父母與繼子女間, 不得虐待或歧視.

② 繼父或繼母和受其撫養教育的繼子女間的權利和義務, 適用本法對父母子女關系的有關規定.

第二十八條 有負擔能力的祖父母, 外祖父母, 對於父母已經死亡或父母無力撫養的未成年的孫子女, 外孫子女, 有撫養的義務. 有負擔能力的孫子女，外孫子女，對於子女已經死亡或子女無力贍養的祖父母，外祖父母，有贍養的義務.

第二十九條 有負擔能力的兄，姐，對於父母已經死亡或父母無力撫養的未成年的弟，妹，有扶養的義務. 由兄，姐扶養長大的有負擔能力的弟，妹，對於缺乏勞動能力又缺乏生活來源的兄，姐，有扶養的義務.

第三十條 子女應當尊重父母的婚姻權利，不得幹涉父母再婚以及婚後的生活. 子女對父母的贍養義務，不因父母的婚姻關系變化而終止.

第四章 離婚

第三十一條 男女雙方自願離婚的，准予離婚. 雙方必須到婚姻登記機關申請離婚. 婚姻登記機關查明雙方確實是自願並對子女和財產問題已有適當處理時，發給離婚證.

第三十二條 ① 男女一方要求離婚的，可由有關部門進行調解或直接向人民法院提出離婚訴訟.

② 人民法院審理離婚案件，應當進行調解;如感情確已破裂，調解無效，應准予離婚.

③ 有下列情形之一，調解無效的，應准予離婚：

(一) 重婚或有配偶者與他人同居的;

(二) 實施家庭暴力或虐待，遺棄家庭成員的;

(三) 有賭博，吸毒等惡習屢教不改的;

(四) 因感情不和分居滿二年的;

(五) 其他導致夫妻感情破裂的情形.

④ 一方被宣告失蹤，另一方提出離婚訴訟的，應准予離婚.

第三十三條 現役軍人的配偶要求離婚，須得軍人同意，但軍人一方有重大過錯的除外.

第三十四條 女方在懷孕期間，分娩後一年內或中止妊娠後六個月內，男方不得提出離婚. 女方提出離婚的, 或人民法院認爲確有必要受理男方離婚請求的, 不在此限.

第三十五條 離婚後, 男女雙方自願恢複夫妻關系的, 必須到婚姻登記機關進行複婚登記.

第三十六條 ① 父母與子女間的關系, 不因父母離婚而消除. 離婚後, 子女無論由父或母直接撫養, 仍是父母雙方的子女.

② 離婚後, 父母對於子女仍有撫養和教育的權利和義務.

③ 離婚後, 哺乳期內的子女, 以隨哺乳的母親撫養爲原則. 哺乳期後的子女, 如雙方因撫養問題發生爭執不能達成協議時, 由人民法院根據子女的權益和雙方的具體情況判決.

第三十七條 ① 離婚後, 一方撫養的子女, 另一方應負擔必要的生活費和教育費的一部或全部, 負擔費用的多少和期限的長短, 由雙方協議;協議不成時, 由人民法院判決.

② 關於子女生活費和教育費的協議或判決, 不妨礙子女在必要時向父母任何一方提出超過協議或判決原定數額的合理要求.

第三十八條 ① 離婚後, 不直接撫養子女的父或母, 有探望子女的權利, 另一方有協助的義務.

② 行使探望權利的方式, 時間由當事人協議;協議不成時, 由人民法院判決.

③ 父或母探望子女, 不利於子女身心健康的, 由人民法院依法中止探望的權利;中止的事由消失後, 應當恢複探望的權利.

第三十九條 ① 離婚時, 夫妻的共同財產由雙方協議處理; 協議不成時, 由人民法院根

② 據財產的具體情況, 照顧子女和女方權益的原則判決.

③ 夫或妻在家庭土地承包經營中享有的權益等, 應當依法予以保護.

第四十條 夫妻書面約定婚姻關系存續期間所得的財產歸各自所有, 一方因撫育子女, 照料老人, 協助另一方工作等付出較多義務的, 離

婚時有權向另一方請求補償, 另一方應當予以補償.

第四十一條 離婚時, 原爲夫妻共同生活所負的債務, 應當共同償還. 共同財產不足清償的, 或財產歸各自所有的, 由雙方協議清償; 協議不成時, 由人民法院判決.

第四十二條 離婚時, 如一方生活困難, 另一方應從其住房等個人財產中給予適當幫助. 具體辦法由雙方協議; 協議不成時, 由人民法院判決.

第五章 救助措施與法律責任

第四十三條 ① 實施家庭暴力或虐待家庭成員, 受害人有權提出請求, 居民委員會, 村民委員會以及所在單位應當予以勸阻, 調解.

② 對正在實施的家庭暴力, 受害人有權提出請求, 居民委員會, 村民委員會應當予以勸阻;公安機關應當予以制止.

③ 實施家庭暴力或虐待家庭成員, 受害人提出請求的, 公安機關應當依照治安管理處罰的法律規定予以行政處罰.

第四十四條 ① 對遺棄家庭成員, 受害人有權提出請求, 居民委員會, 村民委員會以及所在單位應當予以勸阻, 調解.

② 對遺棄家庭成員, 受害人提出請求的, 人民法院應當依法作出支付扶養費, 撫養費, 贍養費的判決.

第四十五條 對重婚的, 對實施家庭暴力或虐待, 遺棄家庭成員構成犯罪的, 依法追究刑事責任. 受害人可以依照刑事訴訟法的有關規定, 向人民法院自訴;公安機關應當依法偵查, 人民檢察院應當依法提起公訴.

第四十六條 有下列情形之一, 導致離婚的, 無過錯方有權請求損害賠償：

(一) 重婚的;

(二) 有配偶者與他人同居的;

(三) 實施家庭暴力的;

(四) 虐待, 遺棄家庭成員的.

第四十七條 ① 離婚時, 一方隱藏, 轉移, 變賣, 毁損夫妻共同財產, 或僞造債務企圖侵占另一方財產的, 分割夫妻共同財產時, 對隱藏, 轉移, 變賣, 毁損夫妻共同財產或僞造債務的一方, 可以少分或不分. 離婚後, 另一方發現有上述行爲的, 可以向人民法院提起訴訟, 請求再次分割夫妻共同財產.

② 人民法院對前款規定的妨害民事訴訟的行爲, 依照民事訴訟法的規定予以制裁.

第四十八條 對拒不執行有關扶養費, 撫養費, 贍養費, 財產分割, 遺產繼承, 探望子女等判決或裁定的, 由人民法院依法強制執行. 有關個人和單位應負協助執行的責任.

第四十九條 其他法律對有關婚姻家庭的違法行爲和法律責任另有規定的, 依照其規定.

第六章 附則

第五十條 民族自治地方的人民代表大會有權結合當地民族婚姻家庭的具體情況, 制定變通規定. 自治州, 自治縣制定的變通規定, 報省, 自治區, 直轄市人民代表大會常務委員會批准後生效. 自治區制定的變通規定, 報全國人民代表大會常務委員會批准後生效.

第五十一條 ① 本法自1981年1月1日起施行.

② 1950年5月1日頒行的《中華人民共和國婚姻法》, 自本法施行之日起廢止.

〈婚姻法 司法解釋1〉[2)]

第一條 婚姻法第三條, 第三十二條, 第四十三條, 第四十五條, 第四十六條所稱的“家庭暴力”, 是指行爲人以毆打, 捆綁, 殘害, 強行限制人身自由或者其他手段, 給其家庭成員的身體, 精神等方面造成一定傷害後果的行爲. 持續性, 經常性的家庭暴力, 構成虐待.

第二條 婚姻法第三條, 第三十二條, 第四十六條規定的“有配偶者與他人同居”的情形, 是指有配偶者與婚外異性, 不以夫妻名義, 持續, 穩定地共同居住.

第三條 當事人僅以婚姻法第四條爲依據提起訴訟的, 人民法院不予受理; 已經受理的, 裁定駁回起訴.

第四條 男女雙方根據婚姻法第八條規定補辦結婚登記的, 婚姻關系的效力從雙方均符合婚姻法所規定的結婚的實質要件時起算.

第五條 未按婚姻法第八條規定辦理結婚登記而以夫妻名義共同生活的男女, 起訴到人民法院要求離婚的, 應當區別對待：

(一) 1994年2月1日民政部《婚姻登記管理條例》公布實施以前, 男女雙方已經符合結婚實質要件的, 按事實婚姻處理.

(二) 1994年2月1日民政部《婚姻登記管理條例》公布實施以後, 男女雙方符合結婚實質要件的, 人民法院應當告知其在案件受理前補辦結婚登記;未補辦結婚登記的, 按解除同居關系處理.

第六條 未按婚姻法第八條規定辦理結婚登記而以夫妻名義共同生活的男女, 一方死亡, 另一方以配偶身份主張享有繼承權的, 按照本解釋第五條的原則處理.

第七條 有權依據婚姻法第十條規定向人民法院就已辦理結婚登記的

---

2) 《最高人民法院關於適用〈中華人民共和國婚姻法〉若幹問題的解釋(一)》(已於2001年12月24日由最高人民法院審判委員會第1202次會議通過. 現予公布, 自2001年12月27日起施行).

婚姻申請宣告婚姻無效的主體，包括婚姻當事人及利害關系人. 利害關系人包括：

(一) 以重婚爲由申請宣告婚姻無效的，爲當事人的近親屬及基層組織.

(二) 以未到法定婚齡爲由申請宣告婚姻無效的，爲未達法定婚齡者的近親屬.

(三) 以有禁止結婚的親屬關系爲由申請宣告婚姻無效的，爲當事人的近親屬.

(四) 以婚前患有醫學上認爲不應當結婚的疾病，婚後尚未治愈爲由申請宣告婚姻無效的，爲與患病者共同生活的近親屬.

第八條 當事人依據婚姻法第十條規定向人民法院申請宣告婚姻無效的，申請時，法定的無效婚姻情形已經消失的，人民法院不予支持.

第九條 ① 人民法院審理宣告婚姻無效案件，對婚姻效力的審理不適用調解，應當依法作出判決;有關婚姻效力的判決一經作出，即發生法律效力.

② 涉及財產分割和子女撫養的，可以調解. 調解達成協議的，另行制作調解書. 對財產分割和子女撫養問題的判決不服的，當事人可以上訴.

第十條 ① 婚姻法第十一條所稱的“脅迫”，是指行爲人以給另一方當事人或者其近親屬的生命，身體健康，名譽，財產等方面造成損害爲要挾，迫使另一方當事人違背真實意願結婚的情況.

② 因受脅迫而請求撤銷婚姻的，只能是受脅迫一方的婚姻關系當事人本人.

第十一條 人民法院審理婚姻當事人因受脅迫而請求撤銷婚姻的案件，應當適用簡易程序或者普通程序.

第十二條 婚姻法第十一條規定的“一年”，不適用訴訟時效中止，中斷或者延長的規定.

第十三條 婚姻法第十二條所規定的自始無效, 是指無效或者可撤銷婚姻在依法被宣告無效或被撤銷時, 才確定該婚姻自始不受法律保護.

第十四條 人民法院根據當事人的申請, 依法宣告婚姻無效或者撤銷婚姻的, 應當收繳雙方的結婚證書並將生效的判決書寄送當地婚姻登記管理機關.

第十五條 被宣告無效或被撤銷的婚姻, 當事人同居期間所得的財產, 按共同共有處理. 但有證據證明爲當事人一方所有的除外.

第十六條 人民法院審理重婚導致的無效婚姻案件時, 涉及財產處理的, 應當准許合法婚姻當事人作爲有獨立請求權的第三人參加訴訟.

第十七條 婚姻法第十七條關於“夫或妻對夫妻共同所有的財產, 有平等的處理權”的規定, 應當理解爲:

(一) 夫或妻在處理夫妻共同財產上的權利是平等的. 因日常生活需要而處理夫妻共同財產的, 任何一方均有權決定.

(二) 夫或妻非因日常生活需要對夫妻共同財產做重要處理決定, 夫妻雙方應當平等協商, 取得一致意見. 他人有理由相信其爲夫妻雙方共同意思表示的, 另一方不得以不同意或不知道爲由對抗善意第三人.

第十八條 婚姻法第十九條所稱“第三人知道該約定的”, 夫妻一方對此負有舉證責任.

第十九條 婚姻法第十八條規定爲夫妻一方的所有的財產, 不因婚姻關系的延續而轉化爲夫妻共同財產. 但當事人另有約定的除外.

第二十條 婚姻法第二十一條規定的“不能獨立生活的子女”, 是指尚在校接受高中及其以下學曆教育, 或者喪失或未完全喪失勞動能力等非因主觀原因而無法維持正常生活的成年子女.

第二十一條 婚姻法第二十一條所稱“撫養費”, 包括子女生活費, 教育費, 醫療費等費用.

第二十二條 人民法院審理離婚案件, 符合第三十二條第二款規定“應准予離婚"情形的，不應當因當事人有過錯而判決不准離婚.

第二十三條 婚姻法第三十三條所稱的"軍人一方有重大過錯"，可以依據婚姻法第三十二條第二款前三項規定及軍人有其他重大過錯導致夫妻感情破裂的情形予以判斷.

第二十四條 人民法院作出的生效的離婚判決中未涉及探望權，當事人就探望權問題單獨提起訴訟的，人民法院應予受理.

第二十五條 當事人在履行生效判決，裁定或者調解書的過程中，請求中止行使探望權的，人民法院在征詢雙方當事人意見後，認爲需要中止行使探望權的，依法作出裁定. 中止探望的情形消失後，人民法院應當根據當事人的申請通知其恢複探望權的行使.

第二十六條 未成年子女，直接撫養子女的父或母及其他對未成年子女負擔撫養，教育義務的法定監護人，有權向人民法院提出中止探望權的請求.

第二十七條 ① 婚姻法第四十二條所稱"一方生活困難"，是指依靠個人財產和離婚時分得的財產無法維持當地基本生活水平.

② 一方離婚後沒有住處的，屬於生活困難.

③ 離婚時，一方以個人財產中的住房對生活困難者進行幫助的形式，可以是房屋的居住權或者房屋的所有權.

第二十八條 婚姻法第四十六條規定的"損害賠償"，包括物質損害賠償和精神損害賠償. 涉及精神損害賠償的，適用最高人民法院《關於確定民事侵權精神損害賠償責任若幹問題的解釋》的有關規定.

第二十九條 ① 承擔婚姻法第四十六條規定的損害賠償責任的主體，爲離婚訴訟當事人中無過錯方的配偶.

② 人民法院判決不准離婚的案件，對於當事人基於婚姻法第四十六條提出的損害賠償請求，不予支持.

③ 在婚姻關系存續期間，當事人不起訴離婚而單獨依據該條規定提起損害賠償請求的，人民法院不予受理.

第三十條 人民法院受理離婚案件時, 應當將婚姻法第四十六條等規定中當事人的有關權利義務, 書面告知當事人. 在適用婚姻法第四十六條時, 應當區分以下不同情況：

(一) 符合婚姻法第四十六條規定的無過錯方作爲原告基於該條規定向人民法院提起損害賠償請求的, 必須在離婚訴訟的同時提出.

(二) 符合婚姻法第四十六條規定的無過錯方作爲被告的離婚訴訟案件, 如果被告不同意離婚也不基於該條規定提起損害賠償請求的, 可以在離婚後一年內就此單獨提起訴訟.

(三) 無過錯方作爲被告的離婚訴訟案件, 一審時被告未基於婚姻法第四十六條規定提出損害賠償請求, 二審期間提出的, 人民法院應當進行調解, 調解不成的, 告知當事人在離婚後一年內另行起訴.

第三十一條 當事人依據婚姻法第四十七條的規定向人民法院提起訴訟, 請求再次分割夫妻共同財產的訴訟時效爲兩年, 從當事人發現之次日起計算.

第三十二條 婚姻法第四十八條關於對拒不執行有關探望子女等判決和裁定的, 由人民法院依法強制執行的規定, 是指對拒不履行協助另一方行使探望權的有關個人和單位采取拘留, 罰款等強制措施, 不能對子女的人身, 探望行爲進行強制執行.

第三十三條 婚姻法修改後正在審理的一, 二審婚姻家庭糾紛案件, 一律適用修改後的婚姻法. 此前最高人民法院作出的相關司法解釋如與本解釋相抵觸, 以本解釋爲准.

第三十四條 本解釋自公布之日起施行.

〈婚姻法 司法解釋2〉[3)]

第一條 ① 當事人起訴請求解除同居關系的, 人民法院不予受理. 但當事人請求解除的同居關系, 屬於婚姻法第三條, 第三十二條, 第四十六條規定的"有配偶者與他人同居"的, 人民法院應當受理並依法予以解除.

② 當事人因同居期間財產分割或者子女撫養糾紛提起訴訟的, 人民法院應當受理.

第二條 人民法院受理申請宣告婚姻無效案件後, 經審查確屬無效婚姻的, 應當依法作出宣告婚姻無效的判決. 原告申請撤訴的, 不予准許.

第三條 人民法院受理離婚案件後, 經審查確屬無效婚姻的, 應當將婚姻無效的情形告知當事人, 並依法作出宣告婚姻無效的判決.

第四條 人民法院審理無效婚姻案件, 涉及財產分割和子女撫養的, 應當對婚姻效力的認定和其他糾紛的處理分別制作裁判文書.

第五條 夫妻一方或者雙方死亡後一年內, 生存一方或者利害關系人依據婚姻法第十條的規定申請宣告婚姻無效的, 人民法院應當受理.

第六條 ① 利害關系人依據婚姻法第十條的規定, 申請人民法院宣告婚姻無效的, 利害關系人爲申請人, 婚姻關系當事人雙方爲被申請人.

② 妻一方死亡的, 生存一方爲被申請人.

③ 夫妻雙方均已死亡的, 不列被申請人.

第七條 ① 人民法院就同一婚姻關系分別受理了離婚和申請宣告婚

3) 最高人民法院關於適用《中華人民共和國婚姻法》若幹問題的解釋(二) (2003年12月4日最高人民法院審判委員會第1299次會議通過 根據2017年2月20日最高人民法院審判委員會第1710次會議《最高人民法院關於適用〈中華人民共和國婚姻法〉若幹問題的解釋(二) 的補充規定》修正). 〈사법해석 2〉는 제24의 보충규정이 제정되어 2017.3.1.부터 시행되고 있다.

姻無效案件的, 對於離婚案件的審理, 應當待申請宣告婚姻無效案件作出判決後進行.

② 前款所指的婚姻關系被宣告無效後, 涉及財產分割和子女撫養的, 應當繼續審理.

第八條 ① 離婚協議中關於財產分割的條款或者當事人因離婚就財產分割達成的協議, 對男女雙方具有法律約束力.

② 當事人因履行上述財產分割協議發生糾紛提起訴訟的, 人民法院應當受理.

第九條 ① 男女雙方協議離婚後一年內就財產分割問題反悔, 請求變更或者撤銷財產分割協議的, 人民法院應當受理.

② 人民法院審理後, 未發現訂立財產分割協議時存在欺詐, 脅迫等情形的, 應當依法駁回當事人的訴訟請求.

第十條 ① 當事人請求返還按照習俗給付的彩禮的, 如果查明屬於以下情形, 人民法院應當予以支持：

(一) 雙方未辦理結婚登記手續的;

(二) 雙方辦理結婚登記手續但確未共同生活的;

(三) 婚前給付並導致給付人生活困難的.

② 適用前款第(二), (三) 項的規定, 應當以雙方離婚爲條件.

第十一條 婚姻關系存續期間, 下列財產屬於婚姻法第十七條規定的“其他應當歸共同所有的財產”：

(一) 一方以個人財產投資取得的收益;

(二) 男女雙方實際取得或者應當取得的住房補貼, 住房公積金;

(三) 男女雙方實際取得或者應當取得的養老保險金, 破產安置補償費.

第十二條 婚姻法第十七條第三項規定的“知識產權的收益”, 是指婚姻關系存續期間, 實際取得或者已經明確可以取得的財產性收益.

第十三條 軍人的傷亡保險金, 傷殘補助金, 醫藥生活補助費屬於個人財產.

第十四條 ① 人民法院審理離婚案件, 涉及分割發放到軍人名下的複員費, 自主擇業費等一次性費用的, 以夫妻婚姻關系存續年限乘以年平均值, 所得數額爲夫妻共同財產.

② 前款所稱年平均值, 是指將發放到軍人名下的上述費用總額按具體年限均分得出的數額. 其具體年限爲人均壽命七十歲與軍人入伍時實際年齡的差額.

第十五條 夫妻雙方分割共同財產中的股票, 債券, 投資基金份額等有價證券以及未上市股份有限公司股份時, 協商不成或者按市價分配有困難的, 人民法院可以根據數量按比例分配.

第十六條 ① 人民法院審理離婚案件, 涉及分割夫妻共同財產中以一方名義在有限責任公司的出資額, 另一方不是該公司股東的, 按以下情形分別處理：

(一) 夫妻雙方協商一致將出資額部分或者全部轉讓給該股東的配偶, 過半數股東同意, 其他股東明確表示放棄優先購買權的, 該股東的配偶可以成爲該公司股東;

(二) 夫妻雙方就出資額轉讓份額和轉讓價格等事項協商一致後, 過半數股東不同意轉讓, 但願意以同等價格購買該出資額的, 人民法院可以對轉讓出資所得財產進行分割. 過半數股東不同意轉讓, 也不願意以同等價格購買該出資額的, 視爲其同意轉讓, 該股東的配偶可以成爲該公司股東.

② 用於證明前款規定的過半數股東同意的證據, 可以是股東會決議, 也可以是當事人通過其他合法途徑取得的股東的書面聲明材料.

第十七條 人民法院審理離婚案件, 涉及分割夫妻共同財產中以一方名義在合夥企業中的出資, 另一方不是該企業合夥人的, 當夫妻雙方協商一致, 將其合夥企業中的財產份額全部或者部分轉讓給對方時, 按以下情形分別處理：

(一) 其他合夥人一致同意的, 該配偶依法取得合夥人地位;

(二) 其他合夥人不同意轉讓, 在同等條件下行使優先受讓權的, 可以對轉讓所得的財產進行分割;

(三) 其他合夥人不同意轉讓, 也不行使優先受讓權, 但同意該合夥人退夥或者退還部分財產份額的, 可以對退還的財產進行分割;

(四) 其他合夥人既不同意轉讓, 也不行使優先受讓權, 又不同意該合夥人退夥或者退還部分財產份額的, 視爲全體合夥人同意轉讓, 該配偶依法取得合夥人地位.

第十八條 夫妻以一方名義投資設立獨資企業的, 人民法院分割夫妻在該獨資企業中的共同財產時, 應當按照以下情形分別處理:

(一) 一方主張經營該企業的, 對企業資產進行評估後, 由取得企業一方給予另一方相應的補償;

(二) 雙方均主張經營該企業的, 在雙方競價基礎上, 由取得企業的一方給予另一方相應的補償;

(三) 雙方均不願意經營該企業的, 按照《中華人民共和國個人獨資企業法》等有關規定辦理.

第十九條 由一方婚前承租, 婚後用共同財產購買的房屋, 房屋權屬證書登記在一方名下的, 應當認定爲夫妻共同財產.

第二十條 雙方對夫妻共同財產中的房屋價值及歸屬無法達成協議時, 人民法院按以下情形分別處理:

(一) 雙方均主張房屋所有權並且同意競價取得的, 應當准許;

(二) 一方主張房屋所有權的, 由評估機構按市場價格對房屋作出評估, 取得房屋所有權的一方應當給予另一方相應的補償;

(三) 雙方均不主張房屋所有權的, 根據當事人的申請拍賣房屋, 就所得價款進行分割.

第二十一條 ① 離婚時雙方對尚未取得所有權或者尚未取得完全所有權的房屋有爭議且協商不成的, 人民法院不宜判決房屋所有權的歸屬, 應當根據實際情況判決由當事人使用.

② 當事人就前款規定的房屋取得完全所有權後, 有爭議的, 可以另行向人民法院提起訴訟.

第二十二條 ① 當事人結婚前, 父母爲雙方購置房屋出資的, 該出資應當認定爲對自己子女的個人贈與, 但父母明確表示贈與雙方的除外.

② 當事人結婚後, 父母爲雙方購置房屋出資的, 該出資應當認定爲對夫妻雙方的贈與, 但父母明確表示贈與一方的除外.

第二十三條 債權人就一方婚前所負個人債務向債務人的配偶主張權利的, 人民法院不予支持. 但債權人能夠證明所負債務用於婚後家庭共同生活的除外.

第二十四條 ① 債權人就婚姻關系存續期間夫妻一方以個人名義所負債務主張權利的, 應當按夫妻共同債務處理. 但夫妻一方能夠證明債權人與債務人明確約定爲個人債務, 或者能夠證明屬於婚姻法第十九條第三款規定情形的除外.

② 夫妻一方與第三人串通, 虛構債務, 第三人主張權利的, 人民法院不予支持[4].

③ 夫妻一方在從事賭博, 吸毒等違法犯罪活動中所負債務, 第三人主張權利的, 人民法院不予支持[5].

第二十五條 ① 當事人的離婚協議或者人民法院的判決書, 裁定書, 調解書已經對夫妻財產分割問題作出處理的, 債權人仍有權就夫妻共同債務向男女雙方主張權利.

---

4) 〈혼인법 사법해석2〉의 보충규정으로 제24조 제2항에 "夫妻一方與第三人串通, 虛構債務, 第三人主張權利的, 人民法院不予支持."가 추가 보충되어 2017. 3.1.부터 시행되고 있다.

5) 〈혼인법 사법해석2〉의 보충규정으로 제24조 제3항에 "夫妻一方在從事賭博, 吸毒等違法犯罪活動中所負債務, 第三人主張權利的, 人民法院不予支持."가 추가 보충되어 2017.3.1.부터 시행되고 있다.

② 一方就共同債務承擔連帶清償責任後, 基於離婚協議或者人民法院的法律文書向另一方主張追償的, 人民法院應當支持.

第二十六條 夫或妻一方死亡的, 生存一方應當對婚姻關系存續期間的共同債務承擔連帶清償責任.

第二十七條 當事人在婚姻登記機關辦理離婚登記手續後, 以婚姻法第四十六條規定爲由向人民法院提出損害賠償請求的, 人民法院應當受理. 但當事人在協議離婚時已經明確表示放棄該項請求, 或者在辦理離婚登記手續一年後提出的, 不予支持.

第二十八條 夫妻一方申請對配偶的個人財產或者夫妻共同財產采取保全措施的, 人民法院可以在采取保全措施可能造成損失的範圍內, 根據實際情況, 確定合理的財產擔保數額.

第二十九條 本解釋自2004年4月1日起施行.

〈婚姻法 司法解釋3〉6)

第一條 ① 當事人以婚姻法第十條規定以外的情形申請宣告婚姻無效的, 人民法院應當判決駁回當事人的申請.

② 當事人以結婚登記程序存在瑕疵爲由提起民事訴訟, 主張撤銷結婚登記的, 告知其可以依法申請行政複議或者提起行政訴訟.

第二條 ① 夫妻一方向人民法院起訴請求確認親子關系不存在, 並已提供必要證據予以證明, 另一方沒有相反證據又拒絕做親子鑒定的, 人民法院可以推定請求確認親子關系不存在一方的主張成立.

② 當事人一方起訴請求確認親子關系, 並提供必要證據予以證明,

6) 最高人民法院關於適用《中華人民共和國婚姻法》若幹問題的解釋(三) (最高人民法院《關於適用＜中華人民共和國婚姻法＞若幹問題的解釋(三)》已於2011年7月4日由最高人民法院審判委員會第1525次會議通過, 現予公布, 自2011年8月13日起施行)

另一方沒有相反證據又拒絕做親子鑒定的，人民法院可以推定請求確認親子關系一方的主張成立.

第三條 婚姻關系存續期間，父母雙方或者一方拒不履行撫養子女義務，未成年或者不能獨立生活的子女請求支付撫養費的，人民法院應予支持.

第四條 婚姻關系存續期間，夫妻一方請求分割共同財產的，人民法院不予支持，但有下列重大理由且不損害債權人利益的除外：

(一) 一方有隱藏，轉移，變賣，毁損，揮霍夫妻共同財產或者僞造夫妻共同債務等嚴重損害夫妻共同財產利益行爲的;

(二) 一方負有法定扶養義務的人患重大疾病需要醫治，另一方不同意支付相關醫療費用的.

第五條 夫妻一方個人財產在婚後產生的收益，除孳息和自然增值外，應認定爲夫妻共同財產.

第六條 婚前或者婚姻關系存續期間，當事人約定將一方所有的房產贈與另一方，贈與方在贈與房產變更登記之前撤銷贈與，另一方請求判令繼續履行的，人民法院可以按照合同法第一百八十六條的規定處理.

第七條 ① 婚後由一方父母出資爲子女購買的不動產，產權登記在出資人子女名下的，可按照婚姻法第十八條第(三) 項的規定，視爲只對自己子女一方的贈與，該不動產應認定爲夫妻一方的個人財產.

② 由雙方父母出資購買的不動產，產權登記在一方子女名下的，該不動產可認定爲雙方按照各自父母的出資份額按份共有，但當事人另有約定的除外.

第八條 無民事行爲能力人的配偶有虐待，遺棄等嚴重損害無民事行爲能力一方的人身權利或者財產權益行爲，其他有監護資格的人可以依照特別程序要求變更監護關系;變更後的監護人代理無民事行爲能力一方提起離婚訴訟的，人民法院應予受理.

第九條 夫以妻擅自中止妊娠侵犯其生育權爲由請求損害賠償的, 人民法院不予支持;夫妻雙方因是否生育發生糾紛, 致使感情確已破裂, 一方請求離婚的, 人民法院經調解無效, 應依照婚姻法第三十二條第三款第(五) 項的規定處理.

第十條 ① 夫妻一方婚前簽訂不動產買賣合同, 以個人財產支付首付款並在銀行貸款, 婚後用夫妻共同財產還貸, 不動產登記於首付款支付方名下的, 離婚時該不動產由雙方協議處理.

② 依前款規定不能達成協議的, 人民法院可以判決該不動產歸產權登記一方, 尚未歸還的貸款爲產權登記一方的個人債務. 雙方婚後共同還貸支付的款項及其相對應財產增值部分, 離婚時應根據婚姻法第三十九條第一款規定的原則, 由產權登記一方對另一方進行補償.

第十一條 ① 一方未經另一方同意出售夫妻共同共有的房屋, 第三人善意購買, 支付合理對價並辦理產權登記手續, 另一方主張追回該房屋的, 人民法院不予支持.

② 夫妻一方擅自處分共同共有的房屋造成另一方損失, 離婚時另一方請求賠償損失的, 人民法院應予支持.

第十二條 婚姻關系存續期間, 雙方用夫妻共同財產出資購買以一方父母名義參加房改的房屋, 產權登記在一方父母名下, 離婚時另一方主張按照夫妻共同財產對該房屋進行分割的, 人民法院不予支持. 購買該房屋時的出資, 可以作爲債權處理.

第十三條 離婚時夫妻一方尚未退休, 不符合領取養老保險金條件, 另一方請求按照夫妻共同財產分割養老保險金的, 人民法院不予支持; 婚後以夫妻共同財產繳付養老保險費, 離婚時一方主張將養老金賬戶中婚姻關系存續期間個人實際繳付部分作爲夫妻共同財產分割的, 人民法院應予支持.

第十四條 當事人達成的以登記離婚或者到人民法院協議離婚爲條件

的財產分割協議，如果雙方協議離婚未成，一方在離婚訴訟中反悔的，人民法院應當認定該財產分割協議沒有生效，並根據實際情況依法對夫妻共同財產進行分割.

第十五條 婚姻關系存續期間，夫妻一方作爲繼承人依法可以繼承的遺產，在繼承人之間尚未實際分割，起訴離婚時另一方請求分割的，人民法院應當告知當事人在繼承人之間實際分割遺產後另行起訴.

第十六條 夫妻之間訂立借款協議，以夫妻共同財產出借給一方從事個人經營活動或用於其他個人事務的，應視爲雙方約定處分夫妻共同財產的行爲，離婚時可按照借款協議的約定處理.

第十七條 夫妻雙方均有婚姻法第四十六條規定的過錯情形，一方或者雙方向對方提出離婚損害賠償請求的，人民法院不予支持.

第十八條 離婚後，一方以尚有夫妻共同財產未處理爲由向人民法院起訴請求分割的，經審查該財產確屬離婚時未涉及的夫妻共同財產，人民法院應當依法予以分割.

第十九條 本解釋施行後，最高人民法院此前作出的相關司法解釋與本解釋相抵觸的，以本解釋爲准.

中華人民共和國 婚姻登記條例[7)]

第一章 總則

第一條 爲了規範婚姻登記工作，保障婚姻自由，一夫一妻，男女平等的婚姻制度的實施，保護婚姻當事人的合法權益，根據《中華人民共和國婚姻法》(以下簡稱婚姻法)，制定本條例.

第二條 ① 內地居民辦理婚姻登記的機關是縣級人民政府民政部門或者鄉(鎮) 人民政府，省，自治區，直轄市人民政府可以按照便民

7) 2003年8月8日國務院令第三百八十七號公布,自2003年10月1日起施行.

原則確定農村居民辦理婚姻登記的具體機關.

② 中國公民同外國人, 內地居民同香港特別行政區居民(以下簡稱香港居民), 澳門特別行政區居民(以下簡稱澳門居民), 台灣地區居民(以下簡稱台灣居民), 華僑辦理婚姻登記的機關是省, 自治區, 直轄市人民政府民政部門或者省, 自治區, 直轄市人民政府民政部門確定的機關.

第三條 ① 婚姻登記機關的婚姻登記員應當接受婚姻登記業務培訓, 經考核合格, 方可從事婚姻登記工作.

② 婚姻登記機關辦理婚姻登記, 除按收費標准向當事人收取工本費外, 不得收取其他費用或者附加其他義務.

第二章 結婚登記

第四條 ① 內地居民結婚, 男女雙方應當共同到一方當事人常住戶口所在地的婚姻登記機關辦理結婚登記.

② 中國公民同外國人在中國內地結婚的, 內地居民同香港居民, 澳門居民, 台灣居民, 華僑在中國內地結婚的, 男女雙方應當共同到內地居民常住戶口所在地的婚姻登記機關辦理結婚登記.

第五條 ① 辦理結婚登記的內地居民應當出具下列證件和證明材料：

(一) 本人的戶口簿, 身份證;

(二) 本人無配偶以及與對方當事人沒有直系血親和三代以內旁系血親關系的簽字聲明.

② 辦理結婚登記的香港居民, 澳門居民, 台灣居民應當出具下列證件和證明材料：

(一) 本人的有效通行證, 身份證;

(二) 經居住地公證機構公證的本人無配偶以及與對方當事人沒有直系血親和三代以內旁系血親關系的聲明.

③ 辦理結婚登記的華僑應當出具下列證件和證明材料：

(一) 本人的有效護照;

(二) 居住國公證機構或者有權機關出具的, 經中華人民共和國駐該國使(領) 館認證的本人無配偶以及與對方當事人沒有直系血親和三代以內旁系血親關系的證明, 或者中華人民共和國駐該國使(領)館出具的本人無配偶以及與對方當事人沒有直系血親和三代以內旁系血親關系的證明.

④ 辦理結婚登記的外國人應當出具下列證件和證明材料 :

(一) 本人的有效護照或者其他有效的國際旅行證件;

(二) 所在國公證機構或者有權機關出具的, 經中華人民共和國駐該國使(領) 館認證或者該國駐華使(領) 館認證的本人無配偶的證明, 或者所在國駐華使(領) 館出具的本人無配偶的證明.

第六條 辦理結婚登記的當事人有下列情形之一的, 婚姻登記機關不予登記 :

(一) 未到法定結婚年齡的;

(二) 非雙方自願的;

(三) 一方或者雙方已有配偶的;

(四) 屬於直系血親或者三代以內旁系血親的;

(五) 患有醫學上認爲不應當結婚的疾病的.

第七條 婚姻登記機關應當對結婚登記當事人出具的證件, 證明材料進行審查並詢問相關情況. 對當事人符合結婚條件的, 應當當場予以登記, 發給結婚證;對當事人不符合結婚條件不予登記的, 應當向當事人說明理由.

第八條 男女雙方補辦結婚登記的, 適用本條例結婚登記的規定.

第九條 ① 因脅迫結婚的, 受脅迫的當事人依據婚姻法第十一條的規定向婚姻登記機關請求撤銷其婚姻的, 應當出具下列證明材料 :

(一) 本人的身份證, 結婚證;

(二) 能夠證明受脅迫結婚的證明材料.

② 婚姻登記機關經審查認爲受脅迫結婚的情況屬實且不涉及子女撫養, 財產及債務問題的, 應當撤銷該婚姻, 宣告結婚證作廢.

第三章 離婚登記

第十條 ① 內地居民自願離婚的, 男女雙方應當共同到一方當事人常住戶口所在地的婚姻登記機關辦理離婚登記.

② 中國公民同外國人在中國內地自願離婚的, 內地居民同香港居民, 澳門居民, 台灣居民, 華僑在中國內地自願離婚的, 男女雙方應當共同到內地居民常住戶口所在地的婚姻登記機關辦理離婚登記.

第十一條 ① 辦理離婚登記的內地居民應當出具下列證件和證明材料：

( ) 本人的戶口簿, 身份證;

(二) 本人的結婚證;

(三) 雙方當事人共同簽署的離婚協議書.

② 辦理離婚登記的香港居民, 澳門居民, 台灣居民, 華僑, 外國人除應當出具前款第(二) 項, 第(三) 項規定的證件, 證明材料外, 香港居民, 澳門居民, 台灣居民還應當出具本人的有效通行證, 身份證, 華僑, 外國人還應當出具本人的有效護照或者其他有效國際旅行證件.

③ 離婚協議書應當載明雙方當事人自願離婚的意思表示以及對子女撫養, 財產及債務處理等事項協商一致的意見.

第十二條 辦理離婚登記的當事人有下列情形之一的, 婚姻登記機關不予受理：

(一) 未達成離婚協議的;

(二) 屬於無民事行爲能力人或者限制民事行爲能力人的;

(三) 其結婚登記不是在中國內地辦理的.

第十三條 婚姻登記機關應當對離婚登記當事人出具的證件，證明材料進行審查並詢問相關情況. 對當事人確屬自願離婚，並已對子女撫養，財產，債務等問題達成一致處理意見的，應當當場予以登記，發給離婚證.

第十四條 離婚的男女雙方自願恢復夫妻關系的，應當到婚姻登記機關辦理復婚登記. 復婚登記適用本條例結婚登記的規定.

第四章 婚姻登記檔案和婚姻登記證

第十五條 婚姻登記機關應當建立婚姻登記檔案. 婚姻登記檔案應當長期保管. 具體管理辦法由國務院民政部門會同國家檔案管理部門規定.

第十六條 婚姻登記機關收到人民法院宣告婚姻無效或者撤銷婚姻的判決書副本後，應當將該判決書副本收入當事人的婚姻登記檔案.

第十七條 結婚證，離婚證遺失或者損毁的，當事人可以持戶口簿，身份證向原辦理婚姻登記的機關或者一方當事人常住戶口所在地的婚姻登記機關申請補領. 婚姻登記機關對當事人的婚姻登記檔案進行查證，確認屬實的，應當爲當事人補發結婚證，離婚證.

第五章 罰則

第十八條 ① 婚姻登記機關及其婚姻登記員有下列行爲之一的，對直接負責的主管人員和其他直接責任人員依法給予行政處分：

(一) 爲不符合婚姻登記條件的當事人辦理婚姻登記的;

(二) 玩忽職守造成婚姻登記檔案損失的;

(三) 辦理婚姻登記或者補發結婚證，離婚證超過收費標准收取費用的.

② 違反前款第(三) 項規定收取的費用，應當退還當事人.

第六章 附則

第十九條 中華人民共和國駐外使(領) 館可以依照本條例的有關規定, 爲男女雙方均居住於駐在國的中國公民辦理婚姻登記.

第二十條 本條例規定的婚姻登記證由國務院民政部門規定式樣並監制.

第二十一條 當事人辦理婚姻登記或者補領結婚證, 離婚證應當交納工本費. 工本費的收費標准由國務院價格主管部門會同國務院財政部門規定並公布.

第二十二條 本條例自2003年10月1日起施行. 1994年1月12日國務院批准, 1994年2月1日民政部發布的《婚姻登記管理條例》同時廢止.

中華人民共和國 收養法[8)]

第一章 總則

第一條 爲保護合法的收養關系, 維護收養關系當事人的權利, 制定本法.

第二條 收養應當有利於被收養的未成年人的撫養, 成長, 保障被收養人和收養人的合法權益, 遵循平等自願的原則, 並不得違背社會公德.

第三條 收養不得違背計劃生育的法律, 法規.

第二章 收養關系的成立

第四條 下列不滿十四周歲的未成年人可以被收養:

(一) 喪失父母的孤兒;

8) 1991年12月29日第七屆全國人民代表大會常務委員會第二十三次會議通過,根據1998年11月4日第九屆全國人民代表大會常務委員會第五次會議《關於修改〈中華人民共和國收養法〉的決定》修正.

（二）查找不到生父母的棄嬰和兒童;

（三）生父母有特殊困難無力撫養的子女.

第五條 下列公民, 組織可以作送養人：

（一）孤兒的監護人;

（二）社會福利機構;

（三）有特殊困難無力撫養子女的生父母.

第六條 收養人應當同時具備下列條件：

（一）無子女;

（二）有撫養教育被收養人的能力;

（三）未患有在醫學上認爲不應當收養子女的疾病;

（四）年滿三十周歲.

第七條 ① 收養三代以內同輩旁系血親的子女, 可以不受本法第四條第三項, 第五條第三項, 第九條和被收養人不滿十四周歲的限制.

② 華僑收養三代以內同輩旁系血親的子女, 還可以不受收養人無子女的限制.

第八條 ① 收養人只能收養一名子女.

② 收養孤兒, 殘疾兒童或者社會福利機構撫養的查找不到生父母的棄嬰和兒童, 可以不受收養人無子女和收養一名的限制.

第九條 無配偶的男性收養女性的, 收養人與被收養人的年齡應當相差四十周歲以上.

第十條 ① 生父母送養子女, 須雙方共同送養. 生父母一方不明或者查找不到的可以單方送養.

② 有配偶者收養子女, 須夫妻共同收養.

第十一條 收養人收養與送養人送養, 須雙方自願. 收養年滿十周歲以上未成年人的, 應當征得被收養人的同意.

第十二條 未成年人的父母均不具備完全民事行爲能力的, 該未成年人的監護人不得將其送養, 但父母對該未成年人有嚴重危害可能的除外.

第十三條 監護人送養未成年孤兒的, 須征得有撫養義務的人同意. 有撫養義務的人不同意送養, 監護人不願意繼續履行監護職責的, 應當依照《中華人民共和國民法通則》的規定變更監護人.

第十四條 繼父或者繼母經繼子女的生父母同意, 可以收養繼子女, 並可以不受本法第四條第三項, 第五條第三項, 第六條和被收養人不滿十四周歲以及收養一名的限制.

第十五條 ① 收養應當向縣級以上人民政府民政部門登記. 收養關系自登記之日起成立.

② 收養查找不到生父母的棄嬰和兒童的, 辦理登記的民政部門應當在登記前予以公告.

③ 收養關系當事人願意訂立收養協議的, 可以訂立收養協議.

④ 收養關系當事人各方或者一方要求辦理收養公證的, 應當辦理收養公證.

第十六條 收養關系成立後, 公安部門應當依照國家有關規定爲被收養人辦理戶口登記.

第十七條 ① 孤兒或者生父母無力撫養的子女, 可以由生父母的親屬, 朋友撫養.

② 撫養人與被撫養人的關系不適用收養關系.

第十八條 配偶一方死亡, 另一方送養未成年子女的, 死亡一方的父母有優先撫養的權利.

第十九條 送養人不得以送養子女爲理由違反計劃生育的規定再生育子女.

第二十條 嚴禁買賣兒童或者借收養名義買賣兒童.

第二十一條 ① 外國人依照本法可以在中華人民共和國收養子女.

② 外國人在中華人民共和國收養子女, 應當經其所在國主管機關依照該國法律審查同意. 收養人應當提供由其所在國有權機構出具

的有關收養人的年齡, 婚姻, 職業, 財產, 健康, 有無受過刑事處罰等狀況的證明材料, 該證明材料應當經其所在國外交機關或者外交機關授權的機構認證, 並經中華人民共和國駐該國使領館認證. 該收養人應當與送養人訂立書面協議, 親自向省級人民政府民政部門登記.

③ 收養關系當事人各方或者一方要求辦理收養公證的, 應當到國務院司法行政部門認定的具有辦理涉外公證資格的公證機構辦理收養公證.

第二十二條 收養人, 送養人要求保守收養秘密的, 其他人應當尊重其意願, 不得泄露.

第三章 收養的效力

第二十三條 ① 自收養關系成立之日起, 養父母與養子女間的權利義務關系, 適用法律關於父母子女關系的規定;養子女與養父母的近親屬間的權利義務關系, 適用法律關於子女與父母的近親屬關系的規定.

② 養子女與生父母及其他近親屬間的權利義務關系, 因收養關系的成立而消除.

第二十四條 養子女可以隨養父或者養母的姓, 經當事人協商一致, 也可以保留原姓.

第二十五條 ① 違反《中華人民共和國民法通則》第五十五條和本法規定的收養行爲無法律效力.

② 收養行爲被人民法院確認無效的, 從行爲開始時起就沒有法律效力.

第四章 收養關系的解除

第二十六條 ① 收養人在被收養人成年以前, 不得解除收養關系, 但收養人, 送養人雙方協議解除的除外, 養子女年滿十周歲以上的, 應當征得本人同意.

② 收養人不履行撫養義務, 有虐待, 遺棄等侵害未成年養子女合法權益行爲的, 送養人有權要求解除養父母與養子女間的收養關系. 送養人, 收養人不能達成解除收養關系協議的, 可以向人民法院起訴. 第二十七條養父母與成年養子女關系惡化, 無法共同生活的, 可以協議解除收養關系. 不能達成協議的, 可以向人民法院起訴.

第二十八條 當事人協議解除收養關系的, 應當到民政部門辦理解除收養關系的登記.

第二十九條 收養關系解除後, 養子女與養父母及其他近親屬間的權利義務關系即行消除, 與生父母及其他近親屬間的權利義務關系自行恢複, 但成年養子女與生父母及其他近親屬間的權利義務關系是否恢複, 可以協商確定.

第三十條 ① 收養關系解除後, 經養父母撫養的成年養子女, 對缺乏勞動能力又缺乏生活來源的養父母, 應當給付生活費. 因養子女成年後虐待, 遺棄養父母而解除收養關系的, 養父母可以要求養子女補償收養期間支出的生活費和教育費.

② 生父母要求解除收養關系的, 養父母可以要求生父母適當補償收養期間支出的生活費和教育費, 但因養父母虐待, 遺棄養子女而解除收養關系的除外.

第五章 法律責任

第三十一條 ① 借收養名義拐賣兒童的, 依法追究刑事責任.

② 遺棄嬰兒的, 由公安部門處以罰款; 構成犯罪的, 依法追究刑事責任.

③ 出賣親生子女的, 由公安部門沒收非法所得, 並處以罰款;構成犯罪的, 依法追究刑

第三十二條　民族自治地方的人民代表大會及其常務委員會可以根據本法的原則，結合當地情況，制定變通的或者補充的規定．自治區的規定，報全國人民代表大會常務委員會備案．自治州，自治縣的規定，報省或者自治區的人民代表大會常務委員會批准後生效，並報全國人民代表大會常務委員會備案．

第三十三條 國務院可以根據本法制定實施辦法．

第三十四條 本法自1992年4月1日起施行．

中華人民共和國 婦女權益保障法(修正)[9)]

第一章 總則

第一條 爲了保障婦女的合法權益，促進男女平等，充分發揮婦女在社會主義現代化建設中的作用，根據憲法和我國的實際情況，制定本法．

第二條 婦女在政治的，經濟的，文化的，社會的和家庭的生活等各方面享有同男子平等的權利．實行男女平等是國家的基本國策．國家采取必要措施，逐步完善保障婦女權益的各項制度，消除對婦女一切形式的歧視．國家保護婦女依法享有的特殊權益．禁止歧視，虐待，遺棄，殘害婦女．

第三條 國務院制定中國婦女發展綱要，並將其納入國民經濟和社會發展規劃．縣級以上地方各級人民政府根據中國婦女發展綱要，制定本行政區域的婦女發展規劃，並將其納入國民經濟和社會發展計劃．

第四條 保障婦女的合法權益是全社會的共同責任．國家機關，社會團體，企業事業單位，城鄉基層群衆性自治組織，應當依照本法和

9) 1992年4月3日第七屆全國人民代表大會第五次會議通過，根據2005年8月28日第十屆全國人民代表大會常務委員會第十七次會議《關於修改〈中華人民共和國婦女權益保障法〉的決定》修正

有關法律的規定, 保障婦女的權益. 國家采取有效措施, 爲婦女依法行使權利提供必要的條件.

第五條 國家鼓勵婦女自尊, 自信, 自立, 自強, 運用法律維護自身合法權益. 婦女應當遵守國家法律, 尊重社會公德, 履行法律所規定的義務.

第六條 各級人民政府應當重視和加强婦女權益的保障工作. 縣級以上人民政府負責婦女兒童工作的機構, 負責組織, 協調, 指導, 督促有關部門做好婦女權益的保障工作. 縣級以上人民政府有關部門在各自的職責範圍內做好婦女權益的保障工作.

第七條 中華全國婦女聯合會和地方各級婦女聯合會依照法律和中華全國婦女聯合會章程, 代表和維護各族各界婦女的利益, 做好維護婦女權益的工作. 工會, 共産主義青年團, 應當在各自的工作範圍內, 做好維護婦女權益的工作.

第八條 對保障婦女合法權益成績顯著的組織和個人, 各級人民政府和有關部門給予表彰和獎勵.

第二章 政治權利

第九條 國家保障婦女享有與男子平等的政治權利.

第十條 婦女有權通過各種途徑和形式, 管理國家事務, 管理經濟和文化事業, 管理社會事務. 制定法律, 法規, 規章和公共政策, 對涉及婦女權益的重大問題, 應當聽取婦女聯合會的意見. 婦女和婦女組織有權向各級國家機關提出婦女權益保障方面的意見和建議.

第十一條 婦女享有與男子平等的選舉權和被選舉權. 全國人民代表大會和地方各級人民代表大會的代表中, 應當有適當數量的婦女代表. 國家采取措施, 逐步提高全國人民代表大會和地方各級人民代表大會的婦女代表的比例. 居民委員會, 村民委員會成員中, 婦女應當有適當的名額.

第十二條 國家積極培養和選拔女幹部. 國家機關, 社會團體, 企業事業單位培養, 選拔和任用幹部, 必須堅持男女平等的原則, 並有適當數量的婦女擔任領導成員. 國家重視培養和選拔少數民族女幹部.

第十三條 中華全國婦女聯合會和地方各級婦女聯合會代表婦女積極參與國家和社會事務的民主決策, 民主管理和民主監督. 各級婦女聯合會及其團體會員, 可以向國家機關, 社會團體, 企業事業單位推薦女幹部.

第十四條 對於有關保障婦女權益的批評或者合理建議, 有關部門應當聽取和采納;對於有關侵害婦女權益的申訴, 控告和檢舉, 有關部門必須查清事實, 負責處理, 任何組織或者個人不得壓制或者打擊報復.

第三章 文化教育權益

第十五條 國家保障婦女享有與男子平等的文化教育權利.

第十六條 學校和有關部門應當執行國家有關規定, 保障婦女在入學, 升學, 畢業分配, 授予學位, 派出留學等方面享有與男子平等的權利. 學校在錄取學生時, 除特殊專業外, 不得以性別爲由拒絕錄取女性或者提高對女性的錄取標准.

第十七條 學校應當根據女性青少年的特點, 在教育, 管理, 設施等方面采取措施, 保障女性青少年身心健康發展.

第十八條 父母或者其他監護人必須履行保障適齡女性兒童少年接受義務教育的義務. 除因疾病或者其他特殊情況經當地人民政府批准的以外, 對不送適齡女性兒童少年入學的父母或者其他監護人, 由當地人民政府予以批評教育, 並采取有效措施, 責令送適齡女性兒童少年入學. 政府, 社會, 學校應當采取有效措施, 解決適齡女性兒童少年就學存在的實際困難, 並創造條件, 保證貧困, 殘疾和流動人口中的適齡女性兒童少年完成義務教育.

第十九條 各級人民政府應當依照規定把掃除婦女中的文盲，半文盲工作，納入掃盲和掃盲後繼續教育規劃，采取符合婦女特點的組織形式和工作方法，組織，監督有關部門具體實施.

第二十條 各級人民政府和有關部門應當采取措施，根據城鎮和農村婦女的需要，組織婦女接受職業教育和實用技術培訓.

第二十一條 國家機關，社會團體和企業事業單位應當執行國家有關規定，保障婦女從事科學，技術，文學，藝術和其他文化活動，享有與男子平等的權利.

第四章 勞動和社會保障權益

第二十二條 國家保障婦女享有與男子平等的勞動權利和社會保障權利.

第二十三條 各單位在錄用職工時，除不適合婦女的工種或者崗位外，不得以性別爲由拒絕錄用婦女或者提高對婦女的錄用標准. 各單位在錄用女職工時，應當依法與其簽訂勞動(聘用)合同或者服務協議，勞動(聘用)合同或者服務協議中不得規定限制女職工結婚，生育的內容. 禁止錄用未滿十六周歲的女性未成年人，國家另有規定的除外.

第二十四條 實行男女同工同酬. 婦女在享受福利待遇方面享有與男子平等的權利.

第二十五條 在晉職，晉級，評定專業技術職務等方面，應當堅持男女平等的原則，不得歧視婦女.

第二十六條 任何單位均應根據婦女的特點，依法保護婦女在工作和勞動時的安全和健康，不得安排不適合婦女從事的工作和勞動. 婦女在經期，孕期，產期，哺乳期受特殊保護.

第二十七條 任何單位不得因結婚，懷孕，產假，哺乳等情形，降低女職工的工資，辭退女職工，單方解除勞動(聘用)合同或者服務協議. 但是, 女職工要求終止勞動(聘用) 合同或者服務協議的除外. 各單位在執行國家退休制度時, 不得以性別爲由歧視婦女.

第二十八條 國家發展社會保險, 社會救助, 社會福利和醫療衛生事業, 保障婦女享有社會保險, 社會救助, 社會福利和衛生保健等權益. 國家提倡和鼓勵爲幫助婦女開展的社會公益活動.

第二十九條 國家推行生育保險制度, 建立健全與生育相關的其他保障制度. 地方各級人民政府和有關部門應當按照有關規定爲貧困婦女提供必要的生育救助.

第五章 財產權益

第三十條 國家保障婦女享有與男子平等的財產權利.

第三十一條 在婚姻, 家庭共有財產關系中, 不得侵害婦女依法享有的權益.

第三十二條 婦女在農村土地承包經營, 集體經濟組織收益分配, 土地征收或者征用補償費使用以及宅基地使用等方面, 享有與男子平等的權利.

第三十三條 任何組織和個人不得以婦女未婚, 結婚, 離婚, 喪偶等爲由, 侵害婦女在農村集體經濟組織中的各項權益. 因結婚男方到女方住所落戶的, 男方和子女享有與所在地農村集體經濟組織成員平等的權益.

第三十四條 婦女享有的與男子平等的財產繼承權受法律保護. 在同一順序法定繼承人中, 不得歧視婦女. 喪偶婦女有權處分繼承的財產, 任何人不得幹涉.

第三十五條 喪偶婦女對公, 婆盡了主要贍養義務的, 作爲公, 婆的第一順序法定繼承人, 其繼承權不受子女代位繼承的影響.

第六章 人身權利

第三十六條 國家保障婦女享有與男子平等的人身權利.

第三十七條 婦女的人身自由不受侵犯. 禁止非法拘禁和以其他非法手段剝奪或者限制婦女的人身自由;禁止非法搜查婦女的身體.

第三十八條 婦女的生命健康權不受侵犯. 禁止溺, 棄, 殘害女嬰;禁止歧視, 虐待生育女嬰的婦女和不育的婦女;禁止用迷信, 暴力等手段殘害婦女;禁止虐待, 遺棄病, 殘婦女和老年婦女.

第三十九條 禁止拐賣, 綁架婦女;禁止收買被拐賣, 綁架的婦女;禁止阻礙解救被拐賣, 綁架的婦女. 各級人民政府和公安, 民政, 勞動和社會保障, 衛生等部門按照其職責及時采取措施解救被拐賣, 綁架的婦女, 做好善後工作, 婦女聯合會協助和配合做好有關工作. 任何人不得歧視被拐賣, 綁架的婦女.

第四十條 禁止對婦女實施性騷擾. 受害婦女有權向單位和有關機關投訴.

第四十一條 禁止賣淫, 嫖娼. 禁止組織, 強迫, 引誘, 容留, 介紹婦女賣淫或者對婦女進行猥褻活動. 禁止組織, 強迫, 引誘婦女進行淫穢表演活動.

第四十二條 婦女的名譽權, 榮譽權, 隱私權, 肖像權等人格權受法律保護. 禁止用侮辱, 誹謗等方式損害婦女的人格尊嚴. 禁止通過大眾傳播媒介或者其他方式貶低損害婦女人格. 未經本人同意, 不得以營利爲目的, 通過廣告, 商標, 展覽櫥窗, 報紙, 期刊, 圖書, 音像制品, 電子出版物, 網絡等形式使用婦女肖像.

第七章 婚姻家庭權益

第四十三條 國家保障婦女享有與男子平等的婚姻家庭權利.

第四十四條 國家保護婦女的婚姻自主權. 禁止幹涉婦女的結婚, 離婚自由.

第四十五條 女方在懷孕期間, 分娩後一年內或者終止妊娠後六個月內, 男方不得提出離婚. 女方提出離婚的, 或者人民法院認爲確有必要受理男方離婚請求的, 不在此限.

第四十六條 禁止對婦女實施家庭暴力. 國家采取措施, 預防和制止家庭暴力. 公安, 民政, 司法行政等部門以及城鄉基層群衆性自治組織, 社會團體, 應當在各自的職責範圍內預防和制止家庭暴力, 依法爲受害婦女提供救助.

第四十七條 婦女對依照法律規定的夫妻共同財產享有與其配偶平等的占有, 使用, 收益和處分的權利, 不受雙方收入狀況的影響. 夫妻書面約定婚姻關系存續期間所得的財產歸各自所有, 女方因撫育子女, 照料老人, 協助男方工作等承擔較多義務的, 有權在離婚時要求男方予以補償.

第四十八條 夫妻共有的房屋, 離婚時, 分割住房由雙方協議解決;協議不成的, 由人民法院根據雙方的具體情況, 按照照顧子女和女方權益的原則判決. 夫妻雙方另有約定的除外. 夫妻共同租用的房屋, 離婚時, 女方的住房應當按照照顧子女和女方權益的原則解決.

第四十九條 父母雙方對未成年子女享有平等的監護權. 父親死亡, 喪失行爲能力或者有其他情形不能擔任未成年子女的監護人的, 母親的監護權任何人不得幹涉.

第五十條 離婚時, 女方因實施絕育手術或者其他原因喪失生育能力的, 處理子女撫養問題, 應在有利子女權益的條件下, 照顧女方的合理要求.

第五十一條 婦女有按照國家有關規定生育子女的權利, 也有不生育的自由. 育齡夫妻雙方按照國家有關規定計劃生育, 有關部門應當提供安全, 有效的避孕藥具和技術, 保障實施節育手術的婦女的健康和安全. 國家實行婚前保健, 孕產期保健制度, 發展母嬰保健事業. 各級人民政府應當采取措施, 保障婦女享有計劃生育技術服務,提高婦女的生殖健康水平.

第八章 法律責任

第五十二條 婦女的合法權益受到侵害的, 有權要求有關部門依法處理, 或者依法向仲裁機構申請仲裁, 或者向人民法院起訴. 對有經濟困難需要法律援助或者司法救助的婦女, 當地法律援助機構或者人民法院應當給予幫助, 依法爲其提供法律援助或者司法救助.

第五十三條 婦女的合法權益受到侵害的, 可以向婦女組織投訴, 婦女組織應當維護被侵害婦女的合法權益, 有權要求並協助有關部門或者單位查處. 有關部門或者單位應當依法查處, 並予以答複.

第五十四條 婦女組織對於受害婦女進行訴訟需要幫助的, 應當給予支持. 婦女聯合會或者相關婦女組織對侵害特定婦女群體利益的行爲, 可以通過大眾傳播媒介揭露, 批評, 並有權要求有關部門依法查處.

第五十五條 違反本法規定, 以婦女未婚, 結婚, 離婚, 喪偶等爲由, 侵害婦女在農村集體經濟組織中的各項權益的, 或者因結婚男方到女方住所落戶, 侵害男方和子女享有與所在地農村集體經濟組織成員平等權益的, 由鄉鎮人民政府依法調解;受害人也可以依法向農村土地承包仲裁機構申請仲裁, 或者向人民法院起訴, 人民法院應當依法受理.

第五十六條 違反本法規定, 侵害婦女的合法權益, 其他法律, 法規規定行政處罰的, 從其規定;造成財產損失或者其他損害的, 依法承擔民事責任;構成犯罪的, 依法追究刑事責任.

第五十七條 違反本法規定, 對侵害婦女權益的申訴, 控告, 檢舉, 推諉, 拖延, 壓制不予查處, 或者對提出申訴, 控告, 檢舉的人進行打擊報複的, 由其所在單位, 主管部門或者上級機關責令改正, 並依法對直接負責的主管人員和其他直接責任人員給予行政處分. 國家機關及其工作人員未依法履行職責, 對侵害婦女權益的行爲未及時制止或者未給予受害婦女必要幫助, 造成嚴重後果的, 由其所在單位或者上級機關依法對直接負責的主管人員和其他直接責任人員給予行政處分. 違反本法規定, 侵害婦女文化教育權益, 勞動和社會保障權益, 人身和財產權益以及婚姻家庭權益的, 由其所在單位, 主管部門或者上級機關責令改正, 直接負責的主管人員和其他直接責任人員屬於國家工作人員的, 由其所在單位或者上級機關依法給予行政處分.

第五十八條 違反本法規定, 對婦女實施性騷擾或者家庭暴力, 構成違反治安管理行爲的, 受害人可以提請公安機關對違法行爲人依法給予行政處罰, 也可以依法向人民法院提起民事訴訟.

第五十九條 違反本法規定, 通過大眾傳播媒介或者其他方式貶低損害婦女人格的, 由文化, 廣播電影電視, 新聞出版或者其他有關部門依據各自的職權責令改正, 並依法給予行政處罰.

第九章 附則

第六十條 省, 自治區, 直轄市人民代表大會常務委員會可以根據本法制定實施辦法. 民族自治地方的人民代表大會, 可以依據本法規定的原則, 結合當地民族婦女的具體情況, 制定變通的或者補充的規定. 自治區的規定, 報全國人民代表大會常務委員會批准後生效; 自治州, 自治縣的規定, 報省, 自治區, 直轄市人民代表大會常務委員會批准後生效, 並報全國人民代表大會常務委員會備案.

第六十一條 本法自1992年10月1日起施行.

中華人民共和國 繼承法[10)]

第一章 總則

第一條 根據《中華人民共和國憲法》規定，爲保護公民的私有財產的繼承權，制定本法. 第二條繼承從被繼承人死亡時開始.

第二條 繼承從被繼承人死亡時開始.

第三條 遺產是公民死亡時遺留的個人合法財產，包括：

(一) 公民的收入;

(二) 公民的房屋，儲蓄和生活用品;

(三) 公民的林木，牲畜和家禽;

(四) 公民的文物，圖書資料;

(五) 法律允許公民所有的生產資料;

(六) 公民的著作權，專利權中的財產權利;

(七) 公民的其他合法財產. 第四條個人承包應得的個人收益，依照本法規定繼承. 個人承包，依照法律允許由繼承人繼續承包的，按照承包合同辦理.

第四條 個人承包應得的個人收益，依照本法規定繼承. 個人承包，依照法律允許由繼承人繼續承包的，按照承包合同辦理.

第五條 繼承開始後，按照法定繼承辦理;有遺囑的，按照遺囑繼承或者遺贈辦理;有遺贈扶養協議的，按照協議辦理.

第六條 無行爲能力人的繼承權，受遺贈權，由他的法定代理人代爲行使. 限制行爲能力人的繼承權，受遺贈權，由他的法定代理人代爲行使，或者征得法定代理人同意後行使.

第七條 繼承人有下列行爲之一的，喪失繼承權：

(一) 故意殺害被繼承人的;

---

10) 1985年4月10日第六屆全國人民代表大會第三次會議通過1985年4月10日中華人民共和國主席令第二十四號公布自1985年10月1日起施行.

(二) 爲爭奪遺産而殺害其他繼承人的;

(三) 遺棄被繼承人的, 或者虐待被繼承人情節嚴重的;

(四) 僞造, 簒改或者銷毁遺囑, 情節嚴重的.

第八條 繼承權糾紛提起訴訟的期限爲二年, 自繼承人知道或者應當知道其權利被侵犯之日起計算. 但是, 自繼承開始之日起超過二十年的, 不得再提起訴訟.

第二章 法定繼承

第九條 繼承權男女平等.

第十條 ① 遺産按照下列順序繼承：

第一順序：配偶, 子女, 父母.

第二順序：兄弟姐妹, 祖父母, 外祖父母.

② 繼承開始後, 由第一順序繼承人繼承, 第二順序繼承人不繼承. 沒有第一順序繼承人繼承的, 由第二順序繼承人繼承.

③ 本法所說的子女, 包括婚生子女, 非婚生子女, 養子女和有扶養關系的繼子女.

④ 本法所說的父母, 包括生父母, 養父母和有扶養關系的繼父母.

⑤ 本法所說的兄弟姐妹, 包括同父母的兄弟姐妹, 同父異母或者同母異父的兄弟姐妹, 養兄弟姐妹, 有扶養關系的繼兄弟姐妹.

第十一條 被繼承人的子女先於被繼承人死亡的, 由被繼承人的子女的晩輩直系血親代位繼承. 代位繼承人一般只能繼承他的父親或者母親有權繼承的遺産份額.

第十二條 喪偶兒媳對公, 婆, 喪偶女婿對嶽父, 嶽母, 盡了主要贍養義務的, 作爲第一順序繼承人.

第十三條 ① 同一順序繼承人繼承遺産的份額, 一般應當均等.

② 對生活有特殊困難的缺乏勞動能力的繼承人, 分配遺産時, 應當予以照顧.

③ 對被繼承人盡了主要扶養義務或者與被繼承人共同生活的繼承人, 分配遺產時, 可以多分.

④ 有扶養能力和有扶養條件的繼承人, 不盡扶養義務的, 分配遺產時, 應當不分或者少分.

⑤ 繼承人協商同意的, 也可以不均等.

第十四條 對繼承人以外的依靠被繼承人扶養的缺乏勞動能力又沒有生活來源的人, 或者繼承人以外的對被繼承人扶養較多的人, 可以分給他們適當的遺產.

第十五條 繼承人應當本著互諒互讓, 和睦團結的精神, 協商處理繼承問題. 遺產分割的時間, 辦法和份額, 由繼承人協商確定. 協商不成的, 可以由人民調解委員會調解或者向人民法院提起訴訟.

第二章 遺囑繼承和遺贈

第十六條 ① 公民可以依照本法規定立遺囑處分個人財產, 並可以指定遺囑執行人.

② 公民可以立遺囑將個人財產指定由法定繼承人的一人或者數人繼承.

③ 公民可以立遺囑將個人財產贈給國家, 集體或者法定繼承人以外的人.

第十七條 ① 公證遺囑由遺囑人經公證機關辦理. 自書遺囑由遺囑人親筆書寫, 簽名, 注明年, 月, 日.

② 代書遺囑應當有兩個以上見證人在場見證, 由其中一人代書, 注明年, 月, 日, 並由代書人, 其他見證人和遺囑人簽名.

③ 以錄音形式立的遺囑, 應當有兩個以上見證人在場見證.

④ 遺囑人在危急情況下, 可以立口頭遺囑. 口頭遺囑應當有兩個以上見證人在場見證. 危急情況解除後, 遺囑人能夠用書面或者錄音形式立遺囑的, 所立的口頭遺囑無效.

第十八條 下列人員不能作爲遺囑見證人：

(一) 無行爲能力人, 限制行爲能力人;

(二) 繼承人, 受遺贈人;

(三) 與繼承人, 受遺贈人有利害關系的人.

第十九條 遺囑應當對缺乏勞動能力又沒有生活來源的繼承人保留必要的遺產份額.

第二十條 ① 遺囑人可以撤銷, 變更自己所立的遺囑. 立有數份遺囑, 內容相抵觸的, 以最後的遺囑爲准.

② 自書, 代書, 錄音, 口頭遺囑, 不得撤銷, 變更公證遺囑.

第二十一條 遺囑繼承或者遺贈附有義務的, 繼承人或者受遺贈人應當履行義務. 沒有正當理由不履行義務的, 經有關單位或者個人請求, 人民法院可以取消他接受遺產的權利.

第二十二條 ① 無行爲能力人或者限制行爲能力人所立的遺囑無效.

② 遺囑必須表示遺囑人的真實意思, 受脅迫, 欺騙所立的遺囑無效.

③ 僞造的遺囑無效.

④ 遺囑被篡改的, 篡改的內容無效.

第四章 遺產的處理

第二十三條 繼承開始後, 知道被繼承人死亡的繼承人應當及時通知其他繼承人和遺囑執行人. 繼承人中無人知道被繼承人死亡或者知道被繼承人死亡而不能通知的, 由被繼承人生前所在單位或者住所地的居民委員會, 村民委員會負責通知.

第二十四條 存有遺產的人, 應當妥善保管遺產, 任何人不得侵呑或者爭搶.

第二十五條 ① 繼承開始後, 繼承人放棄繼承的, 應當在遺產處理前, 作出放棄繼承的表示. 沒有表示的, 視爲接受繼承.

② 受遺贈人應當在知道受遺贈後兩個月內, 作出接受或者放棄受遺贈的表示. 到期沒有表示的, 視爲放棄受遺贈.

第二十六條 ① 夫妻在婚姻關系存續期間所得的共同所有的財產, 除有約定的以外, 如果分割遺產, 應當先將共同所有的財產的一半分出爲配偶所有, 其餘的爲被繼承人的遺產.

② 遺產在家庭共有財產之中的, 遺產分割時, 應當先分出他人的財產.

第二十七條 有下列情形之一的, 遺產中的有關部分按照法定繼承辦理：

(一) 遺囑繼承人放棄繼承或者受遺贈人放棄受遺贈的;

(二) 遺囑繼承人喪失繼承權的;

(三) 遺囑繼承人, 受遺贈人先於遺囑人死亡的;

(四) 遺囑無效部分所涉及的遺產;

(五) 遺囑未處分的遺產.

第三十條 夫妻一方死亡後另一方再婚的, 有權處分所繼承的財產, 任何人不得幹涉.

第三十一條 ① 公民可以與扶養人簽訂遺贈扶養協議. 按照協議, 扶養人承擔該公民生養死葬的義務, 享有受遺贈的權利.

② 公民可以與集體所有制組織簽訂遺贈扶養協議. 按照協議, 集體所有制組織承擔該公民生養死葬的義務, 享有受遺贈的權利.

第三十二條 無人繼承又無人受遺贈的遺產, 歸國家所有;死者生前是集體所有制組織成員的, 歸所在集體所有制組織所有.

第三十三條 ① 繼承遺產應當清償被繼承人依法應當繳納的稅款和債務, 繳納稅款和清償債務以他的遺產實際價值爲限. 超過遺產實際價值部分, 繼承人自願償還的不在此限.

② 繼承人放棄繼承的, 對被繼承人依法應當繳納的稅款和債務可以不負償還責任.

第三十四條 執行遺贈不得妨礙清償遺贈人依法應當繳納的稅款和債務.

第五章 附則

第三十五條 民族自治地方的人民代表大會可以根據本法的原則, 結合當地民族財產繼承的具體情況, 制定變通的或者補充的規定. 自治區的規定, 報全國人民代表大會常務委員會備案. 自治州, 自治縣的規定, 報省或者自治區的人民代表大會常務委員會批准後生效, 並報全國人民代表大會常務委員會備案.

第三十六條 ① 中國公民繼承在中華人民共和國境外的遺產或者繼承在中華人民共和國境內的外國人的遺產, 動產適用被繼承人住所地法律, 不動產適用不動產所在地法律.

② 外國人繼承在中華人民共和國境內的遺產或者繼承在中華人民共和國境外的中國公民的遺產, 動產適用被繼承人住所地法律, 不動產適用不動產所在地法律.

③ 中華人民共和國與外國訂有條約, 協定的, 按照條約, 協定辦理.

第三十七條 本法自1985年10月1日起施行.

[저자 약력]
우병창(禹柄彰 / Byoung-chang WOO)

〈학 력〉
능인고등학교 졸업
고려대학교 법과대학 법학사
고려대학교 대학원 법학과 법학석사
고려대학교 대학원 법학과 법학박사

〈현 직〉
숙명여자대학교 법과대학 교수
한국가족법학회 부회장
한국가족법학회 중국가족법연구회 회장
한중법학회 부회장
서울가정법원 가사조정위원
감사원 행정심판위원회 위원
여성가족부 양육비심의위원회 위원
양육비이행관리원 법률자문위원
아세아가족법삼국회의(한국/일본/대만) 한국측 코디네이터
학교법인 상주학원 이사
사법시험, 변호사시험, 감정평가사시험, 공인중개사시험 등
각종 국가시험 출제위원 역임

중국가족법

2018년 1월 10일 초판인쇄
2018년 1월 15일 초판발행

저 자 우병창
발행인 이구만
발행처 유원북스
04091 서울특별시 마포구 토정로 222,
한국출판콘텐츠센터 416호
대표전화 (02)593-1800 Fax (02)6455-1809
등록 2011. 9. 6. 제25100-2012-3호
www.uwonbooks.com uwbooks@daum.net

정 가 29,000원 ISBN 978-89-97926-82-4

이 도서의 국립중앙도서관 출판예정도서목록(CIP)은 서지정보유통지원시스템 홈페이지(http://seoji.nl.go.kr)와 국가자료공동목록시스템(http://www.nl.go.kr/kolisnet)에서 이용하실 수 있습니다. (CIP제어번호: CIP2018001128)